LE MAUVAIS TEMPS N'EXISTE PAS

DU MÊME AUTEUR

Des sœurs, des mères et des enfants, en collaboration avec Françoise Laborde, Jean-Claude Lattès, 1997.

CATHERINE LABORDE

LE MAUVAIS TEMPS N'EXISTE PAS

ÉDITIONS DU
ROCHER

ISBN 2 268 05464 0

À mon père
À ma mère

INTRODUCTION

Notre vie est du temps tissé.
JOSEPH JOUBERT.

Le matin, je regarde le ciel. Tous les matins. J'ai la chance d'habiter un appartement à l'angle de deux rues. Les fenêtres s'ouvrent sur un large carrefour prolongé par le jardin de la mairie, en face. Devant moi, le ciel immense. Les nuages courent, se déchirent, disparaissent, se reforment, les rayons du soleil inondent la pièce, la pluie tambourine sur les vitres. Le même instant, le matin, est chaque fois identique et chaque fois différent, il marque le temps qui passe, renforce l'humeur, éteint la joie, adoucit la tristesse… Le temps qu'il fait tisse la journée de gaieté ou de morosité.

Le beau temps, c'est le temps qu'il fait au présent, là, maintenant. Le mauvais temps n'existe pas. Tous les temps (exception faite des tempêtes, cyclones, canicules et autres catastrophes météorologiques) ont leurs charmes et leurs désagréments. Tous. La pluie, comme le soleil, les nuages ou le vent… Le beau temps, c'est

La gaieté d'un matin clair,

La joie des tout-petits devant les premiers flocons de neige,

L'ivresse d'un vent d'automne qui s'engouffre dans l'avenue et les feuilles mortes éparpillées tournent dans des valses folles sur le trottoir,

La douceur oubliée d'un soleil printanier et soudain surgit le vert acidulé des premières feuilles minuscules,

La pluie qui chasse le chat du jardin et il rentre à regret attiré encore par l'odeur mouillée des platanes devant la maison,

La chaleur des soirs d'été quand les bruits de la rue montent par les fenêtres restées ouvertes, et ça ressemble aux vacances,

Et puis la course des nuages aux formes grotesques et ravissantes, qui toujours rappellent Baudelaire et son « étranger énigmatique » qui aime « les nuages, les merveilleux nuages, là-bas, là-bas ».

Comme les chats, les chiens, les poètes et les enfants, j'ai appris à aimer tous les temps. C'est ce goût, cet amour du ciel que je voudrais faire partager.

Amour nécessaire, indispensable puisque de ces échanges entre l'atmosphère et nous, entre le ciel et nos humeurs, dépendent certes la tristesse ou la joie, mais aussi la santé… et pas toujours comme on l'imagine !

Seulement, en France, le temps, même quand il est « normal », sera toujours davantage sujet de plaintes que d'élans joyeux… À moins d'être poète, ou enfant, ou chien… D'ailleurs ne dit-on pas « un temps de chien » pour caractériser la pluie ? Et avez-vous remarqué l'agitation joyeuse qui entoure les parcs et les jardins des villes à la sortie des écoles, quel que soit le temps ? C'est que les enfants aiment être dehors et profiter du temps qu'il fait. (Les chiens aussi, mais les chiens n'ont pas droit de cité dans les parcs et les jardins de la plupart des villes).

Les enfants, donc, se plaisent au jardin par tous les temps ; quand il pleut, on peut sauter à pieds joints dans les flaques, taper dans l'eau avec un bâton et jouer dans la boue ; c'est tout aussi amusant que de courir dans la poussière quand il y a du soleil ; les adultes sont rarement de cet avis, qui prétextent le rhume qui ne manquera pas d'arriver si on se mouille. S'il y a moins de monde dans les jardins les jours de pluie, ce n'est pas parce que les enfants n'ont pas envie d'y aller, ni même parce qu'ils s'enrhument, c'est parce que leurs mères n'aiment pas la pluie.

À mes débuts à TF1, il y a quinze ans, mes filles étaient encore petites et nous allions tous les jours au jardin. Pour me familiariser avec mon nouveau travail, pendant qu'elles fabriquaient des pâtés de sable ou s'envolaient sur les balançoires, j'ai observé le ciel de Paris comme je n'avais jusque-là jamais pris le temps de le faire. Le ciel, les arbres, les oiseaux... Pour la première fois depuis mon enfance, je passais l'après-midi le nez en l'air à observer la course des nuages, tentant de reconnaître un stratocumulus d'un altostratus, un ciel de traîne d'un ciel de marge, j'espérais la pluie quand les autres mères la craignaient, parce que je l'avais annoncée le matin même.

Mes premières années de présentation du bulletin météo me laissaient beaucoup de temps l'après-midi, mais les journées commençaient tôt : il fallait être à la télé à quatre heures. En attendant le taxi, dans le silence de la fin de nuit, j'observais le ciel et les étoiles. Dans Paris, on a du mal à en voir beaucoup, le reflet des lumières de la ville les cache ; mais au petit matin, les réverbères s'éteignent alors que certaines, les plus lumineuses, brillent encore.

Dans la ville silencieuse et vide, l'aube pointait pour moi seule.

« J'ai embrassé l'aube d'été », écrit Rimbaud.

Moi aussi.

Le ciel prend alors ses couleurs du jour, parfois coloré de nuages que le soleil rasant nuance de rose ou d'orange et les hirondelles et les martinets crient de joie pour cet océan de lumière réservé à eux seuls.

« S'il ne nous arrive rien, il nous arrive au moins qu'il pleuve, qu'il vente, qu'il fasse soleil. Le charme du temps qu'il fait, c'est son instabilité, c'est donc aussi le charme du temps qui passe », écrit Amiel dans son Journal. Nous sommes seuls avec le temps qu'il fait, comme si le temps qu'il fait n'existait que pour nous seuls.

Seule, je le suis toujours devant mon fond bleu (le bulletin météo s'enregistre devant un panneau tout uniment bleu sur lequel on incruste les images de nuages ou de températures). Seule, donc, mais entourée de millions de témoins qui attendent de moi que je leur explique le temps qu'il va faire : les nuages courent dans le ciel pour moi, mais pour les autres aussi. Surtout pour les autres : me voici devenue responsable des prévisions de Météo France dont je suis le relais.

Mon amour pour le ciel se nourrit désormais de la météo.

« Météo » est un mot inventé pendant la guerre de 1914-1918 dans les tranchées. La météo, arme pour les batailles (le débarquement en Normandie eut lieu le 6 juin 1944 parce que les conditions météo étaient moins défavorables que les jours précédents), la météo, utile aux activités pacifiques des hommes. Les plus attentifs aux prévisions sont ceux dont le métier dépend des conditions météorologiques : les pilotes d'avion, les marins, les alpinistes, les agriculteurs. Pour tous les autres, le temps est devenu une notion un peu vague. On s'en soucie pour les week-ends et pour les vacances. On en voit les manifestations à la télévision à l'occasion de catastrophes, d'événements exceptionnels, de records de chaud ou de froid... Ainsi se renforce l'impression que le temps est devenu une menace.

Stop : il faut réapprendre à vivre avec le temps qu'il fait, à le goûter, à le sentir par soi-même. Tous les jours. Pourquoi ? Pour se sentir mieux, pour être en bonne santé. C'est ce qu'est en train de mettre au jour une science toute récente et très ancienne : la biométéorologie.

La biométéorologie étudie les liens entre les climats, la météo et la santé. Comme pour la médecine, Hippocrate en a jeté les bases. La biométéorologie et la médecine sont ainsi nées du même désir de maîtriser la vie et le ciel, autant dire le temps, aussi bien le temps qu'il fait que le temps qui passe. Désir toujours repoussé, jamais satisfait... Et auquel l'homme n'est pas prêt à renoncer. Son but : tirer parti des effets bénéfiques du temps, réduire ses effets néfastes. Grâce au temps, améliorer la santé. Définie par l'OMS (Organisation mondiale de la santé), la santé « est l'état de bien-être physique, mental et moral ». Je n'aime pas cette formulation. Quitte à définir la santé, je préfère qu'on la perçoive comme un état satisfaisant d'équilibre physique, psychique et biologique.

Oublions plutôt l'obsession du bien-être qui caractérise nos sociétés occidentales ! C'est quand même au nom du bien-être de quelques-uns que la consommation d'énergie provoque la dangereuse augmentation des gaz à effet de serre nuisible à tous. On peut souffrir d'un temps, en préférer un autre... Le ciel est tellement changeant sous nos climats tempérés, qu'on ne saurait être bien dans toutes les situations. Il ne faut pas toujours fuir un temps détesté : c'est aussi en acceptant le temps comme il est et en s'y adaptant dans un nouvel équilibre qu'on renforce ses défenses et qu'on améliore sa santé.

Le changement climatique a déjà commencé ; les tempêtes, les canicules, les inondations, les sécheresses, les cyclones seront désormais plus nombreux. Difficile d'avoir la bonne réaction sans y être préparé. Être capable de bien réagir suppose connaissance et entraînement. De gré ou de force, l'homme va devoir s'adapter.

S'adapter, c'est toute l'histoire de l'espèce humaine. C'est ainsi que se sont développées l'intelligence et la créativité, de la maîtrise du feu jusqu'à la physique quantique.

Faudra-t-il désormais renoncer à maîtriser ce que nous ignorons encore ? Se replier sur soi pour éviter les dangers que nous avons fait naître ? Et comment ?

Eh bien, non ! Ni renoncement, ni repli sur soi… Mais de l'ouverture, au contraire ! De l'air ! Et du bon ! Et de la joie ! De la gaieté même !

J'ai voulu ce livre comme une promenade à travers l'histoire des hommes et des climats, sous des cieux différents et variés : on y voit les saisons, le vent, le froid, la pluie, le soleil, la canicule, la lune, mais aussi la montagne, les bords de mer, ou encore la ville, la voiture, l'habitat, sous les tropiques ou près des pôles… Tous : lieux, circonstances, climats et atmosphères, naturels ou fabriqués par l'homme, tous, acteurs du temps qu'il fait, défilent dans ces pages qui s'ouvrent là où se portent la curiosité et la fantaisie de chacun. Tous sont étudiés et racontés ici dans le souci de la bonne santé des hommes et de la planète.

Face à la menace réelle du changement climatique, j'aimerais, ô lecteur, que la connaissance du temps qu'il fait te conduisant à l'aimer mieux, tu trouves ainsi la liberté d'envisager le climat du futur sans réflexe de peur, de résignation ou de dénégation.

Dans ce goût du temps retrouvé, l'avenir de la planète

ne se pose plus comme une menace dont on ne veut rien savoir tant elle effraie, mais comme un futur dont nous sommes responsables aujourd'hui. On peut toujours se décider pour le meilleur.

NOUS SOMMES TOUS MÉTÉOROLOGUES

Malgré la difficulté, je veux vous proposer d'abord les moyens d'analyser par vous-même le temps qu'il fait et le temps qu'il va faire. Oh ! Pas à longue échéance, bien sûr. Ça, c'est le travail des ingénieurs prévisionnistes. Mais à court terme, pour les heures qui viennent, ou pour la journée. Pas pour épater votre entourage (encore que...). Pas pour supplanter les services de Météo France : ils feront toujours mieux que vous, et pour cause !

Non. D'abord, surtout pour savoir si ce temps convient à votre équilibre et comment il peut l'influencer. Cela suppose que vous preniez votre temps...

Mais prenez-vous le temps de prendre le temps ? C'est une occupation de plus en plus difficile, devenue rare et incongrue.

C'est pourtant là le travail initial du météorologiste qui doit d'abord regarder, contempler, observer. En météo, la première activité, c'est la contemplation. Météo France n'est pourtant pas un temple de méditation. Ce n'est pas un lieu où l'on rêve, mais où l'on calcule. Et si on contemple, c'est plutôt les écrans d'ordinateur que la course des nuages...

La météorologie est une science, récente, certes (les premiers balbutiements datent de la fin du XVIIIe siècle), mais une science : une science se définit comme telle par les critères qu'elle utilise pour se développer et non par ses résultats. Oui, oui, je vois vos sourires, chers lecteurs : à la météo, ils se trompent souvent. Non, non, pas si souvent, et je ne vous citerai pas les nombreuses statistiques du service de communication de Météo France qui, chiffres à l'appui, veulent prouver que la météo ne se trompe presque jamais. Le presque sera toujours de trop. (L'erreur la plus remarquable est celle du soleil promis pour un week-end où il ne fera que pleuvoir. Ça n'arrive pas très souvent, peut-être même presque jamais, mais quand ça arrive, on s'en souvient toujours : prévoir du soleil quand il va pleuvoir le samedi ou le dimanche reste une erreur impardonnable.)

La météo, c'est tout simple, tout le monde peut en parler. Mais enfin, dès qu'on essaie de comprendre comment ça marche, pourquoi le vent se lève, pourquoi il pleut, pourquoi il y a du brouillard... les réponses deviennent très complexes ! Un peu comme si chaque explication ouvrait sur une réponse qui conduisait à une autre énigme, qui ouvrait sur une nouvelle question... Bref, plus on veut comprendre, plus ça devient ardu. Il faut savoir se faire petit, accepter des explications qui n'expliquent pas tout et retenir un pourquoi qui ouvre sur des réponses en général incompréhensibles. Le temps a beau tous nous concerner, nous ne sommes pas tous capables de comprendre ses changements, ni de les prévoir.

À mes débuts, j'ai suivi un stage intensif à Météo France. Je connaissais peut-être quelques poètes, je ne connaissais rien à la physique : hectopascals, anticyclone, dépressions, goutte froide... Il fallut ingurgiter en quelques semaines toute une masse d'informations et un vocabulaire qui, pour être parfois poétique, n'en était pas moins étrange, déroutant, et surtout extrêmement précis (des pluies « modérées » à Météo France, ça ne veut pas dire qu'il va pleuvoir modérément, c'est-à-dire peu, mais au contraire qu'il va pleuvoir beaucoup !).

Vous trouverez à la fin du livre un résumé de ces définitions et des principales notions de météo qui vous aideront à mieux déchiffrer et prévoir le temps [1]. Pour moi, je continue comme Évelyne Dhéliat et Sébastien Folin à me rendre tous les jours à Météo France. J'ai besoin des explications scientifiques des ingénieurs prévisionnistes pour comprendre des situations toujours différentes et pouvoir les expliquer à l'antenne.

Mais laissons les ingénieurs prévisionnistes à leurs calculs et à leurs écrans, et tournons-nous vers le ciel : la réponse au temps qu'il va faire s'y écrit peut-être déjà sans équation physique. Encore faut-il le regarder.

Nos modes de vie ne nous poussent pas à lever les yeux à la recherche de nuages ou de soleil, d'autant qu'en ville où nous sommes désormais les plus nombreux à habiter, le ciel se limite souvent à un carré de lumière entouré de hauts murs.

Lever les yeux au ciel est plus souvent signe de crainte ou de supplique que du bonheur de contempler. Est-ce parce que nous sommes un peuple de paysans ? Pour ceux qui cultivaient la terre, et c'était la majorité au cours des siècles passés, le temps a toujours été un sujet de craintes, d'angoisses : le gel tue les récoltes, la pluie fait pourrir les jeunes plants ; le manque d'eau, l'excès de soleil sont aussi dangereux l'un que l'autre. Ces situations météorologiques ruinaient non seulement les paysans, mais mettaient leurs vies en danger.

Les Anglais, eux, ont surtout été un peuple de marins. Comme pour les paysans, leurs vies ont longtemps dépendu du temps qu'il fait. Mais à l'inverse de ceux qui vivent du

1. Cf. Annexe : Bréviaire pour prévoir le temps.

travail de la terre, les marins apprennent à ruser avec les intempéries et arrivent à tirer profit même du temps qui leur est le moins favorable. Encore aujourd'hui, les conversations commencent toujours par le rituel : *Nice day, isnt'it ?*, et peu importe qu'il pleuve ou qu'il vente. Est-ce leur culture de marins ? Est-ce l'idée que je me fais, moi, de leurs habitudes d'insulaires qui toujours, parce que la mer est proche, les poussent à observer le ciel ?

Mais peu importe les différences entre paysans et marins. Nous sommes tous désormais des urbains. Avant, on disait citadin, maintenant, on emploie ce mot, « urbain ». Cela ne veut pas dire que nous soyons plus polis qu'autrefois, mais que nous ne sommes plus en contact avec la nature, qu'elle soit campagne ou mer.

On passe ainsi des appartements surchauffés aux voitures climatisées pour se retrouver dans des bureaux où l'on recycle l'air à température idéale ! C'est comme quand on regarde un film sans le son : on voit le gris des nuages, le bleu du ciel, on ne sent ni les odeurs, ni le souffle du vent. Le temps qu'il fait est devenu décor abstrait.

C'est ce décor que je veux casser : dans ce chapitre, je vous propose de retrouver une appréciation directe du temps, sans outil, sans intermédiaire, seulement en mobilisant vos cinq sens.

D'abord, tous les matins, et foin de la climatisation ou du chauffage, il faut ouvrir la fenêtre et regarder le ciel. Humer l'air. Sentir le froid ou le chaud. Percevoir les odeurs. Écouter les bruits… Mettre tous les sens en alerte. Il s'agit de prendre la mesure du temps avant de se jeter dehors. Un peu comme on fait avec l'eau au bord de la mer : on la goûte avec le pied, on recule, on y retourne ensuite pour de bon. On peut faire pareil avec l'air et s'y plonger comme dans l'eau. La différence avec l'eau, c'est qu'on peut renoncer à la baignade si l'eau est trop froide ou trop sale, alors qu'on n'a pas toujours le choix avec l'air extérieur : il faut y aller ! Raison de plus pour mesurer si le temps qu'il fait vous convient ou pas, et s'y préparer. Donc, ouvrir la fenêtre et humer.

Vous saurez ainsi tout de suite si l'air est humide ou sec, froid ou chaud, pollué ou pas. Vous saurez d'où vient le vent et s'il souffle fort. Peu à peu, vous saurez même deviner les changements de temps.

On peut réapprendre à éprouver le temps qu'il fait à la manière de nos ancêtres sans se priver des avantages de la modernité : l'écoute du bulletin météo reste très utile. Ils sont rapides, les bulletins météos, quels que soient les radios ou les télés. Même dans les journaux, le commentaire est bref. C'est qu'il s'agit de faire tenir en quelques phrases ou quelques minutes toutes les facettes du temps pour la journée. Impossible de rentrer dans les détails. Les prévisions sont « synoptiques ». Mot obscur qui signifie qu'on donne les prévisions d'ensemble et qui laisse dans le flou les prévisions à petite échelle.

Le bulletin météo ne vous dira jamais comment est précisément le ciel chez vous, mais vous saurez en revanche ce que vous pouvez attendre des prochaines heures et des prochains jours. Votre ciel à vous, au-dessus de votre tête, vous êtes le seul à le voir, à le comprendre. Il arrive d'ailleurs souvent aux ingénieurs de Météo France, après des heures de calcul, penchés sur leurs chiffres et leurs écrans d'ordinateur, qu'ils lèvent la tête pour voir le temps qu'il fait dehors !

Et que regardent-ils ? Les nuages, « les merveilleux nuages ». Sous nos climats tempérés (sauf près de la Méditerranée), ils se promènent toujours dans le ciel. Même quand il fait soleil. Leur forme, leur déplacement, leur couleur, leur altitude sont souvent les prémices du temps qu'il va faire.

C'est bien sûr un Anglais, Luke Howard, qui inventa la nomenclature des nuages, vers 1800. Elle est en latin afin d'être comprise « par les gens instruits des différentes nations » : *cirrus* signifie fibre, *cumulus* : tas, et *stratus* : couche. Ce pharmacien quaker ne fut pas le seul à créer une terminologie pour les nuages – en France, Lamarck s'y essaya et on a gardé d'ailleurs sa classification d'altitude – mais c'est la sienne qui fut adoptée par la communauté des météorologues. Il faut dire que Howard trouva un soutien essentiel chez le grand poète allemand Goethe, enthousiasmé par cette « succession systématique de formes illimitées [2] », qui y consacra de nombreux vers. La science et la poésie ne sont jamais éloignées l'une de l'autre.

Les nuages les plus discrets sont les **cirrus**. Discrets parce que situés très hauts dans le ciel. Ce sont les nuages les plus éloignés de nous, ils ne sont pas constitués de vapeur d'eau mais de glace. Ils apportent un peu de blancheur dans le bleu du ciel. Ils sont inoffensifs : ils n'altèrent pas l'impression de beau temps et ne donnent pas de pluie. Mais ils annoncent parfois d'autres nuages et donc un changement de temps. Tout dépend de quel bout de l'horizon ils arrivent. Venus de l'ouest, ce sont parfois les premiers nuages d'une perturbation, les avant-courriers de la pluie. D'autres fois, ils racontent seulement qu'il pleut ailleurs, en Angleterre, en Belgique, en Allemagne… Ou qu'il y a des orages sur la côte espagnole… Tout dépend donc d'où ils viennent, où ils vont et s'ils épaississent au fil des heures jusqu'à changer le bleu du ciel en un blanc aveuglant et presque crémeux, ayant été rejoints par d'autres nuages : les **cirrocumulus**, les **cirrostratus**, et surtout les **altocumulus**.

2. Cité par Richard Hamblin dans *L'Invention des nuages*, Paris, Jean-Claude Lattès, 2003, p. 246.

Les **altocumulus** cachent leur jeu. Eux aussi, on les discerne mal, eux aussi sont hauts dans le ciel (moins cependant que les cirrus), mais eux annoncent en général un vrai changement de temps. Il y a le mot *cumulus* dans altocumulus. *Cumulus*, cela veut dire un nuage aux formes rebondies. Les cumulus, ce sont des nuages qui se développent à la verticale, au contraire de tous les nuages où on retrouve le mot *stratus*, qui sont des nuages qui se développent à l'horizontale. *Stratus* sous-entend une forme étirée et aplatie.

Il y a donc trois familles de nuages : les **cirrus**, les **cumulus** et les **stratus**. Les cumulus sont les plus agités. Ils se développent dans une atmosphère instable, au contraire des stratus qui se développent dans une atmosphère stable. Il faut ajouter deux qualificatifs : *nimbus* qui donne de la pluie, et *alto* qui est en hauteur. Les cirrus restent à part. Sans doute parce qu'ils sont si hauts, si hauts dans le ciel et si légers…

Les altocumulus, quand ils finissent par accompagner les cirrus, confirment l'arrivée du mauvais temps, enfin ce qu'on appelle habituellement le mauvais temps : c'est-à-dire la pluie ou les orages.

Quand les cirrus se renforcent d'altocumulus dans de l'air chaud, quand l'atmosphère devient moite, s'alourdit, ces altocumulus annoncent l'orage, ou au moins l'averse, et sont dits *castellanus*, c'est-à-dire en forme de château fort aux tours crénelées.

Si l'air semble plus frais et léger, sans doute la pluie vient-elle de l'Atlantique, pluie souvent fine et régulière qui durera plusieurs heures, et les altocumulus, au lieu de se développer seuls de façon menaçante, seront rejoints par les **altostratus**.

Les altostratus annoncent le corps de la perturbation pluvieuse où les **nimbostratus** sont les plus nombreux.

De toute façon, quand il pleut pendant des heures, il y a dans le ciel tous les types de nuages stratus ou cumulus à moyenne et basse altitude. Tous ces nuages paraissent gris parce qu'ils sont épais : la lumière du soleil qui les blanchit a du mal à les traverser. Plus ils sont bas et denses, plus ils sont sombres.

« Quand le ciel bas et lourd pèse comme un couvercle », écrit Baudelaire. Voilà une définition belle et précise des **stratocumulus**, ni tout à fait cumulus, ni vraiment stratus, qui couvrent le ciel à basse altitude d'une couche grise et donnent un peu de bruine, ou de neige en hiver.

Seuls les nuages situés aux extrêmes ne donnent pas de pluie : les cirrus blancs, transparents, à très haute altitude, et les **brouillards**, si près du sol que leurs gouttelettes y restent en suspension.

Les nuages peuvent aussi donner des orages. Le nuage d'orage par excellence c'est le **cumulonimbus**. Si vous avez pris l'avion par temps d'orage, vous en avez vus. On les reconnaît de loin par le hublot : quand l'avion vole au-dessus de la mer de nuages, ce sont les seuls qui jaillissent au-dessus des autres comme des cheminées de centrale nucléaire. En général, les avions les contournent : il faut dire que les courants ascendants qui s'y manifestent dépassent les 130 km/h ! Vu du sol, le cumulonimbus semble un nuage bas tant il est près de la terre, et pourtant il s'élève très haut dans le ciel, jusqu'aux cirrus. C'est pourquoi il est si noir : la lumière du soleil ne le traverse pas. C'est un énorme nuage vertical dont la masse de vapeur d'eau et de gouttelettes est impressionnante. On le verrait en entier, et pas seulement d'en bas, on ne resterait pas dessous !

À présent, l'orage est passé, la perturbation est partie plus à l'est. Le ciel n'est pas le même après une perturbation ou un orage : après l'orage, l'air est saturé d'humidité, et le soleil ne revient pas forcément tout de suite.

Après le passage de la perturbation, au contraire, l'air est comme lavé, il est un peu plus frais, certes, mais plus transparent, plus bleu encore. C'est alors qu'apparaît l'aimable **cumulus**, celui qui fait écrire à Verlaine : « Le ciel est par-dessus le toit si bleu, si gai. » Car le cumulus blanc rehausse encore le bleu du ciel. À la météo, on l'appelle « nuage de beau temps ». Traversé de lumière, il offre des formes rondes et joufflues où l'on peut reconnaître par exemple des animaux fantastiques. Poussé par le vent, le cumulus court dans le ciel et change de forme, on le voit d'autant mieux qu'il surgit dans une atmosphère pure et lumineuse. Mais attention ! Cela peut ne pas durer. Le joli cumulus blanc s'épaissit, se transforme en cumulus **congestus**, et apporte à son tour la pluie, ou plutôt l'averse.

Voilà pour les nuages, ce qu'ils apportent et ce qu'ils annoncent selon leur volume, leur couleur et leur épaisseur. La rapidité de leur course dans le ciel indique aussi les nuances du temps à venir : quand ils bougent rapidement, même peu nombreux, ils annoncent une averse soudaine, peut-être au-dessus de vous, peut-être juste à côté… Quand ils se déplacent imperceptiblement et comme une couverture envahissent tout le bleu du ciel, la pluie fine et régulière n'est pas loin. Quand ils donnent une couleur uniformément grise au ciel du matin jusqu'au soir, s'il n'a pas plu le matin, il ne pleuvra pas le soir. Selon les moments de la journée où vous regardez le ciel, les conséquences de vos observations seront différentes : le matin, l'atmosphère est souvent plus stable que le soir : les nuages « stratiformes » sont plus nombreux (par exemple les brouillards). Dans la journée, à la faveur de la chaleur du soleil, les nuées remontent dans le ciel et les nuages deviennent « cumuliformes ».

Selon les saisons, les climats, les lieux, la végétation et les activités des hommes, la couleur du ciel varie…

Outre ses propres observations, on peut à bon droit s'appuyer sur les proverbes locaux : jusqu'à la naissance de la météorologie, ils ont servi d'axiomes de prévisions dans toutes les régions du monde. Ils témoignent des connaissances empiriques mais exactes de la météo et des préoccupations agricoles ou sanitaires. Appliqués à un espace limité et à une courte échéance, ils sont souvent justes. Ils existent dans le monde entier et dans toutes les civilisations :

« Lorsque le mois de mars est pluvieux, le mois d'avril nuageux et le mois de mai pur et ensoleillé, c'est signe que le tiers de la récolte reste disponible. »

Proverbe marocain.

« En décembre et en janvier, reste chez toi avec une grande provision de bois et d'huile. »

Proverbe libanais.

« Quand la pluie a cessé, elle laisse la rosée derrière elle. »

Proverbe soninké, Mauritanie.

« Si l'arbre donne ses fruits de bas en haut, cette année-là apportera l'abondance. »

Proverbe dogon.

« Un soir de pleine lune est toujours souriant. »

Madagascar.

« Mars, roi de l'année, décide de la récolte de l'orge et des cases du grenier. »

« En octobre, mieux vaut ne pas s'éloigner ; même si on ne laboure pas, il est sage de rester sur place. »

Proverbes berbères.

« Soigne ton travail, alors ton travail va te soigner. »

Congo.

« Le paysan qui voit l'araignée tisser sa toile verticalement sait qu'il va pleuvoir. »

Proverbe khmer.

« S’il gèle ou grêle avant le premier glapissement du renard, l’année sera mauvaise. »

Bolivie.

« À la mi-octobre tombe la foudre. »

Catalogne.

« Transpiration dans les cases, moustiques au-dehors. »

« La pluie de bazara fait se lever les hommes. »

« La saison des pluies est la mère de la prospérité. »

« S’il n’y a rien à manger, où est la santé ? »

Niger.

« Quand un chrétien meurt foudroyé, Dieu met la pluie en prison. »

Mexique.

« Le meunier siffle pour avoir du vent. »

Bretagne.

« À la Sainte-Christine, coupe le blé, plie l’échine. »

Limousin.

« Gelée blanche pour Saint-Eustache grossit le raisin qui tache. »

Poitou.

« Octobre n’a jamais passé, sans qu’il y ait cidre brassé. »

Normandie.

Ces proverbes témoignent de l’importance du temps qu’il fait dans les sociétés paysannes. En France, aujourd’hui, l’économie a changé. Les proverbes ont perdu leur importance vitale et les prévisions scientifiques les ont rendus caducs… Il n’empêche : région par région, ils gardent souvent leur efficacité et témoignent de l’acuité de l’observation de ceux dont l’alimentation et la vie sont soumises aux variations du ciel.

En France, la vie ne dépend plus des caprices du temps, mais la santé, peut-être. Raison de plus pour retrouver par soi-même l’appréciation du temps qu’il fait.

Je vous propose maintenant de remonter dans le temps. Loin, loin dans le temps. Avant l'arrivée de l'homme, avant même celle des dinosaures… Comment était le ciel au tout début de la planète ?

PETITE HISTOIRE DE LA TERRE, DES HOMMES ET DES CLIMATS

Les climats du passé

Et d'abord, comment peut-on connaître aujourd'hui le temps qu'il faisait il y a 500 ans, 1 000 ans, 10 000 ans, 100 000 ans, 400 000 ans ?

La question passionne de plus en plus à cause du changement climatique : on nous dit que la terre va se réchauffer de 6 °C dans les cent prochaines années. Est-ce déjà arrivé ? Et comment était la vie sur terre quand il faisait plus chaud ? Ou plus froid ?

Le thermomètre a été mis au point au XVIIIe siècle. Avant, en dehors des températures extrêmes qui bouleversaient les conditions de vie, on se contentait d'impressions personnelles et subjectives. Preuve en est : quand Fahrenheit met au point la graduation de son thermomètre, il l'étalonne sur la température du corps humain. L'invention du thermomètre est donc bien la tentative (réussie) de mettre au point un appareil de mesure, capable de traduire en chiffres des impressions. C'était en 1724. Petit à petit, ce nouvel instrument de mesure va se répandre partout.

En France, il faut attendre 1872, juste après la Commune, pour qu'on crée la première station météo à Paris, au parc Montsouris. Dès lors, on relève systématiquement la température (c'est-à-dire avec des appareils étalonnés, à l'ombre, dans un terrain découvert, éloigné de toute source de chaleur, à un mètre au-dessus du sol, tous les jours, aux mêmes heures...).

Il faut toujours se rappeler, quand on parle de records, qu'ils ne sont des records (de froid, de chaleur, de vent, de pluie...) que sur une période d'un siècle et demi – pour les plus anciens relevés. En France, certaines stations météo ont été mises en place seulement à la fin de la Deuxième Guerre mondiale, et même pour certaines dans les années 1960, voire les années 1970. Voilà qui relativise ces fameux records que l'on bat régulièrement !

Pourtant, à chaque accident météorologique (souvent catastrophique pour ceux qui l'ont vécu), ressort la phrase que l'on retrouve toujours dans les témoignages : « On n'a jamais vu ça. » Et certes, de mémoire d'homme, on n'a jamais vu ça. On n'a jamais vu, dans le Gard, une caserne de pompiers, flambant neuve, noyée sous plusieurs mètres cubes d'eau ; on n'a jamais vu le parc du château de Versailles mis à sac par une tempête d'une telle ampleur que les arbres les plus gros, les plus anciens, ont été abattus ; on n'a jamais vu le bassin du Danube inondé par autant d'eau ! Les exemples sont innombrables et semblent tous démontrer que le changement climatique nous apporte déjà son lot de catastrophes annoncées...

Le changement climatique est peut-être effectivement déjà commencé. Il peut en effet provoquer des événements exceptionnels, telles que tempêtes, inondations, fortes chaleurs, pluies diluviennes, etc. Soit. Pour autant, tous ces phénomènes, toutes ces exceptions ont toujours existé.

Voyez ce que le duc de Saint-Simon écrit d'une tempête en 1701 : « Il y eut le jour de la Chandeleur, un ouragan si furieux que personne ne se souvint de rien qui eût approché d'une telle violence, dont les désordres furent infinis pour tout le royaume. Le haut de l'église de Saint-Louis-en-l'Île tomba ; beaucoup de gens qui y entendaient la messe furent tués ou blessés... Cet ouragan a été l'époque du dérangement des saisons et de la fréquence des grands vents en toutes ; le froid en tout temps, la pluie, etc. ont été bien plus ordinaires depuis, et ces mauvais temps n'ont fait qu'augmenter jusqu'à présent, en sorte qu'il y a longtemps qu'il n'y a plus du tout de printemps, peu d'automnes et pour l'été, quelques jours par-ci par-là. C'est là de quoi exercer les astronomes. »

Saint-Simon ne voulait être la dupe de personne, ni de rien, surtout pas des grimaces de ses contemporains, mais enfin, pour ce qui est du temps, il est le premier à s'en plaindre comme tout le monde et à croire qu'« on n'a jamais vu ça ». Encore une fois, le « jamais vu ça », à l'échelle de la vie de la planète, est dérisoirement faux. Et les beaux esprits le répéteront autant que les naïfs.

Les tempêtes de 1999 ont été en effet exceptionnelles : on n'avait jamais relevé une telle force de vents si loin des côtes, à l'intérieur des terres : 163 km/h à Paris. Mais les relevés systématiques et réguliers à Paris ne datent, je le rappelle, que de 1872... La tempête décrite par Saint-Simon semble avoir été aussi forte, mais était-elle de même nature ? Peut-être était-ce un gros orage ? En 1999, le toit de l'église Saint-Louis-en-l'Île a résisté, les arbres séculaires du château de Versailles, non. Il faudrait peut-être à ce propos se rappeler la fable de Jean de La Fontaine : « Le chêne et le roseau » ; La Fontaine, contemporain de Le Nôtre, qui créa le parc de Versailles sur les ordres de Louis XIV, écrit dans sa fable : « le roseau plie mais ne rompt pas ». Bien sûr, c'est une image pour démontrer qu'il vaut mieux avoir l'esprit souple que raide, mais enfin, l'image est vraie aussi au premier degré : dans des vents tempétueux, les obstacles les plus gros et les plus fixes offrent plus de prise au vent et résistent moins bien que les obstacles flexibles. Pas étonnant que les arbres les plus gros, et les plus anciens, donc les plus fragiles, aient été les premiers touchés.

Mais pour savoir le temps qu'il faisait avant ? Les témoignages sur les catastrophes météorologiques du passé, comme celui de Saint-Simon, existent : on a toujours eu envie de témoigner de ce qui était extraordinaire. Un peu comme pour les trains : on ne parle pas de ceux qui arrivent à l'heure. Tant que le temps qu'il fait n'entravait pas les habitudes, ne menaçait pas la vie humaine, on en parlait peu ; dès qu'il se manifestait de manière inhabituelle, on l'écrivait, on témoignait, et c'était déjà pour s'en plaindre.

Alors, comment faire pour connaître les climats d'hier, et même ceux où l'homme n'existait pas encore ? Plusieurs méthodes sont utilisées.

Les glaciers sont d'excellents repères : ils allongent pendant les périodes froides et raccourcissent quand la moyenne des températures remontent. Lorsque l'on compare les cartes postales du XIXe siècle représentant des glaciers avec leur longueur aujourd'hui, on comprend que le réchauffement climatique a commencé ! Certains, comme la mer de Glace, Les Bossons ou le glacier d'Argentières, ont raccourci de plus de 1 000 mètres en un siècle !

La dendroclimatologie est une méthode efficace elle aussi, pour connaître les climats du passé dans le détail. C'est l'étude de l'épaisseur des cernes des troncs d'arbres : chaque année un nouveau cerne se forme ; aux années pluvieuses et froides correspondent des cernes larges, aux années sèches et chaudes des cernes étroits… Ces mesures s'effectuent sur des arbres vivants, mais on retrouve encore des souches très anciennes et la dendroclimatologie a permis de retracer l'histoire du climat depuis 2 000 ans. Toutefois, les échantillons de bois mort se conservent mal…

On utilise donc aussi les pollens et les spores qui traversent mieux les siècles. On a pu remonter ainsi 50 000 ans en arrière. Ces traces végétales donnent de précieuses indications sur la végétation et les paysages qui varient avec les climats.

Les scientifiques s'intéressent aussi aux coquilles d'escargot, aux coraux, aux stalagmites pour remonter le temps et comprendre les anciens climats…

Pour les périodes les plus anciennes de notre planète, avant même que s'y installe l'homme, les carottes de glace racontent le temps qu'il faisait ; la glace est un matériau extrêmement pur, la moindre nuance climatique se traduit dans sa composition. On extrait par forage la glace qui s'est déposée sous forme de neige il y a des milliers d'années. La neige en se tassant s'est transformée en glace qui conserve de minuscules bulles d'air. La composition de cet air renseigne sur les climats vieux de plusieurs centaines de milliers d'années. Plus on fore profond, plus on trouve de la glace ancienne, plus on peut remonter le temps. Le programme européen a pu révéler ainsi 740 000 années d'archives climatiques en Antarctique : il a fallu pour cela forer jusqu'à 3 130 mètres par une température de – 54 °C. On espère remonter encore jusqu'à 820 000 ans.

En deçà des glaces, des pierres, des plantes et des animaux, et pour les périodes les plus récentes, il y a enfin les témoignages humains. Non pas les descriptions personnelles et subjectives, rares jusqu'au XVIIe siècle, et pas plus fiables que le témoignage du duc de Saint-Simon, mais plutôt les notations précises et officielles qui affectent la vie de l'ensemble de la communauté humaine. La date des vendanges est un très bon indicateur ; ces dates sont consignées sur les registres municipaux depuis le Moyen Âge : avant l'ouverture officielle, l'accès aux vignes est en effet interdit pour éviter les vols. Plus les printemps et les étés sont chauds, plus les vendanges commencent tôt. (Les vendanges de 2003 ont commencé dans certaines régions avant la fin du mois d'août !) Dans son dernier ouvrage sur l'histoire des climats, Emmanuel Le Roy Ladurie utilise la date des vendanges et des moissons pour établir les tendances froides ou chaudes des années : plus les vendanges sont précoces, plus l'été aura été chaud, plus elles sont tardives, plus l'été aura été pluvieux et froid. Dans mon Gers natal, j'ai rencontré un viticulteur qui depuis cinquante ans relève les températures, les pressions, et bien sûr note aussi les dates de ses vendanges. Le procédé de Le Roy Ladurie se révèle absolument exact : les vendanges de l'été 2003, à la suite de la canicule, ont été très bonnes et très précoces, et celles de 2004 produisent aussi un vin de qualité grâce au « boisage » des ceps qui ont continué à se gonfler de sève après les vendanges de l'année passée. Cette sève, en quelque sorte, profite au vin de l'année suivante, qui sera de bonne qualité même si l'été n'a pas été particulièrement chaud.

Grâce à tous ces procédés, on a découvert que les climats avaient toujours varié depuis la naissance de la planète, une planète vieille de 4 milliards 600 millions d'années :

– À l'ère primaire, la vie végétale et animale se développe.

– L'ère secondaire est celle des dinosaures, qui disparaissent dans une crise géologique.

– À l'ère tertiaire, les continents trouvent leur place actuelle.

– Au quaternaire, l'homme moderne apparaît. Des cycles glaciaires et interglaciaires se succèdent, la terre met beaucoup plus de temps à refroidir qu'à se réchauffer. Le dernier maximum glaciaire s'est produit il y a 20 000 ans. Et l'homme s'en accommode…

Quand apparaît l'homme de Cro-Magnon, le froid règne sur l'Europe (il fait environ 10 °C de moins qu'aujourd'hui). Le niveau de la mer est de 120 mètres au-dessous du niveau actuel, la température de l'océan oscille entre 6 °C et 7 °C, la glace de mer descend jusqu'à l'Écosse et on peut aller à pied de France en Grande-Bretagne. Le paysage est celui de la toundra, l'homme chasse surtout le renne, mais on trouve aussi des chevaux, des bœufs sauvages, des rhinocéros laineux, des mammouths. C'est dans ces conditions climatiques difficiles que l'homme peint, il y a environ 17 000 ans, la grotte de Lascaux. Cette civilisation disparaît avec la fin de la glaciation… Et avec elle, la plupart des grands mammifères, tels les mammouths, les machairodontes (sortes de félins à dents de sabre), les mastodontes et autres kangourous géants.

Dans la période interglaciaire qui suit, où nous sommes toujours depuis 10 000 ans et qu'on appelle l'holocène, le climat reste d'une remarquable stabilité. La prochaine glaciation ne devrait pas avoir lieu avant des milliers d'années.

Quelques nuances légères à l'intérieur de l'holocène suffisent pourtant pour transformer les conditions de vie des humains.

Il y a 6 000 à 8 000 ans, le climat passe par une phase plus chaude : la température estivale est supérieure de 2 °C ou 3 °C à celle que nous connaissons. Ce climat très chaud de l'hémisphère Nord provoque des pluies abondantes, des moussons, sur le Sahara, la Mésopotamie, le sud de l'Arabie, qui deviennent des régions verdoyantes.

Les peintures rupestres du Tassili n'Ajjer dans le sud de l'Algérie témoignent de ce que la vie a pu être quand le Sahara était recouvert de prairies... On a retrouvé des ossements d'éléphants, de girafes, et même d'hippopotames, pourtant avides d'eau. Ces pluies ont alimenté la nappe phréatique qui irrigue aujourd'hui les oasis.

Les conditions météorologiques changent brutalement il y a 4 000 à 5 000 ans : ces régions redeviennent désertiques ; les populations sont refoulées vers les terres cultivables, en particulier près du Nil. L'essor de la civilisation égyptienne a peut-être été favorisé par cette avancée du désert.

Les changements qui suivent sont beaucoup plus modestes, mais affectent pourtant considérablement le mode de vie des humains.

Il y a un petit optimum climatique aux alentours du IVᵉ siècle avant Jésus-Christ, dont bénéficie la Grèce et que chante Platon. Les hivers sont doux et les étés pas trop caniculaires.

Après une période relativement plus froide, la douceur revient en Europe vers les années 900 et dure jusqu'au XIIIᵉ siècle. C'est l'époque où le Groenland, littéralement « terre verte », est colonisé par les Vikings d'Éric le Rouge.

Aux alentours de l'année 1300, commence le petit âge glaciaire. Ce PAG sera particulièrement rigoureux au XVIIᵉ siècle. On l'appelle alors « minimum de Maunder », du nom de l'astronome qui observe pour cette période particulièrement froide dans tout l'hémisphère Nord une réduction de l'activité du Soleil et en particulier des taches solaires. Le PAG va durer jusqu'en 1850, et prend fin quand commence l'essor de la société industrielle.

Depuis, nous sommes à nouveau dans une période moins froide, mais pour la première fois depuis que la terre existe, l'action des hommes fausse la donne. Le réchauffement exceptionnellement rapide de la planète est sans doute provoqué par les gaz à effet de serre additionnels qui piègent le rayonnement solaire.

Et les hommes, justement ? Comment, au cours des siècles, se sont-ils accommodés de ces différences de climat ? Quels bienfaits en ont-ils retirés ? Comment se sont-ils protégés ? Quels climats ont-ils préférés ?

Le ciel bleu de la Toscane. Un vent léger d'une vallée à l'autre. Le crissement des cigales. Je suis installée à l'ombre d'un chêne au sommet d'une colline. Devant moi, des oliviers, des vignes descendent doucement jusqu'au bas du vallon ; sur la colline, en face, des cyprès se découpent dans le bleu du ciel ; à droite, plus loin, l'ombre bleutée d'une montagne. Quelques cirrus s'étirent en forme de crochets, de châles effrangés. Au fil des heures, la montagne au loin va se dessiner plus pâle, plus claire, diaphane ; les cumulus de beau temps, blancs et pommelés, remplaceront les cirrus. Ce soir, la montagne lointaine redeviendra bleue, un bleu presque mauve qui tranchera sur l'ocre de la terre au premier plan ; quelques grondements d'orage annonceront le passage de nuages épais, là-bas, à l'ouest, derrière la colline, et le soleil couchant y laissera toutes ses couleurs de rose, de rouge et d'orangé ; nous dînerons dehors en nous exclamant sur la beauté du paysage et celles des nuages qui courent au loin, au-delà de Sienne et de sa tour Mangia.

Sur ma table, des livres ouverts, des documents, des articles de journaux, des cailloux pour empêcher les feuilles de s'envoler... Hippocrate, Montesquieu, Boia, resteront là sous les cailloux, j'ai besoin d'eux pour comprendre quels liens les hommes ont établi au cours des siècles entre leur santé, leur vie et le climat où ils vivaient.

Les cigales chantent ; un gros bourdon zigzague près de moi. Les lettres dansent sur l'écran de l'ordinateur. Je n'arrive pas à détacher les yeux des rangées de vigne, du renflement doux des vallons. Ici, au cœur du Chianti, à quelques longueurs de Sienne, la relation entre l'homme et l'atmosphère me paraît évidente : c'est l'art.

Pourquoi la Renaissance a-t-elle débuté en Toscane ? Pourquoi a-t-elle produit ici un aussi grand nombre de peintres ? Grâce à son climat.

Je sais : la question est naïve et ma réponse trop rapide. Mais alors, pourquoi ? La Renaissance a débuté en Toscane parce que... « C'est comme ça » ! C'est la réponse que j'obtiens au cours du dîner le soir, sous le chêne. J'insiste. Quelqu'un avance des raisons économiques : à la fin du Moyen Âge, le commerce se développe, les cités toscanes deviennent de plus en plus riches et attirent les artistes en même temps qu'elles les encouragent. Un autre donne des raisons philosophiques, intellectuelles : au XIV*e* *siècle, les lettrés redécouvrent Platon et la Grèce ; c'est de là que vient le terme de Renaissance ; développer les sciences et les arts devient un devoir pour tous ceux qui veulent affirmer leur puissance... Raisons politiques aussi : la Toscane a été à l'abri des grandes guerres de la fin du Moyen Âge.*

Bon, bon, tout ça a été étudié, publié, souvent, ses réponses ne me satisfont pas. Moi je veux savoir pourquoi la Renaissance a commencé ici sous ce ciel, pas ailleurs, et à ce moment-là.

C'est la fin du repas, les cigales se sont tues, les chauve-souris ont remplacé les hirondelles, les tours de Sienne se sont effacées, la Grande Ourse s'est installée dans le ciel, il fait doux, quelqu'un cite Stendhal : « Ce climat est si beau, il respire tellement la volupté, que le clair de lune même y perd toute tristesse. » On rit. On se moque un peu.

Et si c'était la bonne réponse ?

Oui, peut-être la Renaissance a-t-elle commencé en Toscane, parce que le climat « respire la volupté »... Pas seulement parce que c'est beau. C'est beau ailleurs, aussi, mais ici, il y a tout à la fois la douceur de l'air, l'équilibre des saisons entre la mer et la montagne toutes proches, l'harmonie des cultures, surtout « la volupté », cette sensation qu'on est dans l'endroit le plus civilisé du monde... L'air, le climat seraient donc à l'origine de l'épanouissement des activités humaines (le commerce, l'art, les sciences) comme ils peuvent l'être pour une fleur et pour les cultures ?

Et pourquoi pas ? Beaucoup d'hommes jusqu'à aujourd'hui ont eu l'intuition que les civilisations s'épanouissaient d'autant mieux que le climat où elles naissaient leur était propice.

Cela a longtemps été une certitude pour les Grecs de l'Antiquité.

Les Grecs ont été très conscients de l'extraordinaire fécondité de leur civilisation. Comme toutes les sociétés humaines, ils se pensaient le centre du monde. Mais au lieu de se plaindre du temps qu'il fait, ainsi que nous en avons pris l'habitude, ils tenaient leur climat pour le meilleur du monde.

« Il y a en Grèce, un climat entre tous favorable à la vertu ; il faut dire son mérite, qui serait d'être intermédiaire entre les frimas et les chaleurs torrides »... C'est bien sûr un Grec qui l'écrit, et pas n'importe lequel : Platon [1].

Pour les Grecs, le climat est à l'origine de leur civilisation, et il est aussi à l'origine de la santé, ces deux notions sont inséparables.

Cinq siècles avant Jésus-Christ, à Athènes, Hippocrate cherche à savoir comment est fabriqué le corps, comment il fonctionne, comment viennent les maladies, comment on y échappe, comment on en guérit. Il ne connaît pas le fonctionnement du corps humain, il ne connaît pas les cli-

1. Cité par Bernard Sergent dans « Ethnopsychologie et climats en Grèce ancienne », *Entre ciel et terre*, de Esther Katz, Annamaria Hammel et Marina Goloubinoff, Paris, Éditions Ibis Press/IRD Éditions, 2002.

mats, mais il est persuadé de leur interaction : le climat agit sur l'homme, mieux, il le façonne. C'est ainsi que naît la médecine, dans cette recherche harmonieuse entre l'homme et son milieu : pour Hippocrate, la bonne santé, c'est avant tout l'état d'équilibre entre l'homme et le ciel. Et en même temps qu'il cherche à définir cet équilibre entre l'air et la santé, il élabore dans *Airs, eaux, lieux* des théories où il s'applique à prouver que selon l'orientation des villes, leur climat est plus ou moins bon pour la santé. Les villes exposées au vent d'est sont les plus favorables à l'épanouissement de l'homme, le vent de sud est trop chaud, celui du nord est trop froid, mais le pire est le vent d'ouest…

La Toscane, pourtant, est exposée au vent d'ouest, ou de nord, ou de sud, mais rarement au vent d'est, retenu par les Apennins au centre de l'Italie…

Le climat de la Grèce dans l'Antiquité est particulièrement doux, et les hivers jamais rigoureux…

Le mot « climat » tire son origine du grec et veut dire « inclinaison » ; il définit l'inclinaison par rapport à l'horizon. Autant dire que le mot « climat » dans l'Antiquité est synonyme de latitude. On ne sait pas encore que la terre est ronde, mais on sait que plus on va vers le Nord, plus il fait froid, plus les jours sont courts en hiver, longs en été ; plus on va vers le Sud, plus il fait chaud, moins il y a de saisons. C'est à partir de ces connaissances sommaires que s'élaborent les théories des climats, divisés en deux groupes : les climats de l'Est associés à ceux du Sud, et du Nord associés à ceux de l'Ouest.

Pour les Grecs, les climats du Nord, c'est-à-dire d'Europe, ont des saisons contrastées. Les étés sont chauds et secs, les hivers rudes et froids. Ces climats donnent des hommes forts, courageux, résistants, excellents guerriers : « Les secousses fréquentes que donne le climat mettent dans le caractère la rudesse et y éteignent la douceur et l'aménité », dit Hippocrate [2]. Les écarts entre les saisons se traduisent aussi par la variation des individus, différents les uns des autres selon la période où ils naissent : « Il est naturel que ces influences (des saisons) soient ressenties dans la génération, que la conformation de l'embryon soit variable, et ne soit pas identique pour la même personne en été ou en hiver, pendant les pluies et pendant les sécheresses [3]. »

Les climats de l'Est, de l'Asie, font des hommes doux et pacifiques, qui développent des qualités artistiques et sensibles. Il n'y a pas de saison sous ces climats et le temps y est toujours doux : « Tout ce qui vient d'Asie est beaucoup plus beau et plus grand, le climat y est meilleur, et les peuples y ont un caractère plus doux et plus docile », dit Hippocrate. Nés tous dans les mêmes conditions climatiques, sans excès de chaud, ou de froid, ces hommes se ressemblent tous. Leur climat peut séduire, sûrement pas leur tempérament : « Les pays les plus délicieux ne produisent ordinairement que des hommes mous et efféminés », écrit Hérodote [4]. « Ni le courage viril, ni la patience dans les fatigues, ni la constance dans le travail, ni l'énergie morale ne pourraient se développer chez des hommes pareils », ajoute Hippocrate.

Entre l'Est et le Nord, entre l'Europe et l'Asie, entre la langueur et la force, il y a… La Grèce ! Son climat idéal ni trop doux, ni trop rude, n'alanguit pas les hommes et développe leur esprit et leur sensibilité en même temps que leur force et leur courage. C'est bien ainsi que l'entend

---

2. Jacques Jouanna, *Hippocrate*, Paris, Fayard, 1992.

3. *Ibid.*

4. Aristote, Politique, VII, 7, 1-3, cité par Bernard Sergent dans « Ethnopsychologie et climats en Grèce ancienne », *op. cit.*

Aristote [5] : « Les peuples des régions froides et ceux de l'Europe sont pleins de courage, mais manquent plutôt d'intelligence et d'habileté ; aussi se maintiennent-ils dans une relative liberté, mais ils manquent d'organisation politique et sont incapables de commander à leurs voisins. Les peuples de l'Asie, au contraire sont dotés d'une nature intelligente et de capacité technique, mais ils manquent de courage, aussi demeurent-ils dans une soumission et un esclavage perpétuels. Quant à la race des Hellènes, comme elle a géographiquement une position intermédiaire, elle participe à ces deux types : elle est en effet, courageuse et douée d'intelligence ; c'est pourquoi elle demeure libre, jouit de la meilleure organisation politique et est capable de commander à tous les peuples, si elle parvient à une unité de constitution. »

Et voilà ! C'est nous les meilleurs !

Les Grecs d'Athènes sont fiers de leur intelligence et de leur aptitude à gouverner et ils l'écrivent. Mais enfin, nulle vanité dans ce raisonnement : la conscience de leurs qualités n'est pas due à leur nature, elle est déterminée par leur situation géographique, leur climat.

Il n'empêche ; la Grèce entière a bénéficié de la clémence de ce climat, pas seulement Athènes. Tout le pays n'a pas pour autant connu un tel apogée ; les Béotiens, contemporains des Athéniens, au temps de leur puissance intellectuelle et artistique, étaient surtout connus pour la lourdeur de leur esprit alors qu'ils bénéficiaient des mêmes conditions climatiques que leurs voisins du Péloponnèse !

Au gré des siècles et des civilisations, ces théories fleurissent d'un bout de l'Europe à l'autre et même en Inde et en Chine.

Et toujours, pour ces auteurs, aux climats froids et rudes correspondent les hommes forts, courageux et pas très

5. *Ibid.*, Hérodote, IX, 121.

malins, et aux climats chauds, les hommes sensuels, paresseux et intelligents. Entre ces deux extrêmes, le centre, où règnent l'harmonie et l'équilibre entre les climats. Il correspond toujours, et comme par hasard, précisément au pays où vit l'auteur de la théorie.

Pour Hippocrate, Platon ou Aristote, ce centre est, bien sûr, la Grèce.

Quelques siècles plus tard, les théoriciens arabes vont changer la donne. Dans le livre allègre qu'il consacre à ce sujet, Lucian Boia [6] note, page 32 : « À l'instar des Grecs, ils se situaient naturellement au centre, ce qui se traduisit par un déplacement vers le sud de la normalité climatique et humaine. » Le centre du monde est désormais Bagdad, et les civilisations les plus raffinées sont celles qui sont les plus proches de ce centre idéal, c'est-à-dire les Arabes, les Grecs, les Byzantins, les Perses, les Israélites, les Indiens et les Chinois. Quant aux hommes vivant au nord de l'Europe, les Slaves et les Germains, ils sont décrits ainsi : « Ils ont la stature haute, un caractère farouche, des mœurs rudes, l'intelligence stupide, la parole lourde ; ils sont d'un teint extraordinairement blanc, virant au bleuâtre ; leur peau est fine et leur chair épaisse ; leurs yeux sont bleus, en harmonie avec les nuances de leur teint, et leurs cheveux flottants et roux par l'effet des vapeurs humides. Leurs croyances religieuses sont sans solidité, à cause de la nature du froid et du défaut de la chaleur [7]. » L'Europe du Nord n'est toujours pas le centre du monde !

---

6. *L'Homme face au climat*, Paris, Les Belles Lettres, 2003.

7. André Miquel, *La Géographie humaine du monde musulman jusqu'au milieu du XIe siècle*, vol. II, Paris-La Haye, 1975, cité par Lucien Boia.

Quand naît la Renaissance italienne, au XIIIe siècle, les théories des effets du climat sur les caractères, les constitutions et la santé, sont presque complètement oubliées. Comme si on ne se préoccupait plus du temps qu'il fait.

Ma question : « Pourquoi la Renaissance ici ? » n'évoque chez les Toscans du XIIIe et du XIVe siècle aucune réponse liée au temps qu'il fait. Certes, ils considèrent à leur tour qu'ils sont le centre du monde, mais sans référence à leur climat.

À Sienne, dans le Palazzo Pubblico, se trouve une fresque d'Ambrogio Lorenzetti qui date des années 1330. Le paysage est presque le même que celui que j'ai sous les yeux au moment où j'écris : les oliviers, les vignes, les champs de blé, les forêts, les grosses maisons à flanc de colline pourraient être ceux d'aujourd'hui. Un paysage rempli d'hommes et de femmes en pleine activité : les paysans moissonnent, un homme pousse son âne chargé, un autre fait paître un sanglier, des jeunes filles forment une ronde et dansent. Les humains travaillent et se divertissent presque comme aujourd'hui.

Le ciel, lui, ne ressemble pas au ciel : pas de cirrus, pas de cumulus, mais un grand espace tout bleu où circulent des anges, des figures, des femmes ailées, loin de tout réalisme.

Le ciel, au XIVe siècle, est le domaine de Dieu. Les hommes tentent de maîtriser le sol, les cultures, les gouvernements, comme le prouve la fresque de Lorenzetti… Mais le ciel, lui, ne leur appartient pas. On peut y faire figurer des allégories quand on peint cet espace bleu (ou doré pour le paradis) au-dessus de la terre, mais sûrement pas une trace de la réalité humaine. Le ciel est le domaine de l'âme, de l'esprit, de l'essence divine. Le temps qu'il fait est le temps que Dieu a voulu : il avertit, récompense ou châtie. C'est une récompense, quand le temps est bon pour les hommes et pour la terre ; un châtiment, quand le temps détruit les cultures et provoque la disette. C'est toujours Dieu qui s'exprime à travers les nuages et le soleil.

Les hommes, en ce début de Renaissance, ont décidé de prendre en charge leur destin sur la terre. Sur la terre seulement. Toute curiosité tournée vers le ciel est sacrilège. Nul ne l'ignore et surtout pas les savants qui se risquent pourtant à défier le pouvoir et les croyances : Galilée sera excommunié, Giordano Bruno brûlé vif.

Les récits de la Bible le racontaient déjà, l'Europe chrétienne en est convaincue : les catastrophes météorologiques sont le signe de la colère divine. Après une terrible inondation en Prusse, en 1222, un moine écrit : « À considérer cette plaie, nous sommes frappés non par le hasard, mais par le juste jugement de Dieu [8]. » Le moine raconte que, le déluge passé, ceux qui étaient chez eux ou dans les églises resplendissaient d'un blanc éclatant, alors que ceux qui avaient été surpris dans les tavernes étaient noirs comme du charbon.

Les inondations, la foudre, la grêle ne sont pas les seules manifestations de la colère de Dieu, il y a aussi les comètes et les éclipses de lune et de soleil. Pour s'en protéger, on fait sonner les cloches des églises qui éloignent les mauvais esprits, on porte des amulettes, on promène les reliques des saints, on dit des rogations (c'est-à-dire des prières de supplications), on jeûne, on renonce aux fêtes et aux divertissements.

Ces pratiques venues du Moyen Âge traversent toutes les époques ; elles se maintiendront jusqu'à la fin du XIXe siècle dans les campagnes... Et pour certaines jus-

8. Jacques Berlioz, « Catastrophes naturelles et calamités au Moyen Âge », in *L'Histoire*, n° 257, septembre 2001.

qu'au XXe ! Même constance pour l'invocation aux saints : qui ne connaît les saints de glace dont on parle encore chaque année au mois de mai, dans tous les médias, soit pour les accréditer, soit pour les dénigrer ! Saint Mamert (un des trois saints de glace) fut évêque de Vienne vers 470. C'est lui qui institue des processions de pénitence avant l'Ascension (au mois de mai), afin que Dieu protège les cultures de son diocèse, au moment où les dernières gelées sur les jeunes pousses déjà sorties peuvent être catastrophiques pour les futures récoltes.

On invoque saint Amboise ou saint Barnabé, qui fut lapidé par une grêle de cailloux, contre la grêle justement. Sainte Barbe, dont le père, son bourreau, fut foudroyé, est invoquée contre la foudre, ainsi que saint Isidore ou sainte Claire ; contre l'ouragan, on fait appel à saint Blaise.

On s'adresse aussi aux saints « régionaux » pour éloigner les calamités, même s'ils n'ont pas de pouvoir météorologique particulier : sainte Geneviève à Paris contre l'inondation de 1206 ; saint Gaudérique, dans l'est des Pyrénées, patron des laboureurs catalans et occitans pour obtenir tantôt l'eau, tantôt le soleil, selon les besoins des récoltes, ou même pour trouver des sources.

Dieu envoie le soleil et la pluie quand il faut pour faire pousser les cultures et récompenser les hommes, il envoie des cataclysmes pour les punir de leurs péchés. Mais le diable s'en mêle aussi parfois, et si ce n'est lui, ce sont les lépreux, ou les Juifs, ou les sorcières...

On ne se plaint pas du temps, on en souffre : une seule mauvaise récolte suffit pour mettre en danger non seulement la santé, mais aussi la vie... On est loin du contentement qu'exprimaient les Grecs pour la douceur de leur climat.

Et comment est-il le ciel, à cette époque, quand Lorenzetti peint sa fresque ? Quel est le climat de ce début de Renaissance ? Plus doux ou plus rude qu'aujourd'hui ? Plus sec ? Plus humide ?

Les instruments de mesure n'existaient pas, et les réactions humaines diffèrent d'une époque à l'autre. Les témoignages sur les notions de chaud et de froid doivent être appréciés avec prudence. La résistance physique même change au fil des siècles et des millénaires.

Je pense à l'homme de Cro-Magnon qui vivait dans les grottes il y a 17 000 ans. C'est dans des conditions climatiques glaciales que l'homme peint la grotte de Lascaux. Qu'auraient dit Hippocrate, Platon et Aristote de la rudesse de ce climat qui n'a pas empêché l'être humain d'atteindre des sommets artistiques, et qui les aura même favorisés puisque cette civilisation disparaît avec la fin de la glaciation ?

À l'opposé, et pour donner raison aux Grecs, quelques historiens semblent penser que la douceur du climat du nord de l'Europe, de l'an mil aux années 1200, bienfaisant pour la santé et les récoltes, a favorisé l'apogée de l'âge gothique…

Le petit âge glaciaire (PAG) débute autour de l'année 1300. Est-il provoqué par un ralentissement de l'activité du soleil ? Une modification de la température de l'océan ? Difficile à dire. Mais il se manifeste d'emblée par des hivers rigoureux et des étés froids et pluvieux. Dans son dernier ouvrage, Le Roy Ladurie [9] étudie année après année l'évolution de ce PAG : entre 1310 et 1320, par exemple, les pluies sont diluviennes. L'hiver, les fleuves gèlent pendant plusieurs semaines, et même la mer

9. *Histoire humaine et comparée du climat*, Paris, Fayard, 2004.

du Nord ! Les réserves insuffisantes de l'été s'épuisent vite ; certaines années, le prix du sel est multiplié par 4, le prix du blé par 5 ; or le prix du pain est aligné sur celui du blé : on n'a donc ni de quoi manger, ni de quoi se chauffer... Pour protéger les enfants du froid, on les installe sur le fumier où règne un peu de chaleur animale. Ceux qui ne résistent pas sont dévorés par les chiens et les porcs... Presque tout le XIVe siècle se trouve dans un flux de nord-ouest qui apporte le froid et la pluie (ou la neige, même en plaine).

Ce PAG va durer, à quelques exceptions près (XVIe, XVIIIe siècles) jusqu'en 1860.

L'influence du PAG se fait sentir encore sans doute dans nos habitudes de citadins du XXIe siècle : On craint toujours davantage le froid que la chaleur, et peut-être si nous avons tous réagi trop tard face à la catastrophe de la canicule de 2003, c'est que nous avons encore beaucoup de mal à considérer la chaleur comme un danger, voire même une épreuve... Peut-être est-ce aussi pour cette raison que nous réagissons si lentement à la menace du réchauffement climatique.

Sous mon chêne, bercée par le crissement des cigales, je cherche toujours une cause climatique qui expliquerait l'épanouissement de la Renaissance en Toscane. Là aussi, le PAG se manifeste par un temps humide et froid venu du nord de l'Europe.

Et pourtant... La campagne peinte par Lorenzetti sur les murs de Sienne, même si elle ne décrit pas le ciel, montre un temps sec et qui a l'air ensoleillé : nul ne semble y souffrir du froid, de la pluie, du vent, ou de la chaleur... La vie exemplaire ainsi représentée est celle d'un peuple actif et joyeux. Le soleil semble bien être pour eux, comme pour nous, synonyme de vie industrieuse, certes, mais surtout plaisante (pour Dante, le poète de la Toscane, le centre de l'enfer se définit par un froid glacial, et non par des flammes).

Et quand le temps met en péril la santé, et même la vie, on ne se plaint pas ; on accepte le châtiment… Puisque c'est Dieu qui punit les hommes. Une inondation catastrophique en Savoie provoque un glissement de terrain qui fait plusieurs centaines de morts ? C'est parce que les Savoyards sont des brigands et des usuriers !

L'hiver 1347 semble apporter enfin un peu de répit après un été pluvieux et froid grâce au vent de sud. Cette douceur dure jusqu'au printemps. Les hommes espèrent échapper au froid et à la disette. Le mal qu'il apporte va être pire : le 1er novembre, la peste venue du Turkestan en passant par Byzance et la Crimée arrive à Marseille. Dans ce flux de sud, l'épidémie va se répandre partout en Europe et décimer la population. (Quelques historiens mettent en doute cette douceur venue du sud et parlent d'un hiver humide. En météo, les mélanges sont toujours possibles, et ces deux caractéristiques ne sont pas forcément incompatibles.) Très vite, les morts se comptent par milliers, par millions. Le printemps suivant est froid et humide. L'été, lui aussi, reste frisquet et pluvieux, les récoltes sont mauvaises, les corps sont affaiblis. Les organes les plus touchés sont les bronches et les gorges. Justement, cette peste est une peste pulmonaire. Sur tous ces corps rongés par la faim et le froid, elle va faire des ravages. L'Italie, la Toscane ne sont pas épargnées. Lorenzetti l'ignore.

La peste noire, les étés froids, les mauvaises récoltes n'empêchent pas la floraison artistique… Pourquoi ? L'épanouissement d'une culture a-t-elle donc si peu à voir avec le climat où elle naît ? Jusqu'où l'homme peut-il résister au froid ? À la faim, à la maladie ? A-t-il besoin de conditions idéales pour imaginer, peindre, créer, inventer ? Ou au contraire la difficulté à survivre réveille-t-elle ses pouvoirs de création, d'imagination en le forçant à s'adapter ?

Le campanile du village de San Felice sonne l'heure sur la colline en face de moi. Les cyprès alignés tracent le chemin qui conduit jusqu'à l'église ; à présent, leur ombre s'étire sur les chaumes, dorés par la lumière rasante. Je cherche dans leur longue figure noire le mystère de la Renaissance, l'explication de son éclat...

Donc, il fait plus froid à la Renaissance qu'à notre époque et ce froid va durer pendant plusieurs siècles. La moyenne de la température est de 1 °C au-dessous de ce que nous connaissons actuellement, quelquefois 1,6 °C pour les moyennes les plus basses. Mais 1 °C de différence de la « moyenne » suppose des températures extrêmes beaucoup plus basses que ce que nous connaissons aujourd'hui : l'hiver, les fleuves gèlent et les températures descendent couramment jusqu'à – 20 °C !

Dans de nombreuses régions d'Allemagne, d'Autriche et d'Angleterre, on doit renoncer à cultiver la vigne trop sensible au gel ; et la bière remplace le vin... En Norvège, on abandonne la culture du blé.

Le Roy Ladurie relève sur l'ensemble du PAG (de 1303 à 1860), pour la France, 42 cas où les conditions météos exceptionnelles ont conduit à la disette, voire à la famine. Sur ces 42 catastrophes alimentaires, seulement 9 ont été provoquées par la sécheresse et la chaleur. Les autres, soit 33 cas, l'ont été par la pluie, le froid ou les deux.

C'est dire que la pluie, contrairement à l'idée qu'on s'en fait, n'est pas toujours bienvenue pour les cultures, puisque l'humidité conjuguée au froid est à l'origine de la plupart des disettes et des famines pendant 600 ans.

Au fil des siècles, les hommes vont se révolter contre ces fléaux météorologiques et sanitaires. Le pouvoir de Dieu n'est pas remis en cause, mais plutôt l'idée que ces calamités sont voulues par Lui : on préfère le Dieu qui protège au Dieu qui châtie. Et puisque Dieu n'est pas le responsable, on va en trouver un autre ! Le roi va être mis en cause, précisément celui qui se prend non pour Dieu mais pour le soleil : Louis XIV. En octobre 1693, après un été catastrophique, la famine menace, et le peuple gronde : aux épouvantables conditions météorologiques s'ajoutent les guerres meurtrières et les impôts de plus en plus lourds. En toute hâte, le roi fait construire des fours dans la cour du Louvre à Paris pour apaiser l'émeute ; chaque jour, on cuit mille rations de pain, vendues seulement deux sous la livre.

La marquise de Sévigné est une femme moderne : sa sensibilité au temps qu'il fait est nouvelle, entière, et les notations météorologiques dans les lettres qu'elle envoie à sa fille sont innombrables. Pour juger le temps, elle préfère s'en remettre à elle-même plutôt qu'à Dieu. Ses critères ne sont pas tous religieux : il y a des « jours de cristal où l'on ne sent ni chaud ni froid » et des temps « enchanté », « parfait [10] ». On relève dans ses lettres plus de 400 allusions au temps qu'il fait ; et quelquefois, elle se plaint. Eh, oui ! Du moment que le temps qu'il fait n'est pas la manifestation du pouvoir de Dieu, on peut s'en plaindre ! Et les raisons ne manquent pas : en 1675, à la fin du mois de juillet, il fait aussi froid qu'à la fin de l'hiver en Provence où habite la fille de la marquise. Elle lui écrit : « Vous avez donc toujours votre bise, ah ma bonne ! Qu'elle est ennuyeuse ! Nous avons chaud nous autres ; il n'y a plus qu'en Provence où l'on ait froid. Je suis persuadée que notre châsse (sainte Geneviève) a fait ce chan-

---

10. Saint Martin, « Le temps de 1670 à 1695 à travers les lettres de Madame de Sévigné », cité par Alain Corbin dans *Histoire*, n° 257.

gement. Car sans elle, nous apercevrons comme vous que le procédé du soleil et des saisons est tout changé [11]. »

Elle n'a pas tort, la marquise observatrice, et on ne saurait la ranger dans le cercle des nostalgiques qui se plaignent que le temps ne soit pas conforme à ce qu'il était « avant ». Pour ces années terribles du règne de Louis XIV, ce qu'elle avance est vrai : il fait exceptionnellement froid. Les vendanges, cette année-là, commencent à la fin du mois d'octobre. Nous sommes au cœur du PAG. Les fleuves européens gèlent : la Seine, la Tamise (11 fois pendant le siècle), le Rhin… Mais aussi la Garonne et le Rhône, jusqu'à la Méditerranée ! À Paris, on observe 19 jours de température inférieure à – 10 °. Les oiseaux tombent en plein vol, l'alcool gèle et éclate dans les bouteilles.

Le 24 janvier 1694, il fait – 13 °C à Paris. La marquise de Sévigné parle d'un temps « enragé ». Marcel Lachiver a compté plus de 2 800 000 morts en deux ans, soit autant que pendant la guerre de 1914-1918, dans un pays deux fois moins peuplé (20 millions d'habitants au XVIIe siècle), et en deux ans au lieu de quatre.

Le temps qu'il fait est responsable de ces morts, mais pas toujours de façon directe : le froid tue les gens et anéantit aussi les récoltes, surtout quand il est associé à la pluie, comme au printemps 1693. La faim pousse des milliers de personnes sur les routes ; on mange ce qu'on trouve, les organismes fragilisés par la sous-alimentation sont infectés par le typhus, la typhoïde, la dysenterie, le scorbut, l'ergot de seigle… Pluie, froid, mauvaises récoltes, famines, épidémies : l'enchaînement fatidique emporte d'abord les plus vulnérables, les enfants, les vieux, les pauvres. La mortalité augmente tandis que les mariages et la natalité chutent. Les

11. *Ibid.*

enfants nés pendant ces années terribles seront souvent petits et malingres : la stature des Français diminue.

Les régions les plus touchées sont celles du sud de la France. Les régions riches, plus développées, résistent mieux. Même constat pour les particuliers nantis.

Au-delà de causes météorologiques (flux de nord-est, anticyclone de Sibérie), ou astronomiques (le soleil est moins puissant, les taches solaires moins nombreuses), ces périodes de grand froid peuvent s'expliquer aussi par l'activité volcanique : d'un bout à l'autre de la planète, du Fuji-Yama au Vésuve, les volcans se réveillent. Les cendres qui s'échappent des cratères obscurcissent l'atmosphère et empêchent les rayons du soleil de réchauffer la terre.

C'est sous le règne de Louis XIV que le soleil a le moins brillé et que les hivers ont été les plus rudes dans tout l'hémisphère Nord. Le Roi-Soleil a fait de l'ombre au soleil…

Ces attaques si rudes du froid contribuent peut-être à piquer la curiosité des scientifiques de l'époque… C'est au XVIIe siècle en tout cas que change l'idée que l'on se fait du ciel. On redécouvre en Europe le désir de le connaître, de le mesurer, comme avaient tenté de le faire les anciens Grecs, les philosophes arabes, juifs, chinois. Le ciel n'est plus le domaine réservé de Dieu et de la foi. On invente le thermomètre (en Toscane), le baromètre (grâce à Pascal) et Descartes, contemporain de la marquise de Sévigné, écrit : « Étant donné qu'on doit lever les yeux au ciel pour regarder les nuages, nous les jugeons tellement élevés que même les poètes et les peintres les considèrent comme le trône de Dieu et prétendent qu'il se sert de ses propres mains pour ouvrir et fermer les portes des vents, répandre de la rosée sur les fleurs et jeter des éclairs sur des rocs. Cela me fait espérer que si j'explique ici leur nature, on n'aura plus l'occasion d'admirer quoi que ce soit de ce qui se trouve au-dessus ou en descend, et qu'on admettra aisément qu'il est en quelque sorte possible de trouver les causes de tout ce qu'il y a de magnifique au-dessus de la terre [12]. »

Le ciel devient un domaine à la mesure des hommes, qu'ils soient scientifiques, philosophes, mathématiciens, poètes, ou épistoliers...

Quant aux médecins, on ne leur fait pas encore confiance : Le XVIIe siècle de la marquise de Sévigné est aussi celui de Molière qui s'est si bien moqué d'eux, de leurs formules ridicules et de leur prétendue science. À juste titre... Les médecins au XVIIe siècle ne savent ni soigner ni guérir ; toutefois, ils croient qu'on peut retrouver la santé perdue grâce au savoir. L'avenir leur donnera raison ; pour l'heure, leur science est trop balbutiante pour qu'ils soient pris au sérieux.

On préfère faire confiance à ses intuitions pour ne pas perdre la santé. On est médecin de soi-même et le temps qu'il fait reste le principal médicament ; les références sont personnelles ; les qualités de vigueur, de force et de fluidité sont les remparts contre la maladie. Moyens bien insuffisants pour faire face aux terribles calamités du XVIIe siècle, mais ce sont les seuls...

Enfin arrive le XVIIIe siècle, le « siècle des Lumières ». Lumières philosophiques, certes, mais aussi lumière du soleil ! Il fait moins froid et la population augmente. C'est vrai en Europe, c'est vrai aussi en Chine.

Et dans ce siècle curieux de réflexion philosophique et ouvert sur le monde, la théorie des climats, abandonnée

12. Descartes, *Des météores*, 1637, cité par Richard Hamblyn dans *L'Invention des nuages*, Paris, Jean-Claude Lattès, 2003, p 45.

depuis le Moyen Âge, est remise au goût de jour par l'abbé Du Bos.

Ma question : « Pourquoi la Renaissance a-t-elle commencé ici, en Toscane ? », l'abbé se la pose aussi. Moi, c'est la douceur du paysage, la beauté du ciel qui m'inclinent à la poser, lui c'est l'enthousiasme du savant qui cherche et qui croit trouver. Et il ne se contente pas de la question : il apporte la réponse dans un ouvrage publié en 1719, intitulé *Réflexions sur la poésie et sur la peinture*. Pour lui, le génie doit son existence au climat. Les climats diffèrent à cause des vapeurs exhalées par la terre. Ces vapeurs se modifient selon les régions et selon les siècles. La constitution des hommes qui vivent sous ces climats est elle aussi influencée par ces vapeurs à travers l'air qu'ils respirent et les aliments venus du sol qui les nourrissent.

Voilà pourquoi la Renaissance a pris naissance en Italie : à cause des vapeurs du sol ! Ce principe, l'abbé l'applique de la même manière à la Grèce et à la Rome antiques, ainsi qu'à son propre siècle.

Cette théorie ne satisfait pas Montesquieu. L'Asie, l'Amérique, l'Inde offrent à sa réflexion de nouveaux territoires. Ces continents connaissent des climats ignorés de l'Europe, des peuples et des cultures différents. Il va tenter d'expliquer leurs comportements, leurs coutumes, leurs lois par leurs climats.

Il ne cherche pas quel peut être le climat idéal pour la santé, sa démarche n'est pas celle d'un médecin. La santé, à son époque, est toujours un problème personnel, privé. Lui est curieux de savoir comment l'esclavage, la polygamie, l'esprit de conquête, le sens du commerce ont pu s'épanouir ici et être contrarié là. La première cause à ces différences lui semble évidente : c'est le climat.

Et il cite des dizaines d'exemples et de comparaisons qu'il va chercher en Inde, en Chine, au Japon, en Amérique (même s'il déplore qu'on y ait tué tous les habitants d'origine). Il n'essaye pas d'expliquer que l'Europe est le meilleur continent possible, ni la France et son Sud-Ouest les endroits les plus accueillants de la planète. Il ne cherche même pas quel est le meilleur climat ; il veut comprendre sur quoi s'organisent les sociétés humaines et comment naissent leurs différences. Pour lui, nul doute, le climat est le premier facteur d'explication. « L'empire du climat est le premier des empires », écrit-il. Si certains pays pratiquent par exemple l'esclavage, c'est parce qu'il y fait trop chaud : le travail des champs étant extrêmement pénible, il ne peut être assuré que sous la contrainte et c'est pourquoi certains hommes en ont réduit d'autres à l'esclavage pour faire le travail à leur place.

L'alcool est bien supporté dans les pays froids, mal dans les pays chauds, les lois interdisent donc la consommation d'alcool dans les pays chauds, mais pas dans les pays froids...

L'explication climatique vaut aussi pour la soumission des femmes aux lois des hommes : dans les pays chauds, les femmes sont pubères dès l'âge de huit ans ; elles ont l'âge de faire des enfants, mais pas celui de se « gouverner seules ». Et à 20 ans, c'est fini pour elles : elles sont vieilles ! « La raison ne se trouve donc jamais chez elles avec la beauté. » C'est pourquoi les lois du mariage et de la famille sont entre les mains des seuls hommes. C'est aussi pour cette raison que la polygamie règne dans les pays chauds : à 20 ans, les femmes n'y sont plus tout à fait belles et pas encore raisonnables... L'Europe, en revanche, a l'avantage sur l'Asie de connaître entre les climats froids et les climats chauds, un climat tempéré « où les agréments des femmes se conservent mieux et où elles ont des enfants dans un âge plus avancé. La vieillesse de leur mari suit en quelque sorte la leur [...]. Il a dû naturellement s'introduire une espèce d'égalité dans les deux sexes, et par conséquent la loi d'une seule femme ». Voilà. Montesquieu affirme en plein XVIIIe siècle l'égalité des hommes et des femmes, en tout cas en Europe.

Même ailleurs, le rapport des forces entre les sexes n'est pas toujours celui qu'on croit. Il arrive ainsi qu'une femme ait plusieurs maris. C'est le cas à Malabar. Montesquieu croit y voir une commodité militaire : le mariage est pour les hommes (et pour les femmes ?) « aussi peu embarrassant qu'il est possible » et ils peuvent ainsi mieux se consacrer à l'armée et à la guerre !

À lire son *De l'esprit des lois*, on voit comme Montesquieu a pu s'enthousiasmer pour la variété des lois, aussi nombreuses que les climats sont différents. « Je ne justifie pas les usages ; j'en rends les raisons », écrit-il. Pour lui, les Japonais ont un caractère atroce, les peuples d'Orient sont paresseux et voluptueux, ceux du Nord sont courageux, les Chinois sont sensés, les peuples des pays tempérés sont inconstants... « Dans les climats chauds, on aime l'amour pour lui-même ; il est la cause unique du bonheur, il est la vie. » (Aujourd'hui, on le pense toujours : la chaleur, le soleil participent à l'amour et aux plaisirs... Vie rêvée pour nos contemporains, sûrement pas pour Montesquieu qui associe la volupté à la paresse.)

Le meilleur climat pourrait être celui de l'Inde : « Heureux climat, qui fait naître la candeur des mœurs, et produit la douceur des lois », mais où les hommes sont « dans un état extrêmement passif ».

Dans les climats froids, « les sensations sont moins vives » et « on aura moins de sensibilité pour les plaisirs... et pour la douleur », c'est pourquoi les Anglais se suicident davantage que les autres peuples.

Alors, quel est le climat préféré de Montesquieu ?

La réponse est claire : il préfère les climats froids ; non pas que tout y soit parfait, mais enfin, c'est là « que se forment les nations vaillantes ».

D'ailleurs, outre les qualités de courage que le froid développe à ses yeux, l'intelligence aussi s'en trouve fortifiée. On est loin des affirmations des Grecs ou des philosophes arabes, qui associaient à la douceur des climats chauds l'épanouissement de l'intelligence...

Aurait-il oublié, Montesquieu, qu'il est vigneron du Sud-Ouest et même de l'Entre-Deux-Mers où le raisin a besoin de chaleur, l'été, et de douceur, l'hiver, pour donner du bon vin ? « Les peuples des pays chauds sont timides comme les vieillards le sont ; ceux des pays froids sont courageux comme les jeunes gens le sont. »

Malgré l'étendue de sa réflexion, Montesquieu n'échappe pas au travers dans lequel sont tombés tous les théoriciens du climat : le climat où se concentrent les pouvoirs politique et économique est le meilleur. Dans la France du XVIIIe siècle, c'est le nord de l'Europe (l'Angleterre, la France du nord de la Loire, l'Allemagne) qui occupe cette place. Le Bordelais Montesquieu vit beaucoup à Paris : les climats froids ont décidément sa préférence.

Quelles que soient les conclusions auxquelles arrivent ces penseurs du climat, elles témoignent de leur conviction de l'interaction entre l'homme et le temps qu'il fait. On ne rêve pas encore de changer le climat, mais déjà de le comprendre, pourquoi pas de le maîtriser. La science progresse vite

De Lavoisier à Lamarck, de Pascal à Le Verrier, on a mis au point les instruments de mesure : thermomètre, baromètre, anémomètre, etc. Et les méthodes qui en découlent : on fait des listes de relevés de température, on « rassemble tous les faits, les détails et les circonstances » des phénomènes météorologiques.

Le rapport avec le temps qu'il fait change, le rapport à la maladie aussi. La Révolution renforce ce nouvel état d'esprit. Emportés par leurs rêves, les sans-culottes espèrent éradiquer les maladies comme si, tels les aristocrates, on pouvait les désigner comme ennemis du peuple et les supprimer. Ce rêve utopique va s'évanouir, pas l'espoir de maîtriser le temps et la santé.

Le XVIIIe siècle est un moment décisif pour la médecine. Pourtant, les grandes découvertes ne viendront qu'un siècle plus tard, au XIXe. Mais c'est le rapport entre l'homme et la maladie qui change, en même temps que le rapport entre l'homme et le temps qu'il fait : la médecine clinique naît au XVIIIe siècle. Peut-être les médecins de Molière le devinaient-ils à travers leurs gesticulations ridicules... Un siècle plus tard, la conscience de la maladie a pour de bon changé : la première question de ceux qui prétendent soigner (et guérir) n'est plus : « Qu'avez-vous ? », mais « Où avez-vous mal [13] ? ».

Cette nouvelle façon d'aborder la santé (et la maladie) est empirique, terre à terre. Il ne s'agit plus d'englober le malade dans une conception générale d'harmonie avec le monde visible et invisible voulu par Dieu, mais de localiser un mal qu'on va tenter de guérir selon l'état des connaissances.

Les sociétés médicales fleurissent. On ne cherche plus seulement à favoriser la santé mais à traquer les maladies. S'y développe la vieille idée d'Hippocrate sur l'influence de l'air : il apporte à la fois la bonne santé et les miasmes

---

13. Michel Foucault, *Naissance de la clinique*, Paris, PUF, 1re édition 1963, présente édition 1997.

qui empoisonnent. L'air est « le lieu naturel de la maladie [14] ».

Il ne s'agit plus de chercher dans l'air ambiant l'équilibre pour vivre en bonne santé, mais la cause des maladies. Grâce à Laplace, Séguin, puis Bichat, on fait des progrès en biologie, en physiologie, en anatomie. Et parce qu'on cherche dans l'air l'origine des maladies, les médecins eux-mêmes contribuent à l'essor de l'observation du temps.

Au cours des XVIIIe et XIXe siècles, ils vont utiliser toutes les nouvelles découvertes d'analyse de l'atmosphère (température, humidité, pressions...) pour mettre en parallèle le temps qu'il fait et l'origine de certaines infections. Louis Cotte, curé et savant, va mettre en place un réseau d'observation. C'est un ami de Jean-Jacques Rousseau, avec lequel il a beaucoup herborisé, et ce détail a de l'importance. C'est de Rousseau et de ses *Rêveries du promeneur solitaire* que date une nouvelle perception de la nature : « Je ferai sur moi-même à quelque égard les opérations que font les physiciens sur l'air pour en connaître l'état journalier. J'appliquerai le baromètre à mon âme, et ces opérations bien dirigées et longtemps répétées me pourraient fournir des résultats aussi sûrs que les leurs. »

Rousseau est un des premiers à l'écrire aussi nettement : il associe le temps à ses états d'âme (et ainsi feront après lui les poètes du XIXe siècle). Cotte, lui, va associer le temps aux maladies.

Il va créer un réseau d'observations médicales et météorologiques, dans des conditions similaires pour tous les observateurs et avec des instruments identiques. C'est un formidable système qu'il met en place, et qui va durer jusqu'à la fin du XIXe siècle. Il s'agit de prouver la responsabilité de l'air dans la propagation des maladies. Des

---

14. *Ibid.*

centaines de médecins à travers la France entière vont se mettre à l'ouvrage. Il reste des milliers de relevés, à la fois de leurs diagnostics et des conditions météo, écrits, notés à la main. Trois fois par jour, ils relèvent l'état du ciel, la température (à l'extérieur et à l'intérieur des bâtiments non chauffés), la pression.

En parallèle, ils établissent aussi des listes des pathologies : fièvre typhoïde, rougeole, variole, scarlatine, ainsi que les rémissions et le nombre de morts.

On les appelle « médecins aéristes » parce qu'ils cherchent dans l'air les causes des infections. Les années passant, ils s'organisent en sociétés savantes qui regroupent des notables locaux, friands de médecine, de météorologie ou de géographie. Tous notent, comptent, observent. Le recueil de ces données représente un énorme travail. Et que trouvent-ils ? Rien ! Quelques corrélations, quelques évidences qui ne permettent ni de maîtriser les épidémies, ni de guérir les malades. Sans doute, la variole se propage par vent de sud, la pneumonie fait davantage de ravages quand les hivers sont très froids, les dysenteries sont plus nombreuses quand les étés sont secs… Et alors ? Où sont les miasmes ? Où est la responsabilité de l'atmosphère ? Quelle est la relation de cause à effet entre l'air qu'on respire et les épidémies ?

Par exemple, les marais côtiers en Charentes : ils rendent l'air insalubre, on est persuadé qu'ils sont la cause de nombreuses morts dans la région… Fleuriau de Bellevue, ancien député, correspondant de l'Institut et de la Société centrale d'agriculture, armé de ses titres ronflants, relève la direction des vents, leur force, les températures pour établir scientifiquement la relation entre assèchement des marais, assainissement du climat et propagation des épidémies pendant des années. En vain.

On s'est récemment protégé du SRAS en Asie en portant des masques pour éviter la contamination par l'air, sans avoir jamais été sûr de la réalité de la contamination par cette voie...

Je me rappelle un voyage en avion avec mes enfants au printemps 2003. J'avais peur, comme tout le monde, de cette épidémie dont on ne savait pas comment elle progressait et comment l'infection se transmettait ; j'avais demandé à une amie dentiste des masques pour protéger la bouche et le nez ; je comptais bien les faire porter à mes enfants dans les aéroports où nous allions transiter. La peur du ridicule et le rire de mes filles m'en ont dissuadée. Les masques sont toujours au fond d'un placard dans la maison ; le SRAS a été endigué, mais pas éradiqué...

Je prends un autre exemple contemporain et moins dramatique : la grippe. On ne prétend pas qu'elle se transmet à travers l'atmosphère, mais on constate que les épidémies ont lieu en hiver. Au-delà de la contagion par l'air, la manifestation de l'épidémie serait liée à la saison. Comment ? Pourquoi ? À Dijon, dans son laboratoire de bioclimatologie, Jean-Pierre Besancenot a étudié pendant deux ans ce phénomène. Il a cherché une relation de cause à effet entre la saison et la maladie. En vain. Paradoxe : la grippe qui vient en général d'Asie sévit dans ces régions du monde où il fait justement très chaud toute l'année. En France, c'est à l'entrée de l'hiver qu'on distribue les vaccins contre la grippe, et pas au printemps. On tient compte de cette constatation, on l'admet, même si on ne sait toujours pas pourquoi, en Europe, la grippe sévit l'hiver.

Et on a de moins en moins de chances de comprendre le parcours de ces épidémies, puisque, grâce au vaccin, les cas de grippe diminuent. On sait donc se prémunir contre la grippe sans avoir compris comment et pourquoi les épidémies se manifestaient... Et au fond, peu importe !

Les médecins aéristes s'obstinent tout au long du XIXe siècle : « La connaissance des conditions de la santé publique sera fournie en partie par l'étude de la météorologie avec les variations de cette santé qui oscille constamment avec le souffle léger des brises comme sous le faible balancement de la pression barométrique. » L'astronome Camille Flammarion résume bien les convictions de son époque.

Travail décevant pour la médecine aériste, travail utile pour les réseaux d'observation météorologique. Ils ont été mis en place peu à peu après 1854, date de la célèbre bataille de Sébastopol où une tempête en mer Noire envoie par le fond une partie de la flotte française... Tempête qu'on aurait pu prévoir puisqu'elle traverse toute l'Europe d'ouest en est en plusieurs jours avant d'arriver en mer Noire.

Les militaires rejoignent donc les médecins dans l'intérêt pris à cette nouvelle science, qu'on n'appelle pas encore météo, mais qui est au centre de toutes les conversations...

Flaubert en témoigne dans son *Dictionnaire des idées reçues*. À la définition sur « Le temps », il écrit : « Éternel sujet de conversation. Cause universelle des maladies. Toujours s'en plaindre. » On est en 1880.

C'est drôle : l'époque où l'on commence à comprendre comment est fabriquée l'atmosphère, à quels principes elle obéit, comment s'expliquent la pluie, le soleil, les tempêtes, est celle où l'on commence à se plaindre systématiquement du temps qu'il fait. Comme si en gagnant en connaissances, on perdait en sagesse. (Sagesse ou fatalisme ?)

Mais se plaint-on du ciel ou de soi-même ? Du temps qu'il fait ou des misères de la vie ? Le ciel reflète à présent les tourments de l'âme et du corps, le bonheur d'être et les chagrins. Le vocabulaire du temps qu'il fait et celui de la condition humaine sont les mêmes. L'homme et son milieu naturel sont inextricablement liés, dans l'harmonie comme dans les tourments, on le dit haut et fort, on l'écrit, on le peint… Tout le XIXe siècle vit dans cette exaltation mélancolique.

Et pourtant, en Europe, l'homme dépend de moins en moins des aléas du climat. Il échappe aux conséquences économiques du temps qu'il fait quand il quitte la campagne.

Mais dans le même temps son corps lui échappe aussi dans la maladie au profit des médecins. La maladie est devenue un sujet d'étude et on ne se préoccupe plus de celui qui la vit ; l'homme est dépossédé de son corps quand il est malade comme il l'est du temps qu'il fait quand sa survie n'en dépend plus. Cette dépossession du corps fait le bonheur des médecins. Leur pouvoir augmente au fur et à mesure des progrès scientifiques. Les maladies les passionnent, les malades n'ont qu'à bien se tenir.

Le XIXe siècle croit au progrès, et on ne doute pas que le futur (médical, social et politique) sera meilleur grâce au pouvoir de la science : si l'air transporte des miasmes, on les trouvera, si l'atmosphère n'est pas bonne, on la changera pour le plus grand bien de tous !

« Nous croyons que les phénomènes anormaux de l'atmosphère peuvent être modifiés par l'action collective de l'humanité », écrit-on en 1862 [15].

Et en attendant ces belles réalisations, on continue partout en Europe, et surtout en Angleterre, à étudier l'influence des climats sur l'homme.

15. Lucian Boia, *op. cit.*, p. 97.

Imaginez les grandes villes de cette époque : Paris ou Londres. La révolution industrielle a commencé. La ville est un enchevêtrement de ruelles malodorantes où se presse une population pauvre et de plus en plus nombreuse. Tout le monde n'a pas une habitation particulière ; on dort dans la rue, sous les escaliers, à l'abri dans les recoins des cours. Pas d'eau courante, pas d'évacuation des eaux sales, pas d'hygiène.

En 1761 un auteur allemand décrit « l'air poisseux, épais, putride que l'on connaît en ville lorsque l'été est long et lourd ». Dans les années 1800, on ne souffre pas encore de pollution automobile dans les villes, mais l'air y est irrespirable, surtout à Londres, surnommée « Big Smoke » (grande fumée). On craint d'y être empoisonné par un brouillard que provoquent la situation météorologique et la fumée du charbon. Entre 1886 et 1890, il y a chaque année 74 jours de brouillard. Un brouillard si dense qu'il fait écrire à la princesse Lieven en 1832 : « Le bal du duc de Devonshire s'est tenu dans les nuages : le brouillard était si épais dans la salle qu'on ne reconnaissait pas les gens à l'autre bout de la pièce. Dans la rue, c'était le chaos, torches, cris et collisions d'attelage. »

On essaye de mettre en place une législation qui réduise les émanations des machines à vapeur et des fourneaux, mais la population étant de plus en plus nombreuse, Londres continue à s'enfumer. La mortalité augmente avec les jours de brouillard : « Quand on le respire, on tousse comme si on avait respiré le soufre d'une allumette », témoigne une actrice.

À ce *smog*, s'ajoute la puanteur de la Tamise, qui pourtant alimente les habitants en eau, en même temps qu'elle est utilisée comme un égout. (En 1857, le fleuve reçoit 250 tonnes de matières fécales par jour… Et on continue à boire son eau !) Avec les marées qui remontent jusqu'à Londres, les immondices reviennent sans cesse. Le point critique est atteint en 1858, année de « la Grande Puanteur » : la pollution est à son comble et l'été est très chaud... À plusieurs reprises, le choléra fait des ravages, mais dans l'Angleterre puritaine, la maladie est toujours considérée comme une punition « de nos péchés de saleté et de paresse. Air souillé, nourriture souillée, chambres souillées : là où on les trouve, là il y a le choléra ». Ainsi sermonne le pasteur Charles Kingsley.

En 1859, on décide enfin de construire un système d'égouts. Il sera achevé en 1875 [16].

À Paris, aussi, certains jours, « un brouillard sale et jaune inondait tout l'espace », comme l'écrit Baudelaire dans *Les Fleurs du mal*, mais enfin plus rarement qu'à Londres.

La Seine charrie moins de puanteurs que la Tamise : elle est moins large, les marées ne remontent pas jusqu'à Paris, et le système de fosses d'aisances des habitants ne débouche pas sur le fleuve. Cependant, « des miasmes propagateurs des épidémies sont entraînés dans les courants aériens... La mortalité qui a été si considérable à Paris pendant les premiers mois de cette année 1870 par suite de la petite vérole, des pleurésies et des fluxions de poitrine s'est manifestée surtout dans les arrondissements

---

16. J'ai trouvé toutes ces indications sur la pollution de Londres dans le catalogue qui accompagnait l'exposition Turner, Whistler, Monet en 2004 à Paris, Réunion des Musées nationaux. L'article intitulé « La poétique de la pollution » est signé Jonathan Ribner. On y apprend aussi que c'est le brouillard qui attira d'abord Monet à Londres pour y peindre. « Sans le brouillard, Londres ne serait pas une belle ville », écrit-il... Il contracta pourtant une pleurésie lors de son premier séjour londonien, sans doute provoquée par le *smog*.

septentrionaux sur lesquels les vents de sud apportent les miasmes de la grande ville. » C'est encore Camille Flammarion qui témoigne [17].

Et Paris pue ! Le savant Émile Raspail publie *Des odeurs de Paris*, où il s'inquiète de la pollution de l'air et de la Seine. Pollution par l'odeur, c'est-à-dire par l'air plutôt que par les fumées. Comme à Londres, on ne craint pas de boire l'eau du fleuve, mais d'être empoisonné par ses émanations…

Le baron Haussmann, ministre de Napoléon III, fait construire de larges boulevards pour que l'air y circule et chasse les miasmes qu'on croit porteurs d'épidémies.

Sur les grands boulevards tout neufs, on ouvre des cafés, des théâtres ; les larges trottoirs attirent les badauds, les peintres, les poètes…

Au centre de ces nouveaux quartiers, les bourgeois s'installent dans des immeubles où l'on a prévu des cheminées, des circulations d'air, des balcons pour jouir de la vue, des garde-manger aérés pour préserver la nourriture, des cuisines éloignées des pièces de réception pour isoler les odeurs, des escaliers de service pour le personnel, et surtout des murs de pierre suffisamment épais pour résister aux intempéries. (Dans les annonces immobilières aujourd'hui, au XXIe siècle, on n'hésite pas à vanter toujours ces immeubles en « pierre de taille », synonymes de confort thermique et surtout de standing ; les références sont – presque – les mêmes qu'au XIXe siècle.)

À l'exception des chambres de bonne où l'air est glacial l'hiver et très chaud l'été, parce qu'elles sont sous les toits, ces murs de pierre protègent des excès du froid grâce aux feux de cheminées, (on n'est pas très frileux au

---

17. Cité par Jacques Fontan dans *Les Pollutions de l'air*, Paris, Vuibert, 2004, p. 13.

XIXe siècle), et surtout des excès de la chaleur grâce à l'épaisseur des murs.

Mais, pour les autres, tous les autres, même si on ne vit plus à la campagne, la vie dépend encore du temps qu'il fait : pas de chauffage, pas d'aération ni d'eau courante et très peu d'eau potable.

Quant aux maladies et aux épidémies, on ne sait toujours pas les identifier, on ne sait pas d'où elles viennent ni comment elles se propagent. On cherche.

On va finir par trouver. Pas dans l'air : dans l'eau ! Des médecins regroupés autour de Pasteur découvrent les microbes [18] et les virus. Les deux écoles s'affrontent longtemps : les uns cherchent la cause des maladies dans l'air, les autres ne jurent que par les microbes. Il faut choisir son camp : celui qui croit aux microbes ne peut pas croire en même temps à l'action du climat. Les progrès de la biologie et de la vaccination vont accélérer le mouvement et discréditer peu à peu les théories « aéristes ».

L'idée de la propagation des maladies par l'air avait tenu bon depuis Hippocrate, elle s'effondre avec Pasteur.

Néanmoins les aéristes résistent : ce qui pourrait sonner le glas de leurs recherches concernant les effets du climat sur la santé va renforcer leur désir de comprendre. On abandonne l'étude de l'air, on revient à celle des climats : puisque les maladies les plus incompréhensibles s'expliquent par des microbes et non par les miasmes, on va chercher, hormis les maladies, quelles sont les conséquences du climat sur la santé de l'homme. Le positivisme remplace le romantisme, l'expérimentation progresse, le travail de laboratoire et les outils de précision aussi…

18. L'emploi du mot « microbe » date de 1878.

On n'a pas pu prouver que les climats étaient la cause directe des épidémies, on s'entête à chercher l'influence positive de certains climats aux vertus curatives : le climat méditerranéen, par exemple, est excellent pour soigner la phtisie, loin de l'air confiné des grandes villes et du froid des climats septentrionaux. Les malades fortunés passent donc l'hiver dans le Midi ou au bord de la mer, recommandée pour la pureté de l'air. Le chemin de fer, tout nouveau moyen de transport, facilite l'accès aux climats bénéfiques.

C'est ainsi que les frères Pereire, banquiers à Paris, développent Arcachon, en créant une ligne de chemin de fer qui relie directement la petite ville à la capitale. Arcachon est située au bord du bassin du même nom et le climat est favorisé à la fois par l'iode venu de l'Atlantique et par l'air balsamique de la forêt des pins maritimes, toute proche. Les plus belles maisons d'Arcachon datent de cette époque, et sont situées dans la partie de la ville qu'on appelle « Ville d'hiver ». C'est un quartier en hauteur, où circule bien l'air venu de la forêt et de l'océan. Contrairement aux constructions récentes, on l'a construit loin de la plage : à cette époque, on ne va pas à Arcachon l'été pour s'y baigner, mais surtout l'hiver, quand il fait froid à Paris. On y va aussi pour se montrer. Parfois pour se soigner.

Le prétexte sanitaire est excellent qui privilégie les voyages dans de beaux endroits où il fait doux l'hiver. Arcachon est à la mode et toutes les côtes françaises qu'on orne de noms délicieux : Côte d'Opale, Côte d'Argent, Côte d'Azur. On aime les côtes de la Manche, de la mer du Nord, de la Méditerranée. Et aussi de l'Atlantique.

« En Arles, où sont les Aliscams, prends garde à la douceur des choses », mélancolie tendre d'un poète du Sud-Ouest, Paul-Jean Toulet, qui préférait l'influence de l'Océan à celle de la Méditerranée ; tout comme Hölderlin : « Oh ! La douceur d'un assoupissement parmi les ombres... La mer enlève ou rend la mémoire. » Ou quelquefois, aujourd'hui, Philippe Sollers : « Je vous avais déjà dit que le Sud-Ouest est un autre pays. Il y a une ligne invisible [19]. »

L'Italie aussi est à la mode, on découvre Venise, Florence, Naples...

La jolie petite ville de Puozzoli fait partie de ces lieux de villégiature. J'y séjournais il y a deux hivers ; je n'étais pas malade, j'essayais d'écrire un livre ! Je ne parle pas italien, j'étais seule, et j'avais choisi cet endroit pour les mêmes raisons que les riches oisifs des siècles passés : pour la mer qui venait mourir à mes pieds et que je contemplais pendant des heures assise sur les rochers, pour les cris des mouettes infatigables en toute saison, pour les rayons dorés du soleil d'hiver, et pour la douceur de l'air, loin du froid humide parisien. Le décor comblait ma mélancolie naturelle et je prenais volontiers la pose romanesque de solitaire étrangère. Le roman n'avançait pas mais j'ai passé là, loin des gens que j'aime, de mes chats et de mes habitudes, des moments doux, paisibles, sans crainte de basculer dans l'angoisse. Assise au bord de l'eau, j'imaginais des dieux sortis de la mer, des femmes déchirées par la passion qui se jettent du haut des rochers, des colonnes de bateaux à rames ou à voiles, alourdis par des denrées rares venues d'Afrique ou d'Asie, qui surgissent du soleil couchant... J'avais ma place dans ces lieux magiques. Le silence, la lumière, le clapotis des vagues, tout m'allait. J'étais en paix.

Contrairement à Arcachon, il ne reste guère de traces du passage des voyageurs aisés du XIXe *siècle à Pozzuoli :*

---

19. *Carnet de nuit*, Paris, Plon, 1989, p. 44.

quelques belles maisons ici ou là, divisées en appartements. Les habitants n'ont pas cultivé la nostalgie de cette époque. Désormais, la ville n'est plus que la banlieue de Naples, une banlieue ouvrière, où l'exaltation de la richesse n'a plus cours, et où l'on se souvient surtout de la présence des Romains, du martyre de saint Janvier, saint patron de Naples, et de la naissance de Sophia Loren.

Seuls rappels de l'engouement des riches phtisiques du XIXe *siècle : la baie et la Solfatara. La mer, comme à Naples, vient mourir au pied de la ville et de son volcan. Mais la Solfatara, contrairement au Vésuve, est un volcan caché, dont le cratère surgit brutalement à la vue, derrière des arbres et des maisons, presque au centre de la ville. Un amphithéâtre naturel s'ouvre d'un coup, entouré de rochers à pic. Du sol jaune et sec, s'échappent des magmas bouillonnants et de bruyantes vapeurs soufrées. Homère y avait vu l'entrée des enfers, les voyageurs des siècles passés, l'occasion de se soigner au milieu des orangers, tout près de Pompéi dont on venait de découvrir les trésors.*

L'Italie donc, mais aussi la Grèce, l'Espagne, les Açores, Madère et les Baléares. En 1838, George Sand emmène Frédéric Chopin à Majorque pour ses « dernières vacances au soleil [20] ».

Les autres, tous les autres, attendront les premiers congés payés en 1936 pour partir en vacances, et découvrir les bords de mer l'été, pour le plaisir de l'eau et du soleil, plutôt que l'hiver, par souci sanitaire.

Chopin, mais aussi Nietzsche à Nice, Musset avec la même George Sand, Thomas Mann, Proust à Venise, ils

20. Cité par Jean-Pierre Besancenot dans « La Climatologie biologique et médicale en France, 1853-2003 », faculté de médecine, Dijon, Société française d'hydrologie et de climatologie médicales, 2003.

sont nombreux venus de France mais aussi d'Angleterre et d'Allemagne à passer de longs séjours d'hiver sous ces climats doux ; pour les peintres le prétexte sanitaire n'est pas toujours évoqué, la lumière suffit à justifier l'engouement pour ces climats…

En 1908, Monet est à Venise, après Turner et Whistler. « Je suis dans l'admiration de Venise », écrit-il. Admirable Venise pour sa beauté, certes, pas pour son climat. Le Grand Canal pue, « Venise est un trou puant », mais le danger sanitaire est plutôt du côté des usines qui entourent la ville : usines à gaz, forges, fabriques de masques, minoterie installée dans une église… La pollution par le charbon est énorme ! Et pourtant les médecins de l'époque continuent de recommander des séjours dans la cité des doges à leurs riches malades poitrinaires. La beauté de Venise guérit.

Certains médecins de la fin du siècle vont pourtant tempérer l'enthousiasme des voyageurs sur l'effet curatif de ces déplacements. Décidément, les hommes n'échappent plus à la médecine clinique… Pierre-Charles Louis écrit en 1843 : « On a pu croire autrefois qu'il suffisait aux personnes d'une constitution faible de passer d'un pays froid dans un pays chaud, pendant l'hiver, pour se protéger des tubercules, mais aujourd'hui cette croyance est bien ébranlée chez les personnes du monde elles-mêmes, et elle ne peut plus être celle des médecins, depuis que des relevés statistiques ont appris que la phtisie règne dans les pays chauds comme dans les pays froids [21]. » On retrouve les mêmes questions que l'on se posera cent ans plus tard sur la grippe…

La recherche sur les vertus de certains climats piétine et on ne trouve toujours pas de médicaments pour soigner la tuberculose.

---

21. *Ibid.*

Dans ces années de fin du XIXe, début du XXe siècle, c'est pourtant la maladie qui fait le plus de ravages : on a découvert le bacille de Koch mais pas les antibiotiques, ni le vaccin protecteur. On continue à se rabattre sur le climat parce que c'est la seule thérapeutique connue pour cette maladie.

La phtisie était une maladie de riches qu'on soignait l'hiver sur les rivages de la Méditerranée, la tuberculose est une maladie de pauvres qui vivent dans des villes surpeuplées, sans hygiène et dans la dépendance de la nouvelle société industrielle. Mais il s'agit bien de la même pathologie.

Loin des villes où l'air est vicié, on associe la nature au souvenir d'une enfance heureuse et perdue où la maladie n'existait pas et où l'air était sain (on oublie les disettes, les famines, les ravages des guerres et des épidémies...). C'est vrai pour les malades, c'est vrai pour ceux qui tentent de les soigner.

La guérison restera un rêve pour les plus pauvres, pour les autres, on ouvre des sanatoriums loin des villes.

Et d'abord en montagne. Pourquoi la montagne ? Parce qu'il n'y a pas de tuberculose en altitude. On ne sait pas bien pourquoi, mais puisqu'on n'a pas d'alternative thérapeutique, la montagne est la première réponse médicale à la tuberculose, selon l'axiome : « Tout pays où la phtisie ne règne pas est bon pour les phtisiques », comme le déclare François-Joseph Broussais [22] qui donnera son nom à un hôpital parisien.

Les séjours en sanatoriums sont très différents des villégiatures en Méditerranée : l'isolement et la sédentarisation sont la règle, le quotidien rappelle davantage la vie monastique que la vie mondaine.

---

22. Jean-Pierre Besancenot, *op. cit.*

La montagne est celle de moyenne altitude et les sanatoriums ouvrent dans les Alpes (Villars-de-Lans, Hauteville, Saint-Hilaire, Briançon) comme dans les Pyrénées (Vernet, Bagnères-de-Bigorre...), ou dans les Vosges (Gérardmer). On pense que l'air raréfié propice aux exercices mesurés modifie la respiration et favorise l'appétit. L'argument n'est pas irréfutable. Les malades continuent de mourir de la tuberculose, même dans les sanatoriums... Sur 250 Anglais ayant passé un à dix hivers dans une *health resort*, en France ou en Italie, seuls 12 ont guéri... « Il n'existe pas de climat spécifique de la tuberculose », conclut, prudent, un médecin de cette époque.

L'autre climat propice à la bonne santé est bien sûr l'air marin, mais il est surtout réservé aux riches qui peuvent se déplacer au bord de la mer. Laennec, médecin breton qui donnera lui aussi son nom à un hôpital parisien, a l'idée de faire venir l'air marin à Paris : il fait étaler dans les salles et les couloirs du varech encore humide de sa Bretagne natale (décidément le temps qu'on a connu enfant est toujours le meilleur).

Dans cet élan social, on crée le premier hôpital marin à Berck, en 1887, le premier sanatorium marin à Arcachon. Mais plutôt que la tuberculose, on soigne au bord de la mer les enfants faibles et rachitiques. On ne sait pas encore que le soleil stimule la synthèse de la vitamine D, qui fixe le calcium vital pour la croissance et la solidité du squelette. On ne le sait pas, mais on le constate ; et comme toujours dans les rapports entre la santé et le climat, on se satisfait de résultats concrets à défaut de pouvoir faire des découvertes théoriques.

C'est l'expérience qui compte. Et les résultats. Explicables ou pas. C'est dans ce champ de la médecine expérimentale développée par Claude Bernard que Marius Piéry publie en 1934 son *Traité de climatologie biologique et médicale* qui fonde la biométéorologie moderne. Tous les climats de la planète y sont abordés pour la première fois sous l'angle de la santé.

Des pôles jusqu'aux tropiques, les Européens parcourent le monde, l'explorent et le colonisent. La découverte des autres, de leurs coutumes, de leurs modes de vie sous des climats extrêmes provoque la curiosité, parfois l'admiration, mais surtout la peur et le mépris. La principale question qu'on se pose à présent en Europe est de savoir si la supériorité de l'homme blanc lui permet de s'adapter aux climats tropicaux. La notion de race a envahi les théories du climat. Dès 1908, Xenopol (xénophobe ?), historien roumain écrit [23] : « Si le milieu est favorable au développement et si ce milieu est occupé par une race supérieure, la marche du progrès sera la plus énergique (Europe). Lorsqu'une race moyenne se trouve placée dans un milieu favorable, elle peut atteindre un développement assez élevé (Chine, Japon). Lorsqu'au contraire, une race supérieure se trouve rejetée dans un milieu moins favorable, son progrès en sera entravé (Inde). Si une race inférieure se trouve confinée dans un milieu défavorable, le progrès sera presque complètement annihilé (Nègres d'Afrique). »

Gangrenées par les théories racistes, comme celle de Gobineau, les théories du climat sont récupérées par les tenants de l'ordre nazi.

Les oiseaux, paraît-il, ne chantaient pas à Auschwitz. Le silence en écho de la destruction organisée de la vie humaine. L'enfer de la Shoah est glacé comme celui de Dante.

Après 1945, les progrès de la médecine et le désastre de la guerre rejettent dans l'ombre le souci de l'accord entre l'homme et le climat. Les anciens prisonniers, les

23. Cité par Boia, *op. cit.*, p. 89.

déportés, viennent très nombreux récupérer et se soigner dans les sanatoriums.

Et puis, on trouve enfin des antibiotiques pour lutter contre la tuberculose.

Alors la climatothérapie passe de mode en même temps que les grands établissements qui accueillaient les tuberculeux.

Aujourd'hui, dans des structures plus petites, les vertus du climat sont utilisées pour soigner l'asthme. Voilà une maladie étrange qui s'étend au même rythme que la pollution des villes (plus de 200 millions de personnes en souffrent) et dont l'amélioration, à défaut d'une guérison totale, est encore favorisée par les climats secs et ensoleillés, c'est-à-dire, bien sûr, la montagne, la haute montagne surtout, et les régions méditerranéennes. Loin de la pollution urbaine, des pollens et des acariens.

Les cures thermales sont toujours remboursées par la Sécurité sociale, et restent d'un accès facile, mais les médecins ne sont pas tous d'accord sur leur efficacité thérapeutique. Ce ne sont pas des cures à proprement parler climatiques, puisqu'on va chercher l'eau de ces villégiatures plutôt que leur climat… On tente d'améliorer ainsi la digestion, les capacités respiratoires et les rhumatismes.

Et puis la mode, jamais complètement éteinte, des cures et des voyages de santé, reprend dans les années 70. Comme au XIXe siècle, ce sont souvent les couches les plus aisées de la population qui profitent de cet engouement pour les cures de thalassothérapie ou de balnéothérapie. Il existe même des cures de vinothérapie dans le Bordelais qui prône les bienfaits d'un climat viticole sur la santé. Montesquieu n'y avait pas pensé…

Alors quelle est la définition du bon climat ? Un climat favorable à la santé ou propice à l'épanouissement d'une civilisation, d'une culture ?

Pour la santé humaine, certains climats sont meilleurs que d'autres. Surtout la montagne et l'air marin, on l'a vu. Mais ils ont aussi des inconvénients. Le climat en montagne est rude : le froid, la faiblesse des pressions, de l'oxygène, les brusques changements de temps peuvent être difficiles à supporter. Même constatation pour le climat marin : pur et revigorant comme celui de la montagne mais imprégné d'ions positifs qui excitent et rendent irritables. Ces climats, s'ils peuvent aider à supporter certains types de maladies (respiratoires, cardiaques, dermatologiques) ne sont pas des « médicaments » ; ils participent à l'amélioration, parfois à la guérison, mais leur valeur thérapeutique reste limitée.

La santé humaine, selon Georges Canguilhem, est la capacité de se remettre d'une maladie : la vie se manifeste toujours par les réactions adaptées au milieu extérieur. Les échanges sont constants entre le corps et l'air, et pas forcément paisibles : il faut lutter contre le froid, le chaud, l'humide, le sec. On rêve bien sûr du climat qui nous maintiendrait dans un état d'harmonie permanent. Ce serait le paradis terrestre : Adam et Ève n'avaient pas besoin de se vêtir pour être bien…

Mais l'homme a été chassé du paradis et cherche depuis le climat idéal. Chaque siècle, chaque culture a apporté une réponse différente, toujours insatisfaisante, toujours incomplète. Celle de l'Occident dans la seconde moitié du XXe n'a pas été meilleure que les autres : le soleil devait être la solution à tous les maux, à toutes les misères physiques et mentales, il pouvait consoler, guérir, rajeunir, rendre beau… Jusqu'à ce qu'on mesure ses dangers sous forme de vieillesse prématurée et de cancers de la peau.

Les climats bons pour la santé humaine et ceux qui ont accompagné l'épanouissement des civilisations sont-ils jamais les mêmes ?

Pourquoi la Renaissance a-t-elle débuté en Italie, en Toscane ? À cause de la « volupté » de l'air disait Stendhal... Mais la Renaissance a été aussi brillante dans d'autres pays, les Pays-Bas par exemple, où le climat est bien différent... Alors ? Faut-il la douceur du ciel comme en Grèce pour que le génie humain s'épanouisse ou au contraire le froid qui aiguise les sens en même temps que l'intelligence ? Faut-il choisir entre Platon et Montesquieu ? Lascaux et Athènes ? La douceur ou le froid ? Il n'y a pas de réponse. Le génie humain se développe dans l'effort pour s'adapter à des rudes conditions climatiques comme il s'épanouit dans la douceur d'un climat ensoleillé... Nul besoin de vapeurs issues du sol ou d'un climat particulier.

Les climats bons pour la santé des individus ne sont pas forcément ceux qui accompagnent les civilisations les plus fécondes.

L'air marin et celui des montagnes sont recherchés pour leur effet bienfaiteur sur la santé humaine. Sont-ils pour autant les plus propices à l'épanouissement des civilisations ? Pourquoi pas les seuls ? Hypothèse absurde.

Les principaux arguments avancés par les théoriciens des climats sont toujours des arguments *a posteriori* : ils tentent d'expliquer par le climat, la beauté de civilisations passées ; par extension, ils cherchent à justifier au présent la grandeur, la beauté, l'essor de celle où ils vivent ou qu'ils préconisent.

Et pourquoi, si les bons climats favorisent l'essor d'une culture, les mauvais climats eux, ne provoqueraient-ils pas son déclin ? Les théoriciens du climat n'ont pas réussi à prouver qu'il y avait un bon climat susceptible de provoquer l'épanouissement de toute civilisation, mais ils indiquent aussi, *a contrario*, qu'une modification du climat peut annoncer, voire provoquer sa disparition. L'âge du renne et de l'homme de Cro-Magnon ne s'éteint-il pas avec la fin de la glaciation, il y a 10 000 ans ? Le déclin de l'Empire britannique ne commence-t-il pas au moment de la plus intense pollution à Londres ? Hasard ? Correspondance ? Cause ?…

Aujourd'hui, nous fabriquons dans nos sociétés dispendieuses un nouveau climat, nocif pour la santé des hommes et de la planète. Ce changement climatique les fera-t-il décliner ? Je ne sais pas, en tout cas il est urgent de trouver de nouvelles façons de s'adapter. Là. Maintenant. Tout de suite.

Entre la peur d'un futur inévitable et apocalyptique et la nostalgie d'un passé irrémédiablement perdu et forcément paradisiaque, nous hésitons à aimer le présent… C'est pourtant dans cette adaptation permanente aux changements du temps et du climat, que naissent les grandes créations humaines. Adaptations douloureuses ou joyeuses, ardues ou faciles, peu importe !

Le présent, aujourd'hui, tout de suite : c'est à ce temps immédiat que nous rappelle le temps qu'il fait.

Le matin brumeux bleuit les collines les plus éloignées. Les cris des hirondelles dessinent des arabesques pardessus le toit ; le romarin sent bon. Un vent léger souffle sur mon visage. La campagne toscane s'étend devant moi pareille à ce qu'elle était il y a sept siècles… Harmonieuse, cultivée, diverse.

Là, tout n'est qu'ordre et beauté,
Luxe, calme et volupté.
BAUDELAIRE.

LA BIOMÉTÉOROLOGIE

La biométéorologie, c'est l'étude du rapport entre l'atmosphère et la biosphère, c'est-à-dire le vivant, et l'homme en particulier. Elle a pour objectif d'étudier les relations entre le climat et la santé.

La biométéorologie est au carrefour de la météo et de la médecine.

C'est un mot tout neuf ; il date des années 60. Il définit pourtant une préoccupation aussi ancienne que la médecine. Les principes de la biométéorologie s'ancrent dans le rapport entre santé et climat. Principes déjà érigés par Hippocrate, cinq siècles avant Jésus-Christ. « N'ignorez point ce qui touche à l'art du temps, car tout ce qui le concerne est étroitement lié à la médecine. »

D'emblée, la maladie est envisagée tantôt comme un ennemi à combattre, tantôt comme une manifestation de la rupture d'harmonie entre le monde et soi. Les deux approches peuvent se regrouper ou se recouper ; ce double principe s'applique en biométéorologie ; il s'agit bien de rechercher l'harmonie avec l'atmosphère, et en même temps de s'en protéger quand elle menace directement la santé et la vie.

L'homme peut vivre sans manger pendant quelques jours, sans boire pendant quelques heures, mais sans respirer, impossible ! Ne serait-ce que pendant quelques minutes ! L'atmosphère est indispensable à la survie. Les échanges entre le corps humain et l'air ambiant sont permanents à travers la peau et les poumons. Pris dans l'agitation quotidienne, on l'oublie…

On se soucie du temps qu'il fait plutôt quand ça ne va pas, quand le mal de tête dure, quand les rhumatismes font souffrir, quand il pleut depuis plusieurs jours et que se profilent les vacances ou quand on est bloqué par la neige. On s'en préoccupe enfin quand commence une nouvelle vie, qu'on appelait « retraite » encore récemment. On cherche alors un endroit bon pour la santé, où il ne fera pas trop froid l'hiver, où le soleil brillera souvent, où les enfants seront tentés de venir passer leurs vacances…

Si nous sommes toujours aujourd'hui sous l'influence du temps qu'il fait pour organiser nos vies, si nos humeurs dépendent encore du soleil ou de la pluie, nous avons tendance à oublier le rapport vital avec le temps qu'il fait.

C'est cet oubli que la biométéorologie répare : il y a des temps bons pour la santé, c'est-à-dire bons pour l'harmonie entre soi et le monde extérieur, entre l'air et le corps, et des temps dont il faut se protéger.

Le propos de la biométéorologie, et donc de ce livre, est de les répertorier. Mais attention, ce ne sont pas les mêmes pour tous. La canicule de 2003 en témoigne : 15 000 morts d'un côté, mais aussi des stations balnéaires ravies de leurs saisons.

La biométéorologie n'est pas une mise en garde contre le temps qu'il fait. C'est plutôt une façon d'appréhender le temps autrement que dans un souci de citadin pressé et stressé qui veut du soleil au bord de la mer l'été, de la neige à la montagne l'hiver, de la pluie en semaine seulement, et du vent sans tempête…

Où en est-on aujourd'hui ? Y a-t-il oui ou non des maladies provoquées par le temps qu'il fait ? Et à l'inverse, le temps qu'il fait peut-il guérir ?

Dans nos sociétés occidentales, nous vivons à l'écart des aléas climatiques dont nous nous protégeons par tous les moyens que les progrès techniques ont mis à notre disposition. Il n'est plus nécessaire pour un individu de s'acclimater aux conditions météo ; c'est la société tout entière qui est désormais organisée pour lutter contre le chaud, le froid, la pluie, la neige ou le vent. Les victimes des conditions météo sont d'abord des victimes d'une organisation sociale qui les a oubliées, comme les sans-abri victimes du froid ou les personnes âgées victimes de la chaleur.

Alors ? Le temps qu'il fait peut-il être responsable des maladies et de la santé ? Oui et non.

Oui : par exemple la canicule de 2003 et ses 15 000 morts.

Non : la chaleur n'est pas une maladie, et l'homme peut s'y adapter, s'acclimater.

La question est simple, la réponse ne l'est pas.

Le temps qu'il fait ne peut pas être à lui seul la cause d'une maladie. Cependant le temps qu'il fait peut être un « facteur déclenchant ». Jean-Claude Cohen, Jean-Pierre Besancenot l'écrivent depuis des années. À l'été 2003, il eût suffi de tenir compte de cette fragilité particulière des personnes âgées (comme on l'a fait pour les bébés) pour éviter une tragédie.

On ne peut pas affirmer que le temps seul provoque une crise d'asthme, ou un accident vasculaire cardiaque. Malgré leur réputation, les rhumatismes ne sont pas forcément des précurseurs météorologiques : « Il va pleuvoir, j'ai mal aux jambes. » On a tous entendu de vieilles gens se plaindre de leurs rhumatismes dont la seule consolation à la souffrance serait de prévoir le temps qu'il va faire ! Et pourtant, il y a presque autant de rhumatismes que d'individus ; certains empirent quand il va pleuvoir, d'autres au contraire s'améliorent et ressurgissent par temps sec ! Seulement, si toutes les variations sont différentes d'un individu à l'autre, elles se déclenchent en effet souvent suite à un changement de temps.

À Dijon, M. Tannoury s'est livré à une longue étude des rhumatisants pendant un an. Il a observé des rythmes saisonniers pour les arthroses (l'hiver) et les périarthrites (fin d'été, début d'automne). Il semble que le temps froid et humide déclenche des crises. C'est tout le contraire pour les rhumatismes inflammatoires dont les crises se déclenchent par temps chaud. Quant aux lombalgies, les douleurs qu'elles provoquent ne semblent pas liées au temps qu'il fait. Autant de rhumatismes, autant de malades, autant de sensibilités différentes aux variations du ciel.

Winston Churchill se précipitait à Marrakech quand ses rhumatismes le faisaient trop souffrir, et y trouvait de l'apaisement grâce à la sécheresse de l'air. Ce qui lui convenait n'est pas ce qui convient à d'autres… Et aurait-il autant aimé le climat de Marrakech s'il y avait vécu toute l'année ?

Un autre type de maladies associées au temps qu'il fait et dont on ne finit pas de chercher des relations directes de cause à effet sont les accidents vasculaires. Comme le rappelle Jean-Sébastien Marx, qui a consacré sa thèse de médecine à ce sujet, Hippocrate avait déjà constaté au IVe siècle avant J.-C. que les douleurs thoraciques sont plus fréquentes quand on marche face au vent par temps froid… Que sait-on de plus aujourd'hui ? Pas grand-chose. Le temps qu'il fait ne peut pas être à lui seul la cause d'un accident vasculaire. Il y faut d'autres paramètres.

Jean-Sébastien Marx est médecin au Samu, et à ce titre, il est le mieux placé pour comprendre au jour le jour le rapport entre les maladies et le temps qu'il fait. Au terme de son étude, il conclue que ce dernier est un « facteur aggravant », et non pas une cause.

Karine Laaidi a tenté aussi d'établir une relation entre les conditions météo et la fréquence des AVC (accidents vasculaires cérébraux). Lieu de son étude : Dijon. Ses conclusions sont à la fois vagues et précises et ceux qui cherchent des relations directes de cause à effet entre météo et maladies seront à nouveau déçus : les infarctus cérébraux sont favorisés par un temps anticyclonique, au contraire, les infarctus lacunaires se produisent par temps perturbé... À ces constatations s'ajoutent le rôle des polluants, en particulier celui du dioxyde d'azote, et celui de l'humidité... Bref, impossible, pour tout un chacun, de s'y retrouver.

Les maladies ophtalmiques augmentent aussi en même temps que la pollution urbaine ; les cataractes, en particulier, se sont multipliées de façon spectaculaire en quelques années.

Et puis, il est certain qu'on s'enrhume quand il fait froid. Les infections de l'appareil respiratoire sont liées au froid et les médecins connaissent bien ces pathologies qui se déclenchent avec la baisse des températures : épidémies de grippe, bronchites, bronchiolites, rhumes, pharyngites... Elles sont nombreuses mais, contrairement à ce que l'on croit, ne se déclenchent pas seulement quand il fait froid : l'air doux et humide apporté par un changement de temps et la pollution urbaine peuvent aussi les provoquer.

L'asthme est en forte recrudescence depuis quelques années, surtout dans les villes... On a noté cependant que certaines crises pouvaient se déclencher non à cause de la pollution à laquelle s'ajoutent des conditions météo favorables à une crise (froid et hautes pressions), mais aussi à la seule annonce de ces conditions : dans les villes, la plupart des municipalités ont installé des panneaux qui distillent conseils et informations. La lecture de ces panneaux peut déclencher cette crise alors même que les conditions ne seront réunies que dans les heures qui suivent ou le lendemain !

Impossible donc d'affirmer que le temps qu'il fait est la cause directe des maladies. On dira qu'ils les favorisent, ou plus prudemment encore, qu'il y a des « correspondances ».

Pour autant, le corps se sent plus ou moins bien selon la couleur du ciel. Les sensations de douleur ou de bien-être varient avec le temps qu'il fait. S'en rapporter à elles est sage, parce qu'elles annoncent quelquefois une maladie, voire un danger pour la santé ; mais il ne faut jamais oublier que ces sensations, de malaise ou de confort, sont intimes, personnelles. L'autre, le voisin, le proche, dans les mêmes conditions peut avoir des sensations complètement différentes, voire opposées.

En août 2003, pourquoi autant de gens ont-ils pu mourir pendant que d'autres profitaient de leurs vacances ? Il ne faut pas impliquer trop vite l'égoïsme, l'indifférence… Quand on est en vacances, au bord de la mer (où la chaleur est moins forte que dans les terres), comment peut-on imaginer que le même temps, la même météo mette en danger celui ou celle qui est resté(e) dans son logis, seul(e) certes, mais à l'abri ?

Chacun est différent face aux conditions météo : l'âge, le mode de vie, l'habitat, le niveau de vie, les habitudes alimentaires, modifient l'influence du temps qu'il fait sur chacun.

Surtout : certains sont plus vulnérables que d'autres. Ce sont tous ceux que les biométéorologistes appellent les

« populations sentinelles » : les personnes âgées, les bébés, les obèses, les malades, tous ceux qui sont sous traitement médical, les alcooliques, les femmes enceintes… Bref, les populations sentinelles, ce sont les deux âges extrêmes de la vie et tous ceux dont le corps fragilisé pour une raison ou une autre s'adapte mal.

On peut résister un moment à une vague de chaleur importante et succomber quelques semaines plus tard à un nouvel épisode caniculaire quand bien même il aura été moins long : chez certains, les ressources de l'organisme s'épuisent au fur et à mesure que les agressions climatiques se répètent à intervalles trop rapprochés. Ceux-là aussi font partie des « populations sentinelles ».

À l'opposé, il y a ceux qui ne sont pas vulnérables, qui s'en fichent : ce sont les adolescents, les jeunes gens. Ils détestent qu'on les embête avec la phrase rituelle : « Couvre-toi, tu vas prendre froid. » Ça ne veut pas dire qu'ils ne sentent pas le froid, le chaud, les différences de temps. Au contraire. Tous les sens sont en éveil ; les odeurs, les goûts, les sons, aussi ténus soient-ils, rien ne leur échappe. Ils sont « météosensibles », nos ados. Météosensibles, mais pas dépendants du temps qu'il fait. Ils peuvent ne pas en tenir compte. C'est selon leur bon plaisir, c'est comme ils veulent.

Ils se moquent du froid et s'ils se couvrent et se découvrent, c'est selon les vagues de la mode et pas celles du thermomètre. Ils ne sont pas sentinelles, ils sont fashion !

Ne vous inquiétez pas si votre ado part en sweat-shirt au lycée au mois de février. Lui à qui on reproche si facilement son inertie et sa flemme, regardez-le braver le froid : c'est là qu'il teste sa force et sa résistance. Et il n'est pas sûr qu'il perde. Les records physiques sont vaincus à cet âge : records de vitesse, de hauteur, à pied, à vélo, dans l'eau, en montagne, aux pôles… Les jeunes adultes ont confiance dans leurs capacités physiques et ils ont besoin de les éprouver. Aux autres de les encourager et de les admirer…

Facile à dire, pas toujours facile à mettre en pratique. Au nom de mon savoir météorologique, j'interviens souvent dans le choix vestimentaire de mes filles, pour expliquer qu'un pull en coton n'est pas un pull en laine, et que l'imper est indispensable, parce que certes, il y a du soleil ce matin, mais ça va changer, la pluie arrive... Peine perdue ! Elles auront froid, elles seront trempées jusqu'aux os à leur retour à la maison, et ça les fera rire parce qu'elles ne seront pas malades et parce qu'elles auront eu raison : contre la pluie, contre le froid, et contre moi !

Plus tard, il sera toujours temps de se protéger, de sentir à quel moment le froid l'emporte sur la résistance… Plus tard, on préfère bêtement le soleil à la pluie. On craint le froid, on aime le chaud, on est triste quand le ciel est gris, joyeux quand le ciel est bleu. Et même les poètes parfois. Cioran par exemple : « La moindre variation atmosphérique remet en cause mes projets. Je n'ose dire mes convictions. Cette forme de dépendance, la plus humiliante qui soit, ne laisse pas de m'abattre, en même temps qu'elle dissipe le peu d'illusions qui me restaient sur mes possibilités d'être libre, et sur la liberté tout court. À quoi bon se rengorger si on est à la merci de l'humide et du sec ? On souhaiterait esclavage moins lamentable et des dieux d'un autre acabit [1]. »

Pourquoi est-on aussi tributaire du temps qu'il fait ? Mais parce que ! Toute révolte est inutile. C'est comme se

1. Cité par Jacques Attali dans *De l'inconvénient d'être né*, Paris, Gallimard, 1973.

révolter contre l'amour ! Pourquoi notre joie ou notre désespoir dépendent-ils du regard d'un autre être, d'un mot, d'un geste qui lui échappent ? Parce que. Pour le temps, c'est pareil. Ce qui nous fait dépendre du temps qu'il fait est du même ordre que la dépendance amoureuse. C'est tout aussi irrationnel, tout aussi impérieux.

On peut essayer de lutter, ne pas accepter cette dépendance... Combat inutile, perdu d'avance. Il peut aussi arriver que le temps qu'il fait soit dans une telle harmonie avec notre sentiment intérieur que l'on se réjouit de la pluie quand on a du chagrin... Ou que le bonheur éprouvé soit tellement puissant que le temps qu'il fait est de toute façon le beau temps.

Le beau temps est le temps de l'amour. Toujours. Et réciproquement. Le temps de l'amour est toujours le beau temps. *I'm singin in the rain...*

Le mauvais temps n'existe pas mais les changements de temps doivent être un moment de vigilance pour tout le monde : dans ces moments-là le corps vacille, la santé est plus fragile.

Changements de temps dramatiques sous les tropiques où les cyclones arrivent dans des pays souvent pauvres, soumis à la précarité de l'habitat, à la déforestation sauvage, et à l'urbanisation incohérente.

Changements de temps moins violents dans les pays tempérés mais beaucoup plus fréquents. Ils se marquent par une différence des pressions et de la direction des vents. Le changement de temps demande chaque fois une adaptation, une acclimatation, surtout à ceux qui vivent protégés par le chauffage ou la climatisation et qui sont d'autant plus vulnérables : la plongée quelques minutes par jour entre bureau et métro ou maison et auto, suffit pour attraper un rhume. Un temps variable, changeant, par la nécessité d'adaptation qu'il exige, provoque un stress physiologique pendant quelques minutes ou quelques heures (voire quelques jours après un voyage en avion). Cette nécessité de s'acclimater peut être dangereuse pour les « populations sentinelles », mais elle est aussi stimulante pour le corps et l'esprit et réveille ainsi les forces de chacun… Encore faut-il les connaître et ne pas les surévaluer, ni les sous-estimer.

Le réchauffement climatique accentue les changements de temps.

Les phénomènes brutaux (cyclones, orages, tempêtes, inondations) qui mettent non seulement la santé, mais la vie en danger, vont se multiplier. Dans ces situations, les prévisions, et l'apprentissage des bons réflexes est indispensable. J'y reviendrai.

Les canicules aussi seront de plus en plus nombreuses. Tout le monde sait aujourd'hui qu'une canicule tue. Jusqu'à présent, le froid était plus meurtrier que le chaud : on meurt encore davantage en janvier qu'en juillet. L'homme s'accommode mieux du chaud que du froid. Mais quand la chaleur dure sans répit pendant plusieurs jours, voire plusieurs semaines, la mortalité augmente d'un coup. On pourrait donc voir s'inverser les statistiques et les étés caniculaires devenir plus meurtriers que les hivers moins froids.

On risque aussi de voir revenir ou arriver dans les pays tempérés des maladies jusque-là propagées dans les seuls pays tropicaux et équatoriaux. La dengue, le paludisme sont des maladies à vecteur apportées par des moustiques, qui ne se reproduisent que si la température dépasse 18°C. Le paludisme a été éradiqué en France et un vaccin pourrait protéger la population mondiale contre ce fléau. Mais il faut continuer à surveiller l'évolution des zones d'épidémie.

Les crises d'asthme et les bronchiolites sont de plus en plus fréquentes en été, et c'est peut-être aussi à cause du réchauffement.

Je ne veux pas clore ce chapitre sans tenter de sortir de cette spirale sans fin et inverser la proposition : puisque le temps qu'il fait déclenche des pathologies, pourquoi ne déclencherait-il pas aussi la bonne santé ? À l'origine de la médecine, Hippocrate, avant même de comprendre et de tenter de soigner les maladies, cherchait déjà les conditions dans lesquelles la bonne santé peut durer et s'épanouir.

C'est ce à quoi je vous invite dans les chapitres qui suivent. Dans le temps et dans l'espace, je vous propose une promenade à travers le temps qu'il fait, ici et là, aujourd'hui et demain. À vous de voir ce qui correspond le mieux, ou le moins bien, à votre tempérament, à vos goûts, à vos habitudes…

Être bien avec le temps qu'il fait, c'est le propos de ce qui suit.

LES MOMENTS ET LES LIEUX

Les saisons

Elles existent toujours ! Et pourtant n'a-t-on pas dit et écrit le contraire, prévu même leur disparition pour cause de comète, de déboisement, de TSF, de bombe atomique, et, aujourd'hui, de réchauffement climatique... Certes l'homme est en train de bouleverser le climat, mais pas comme on l'imagine : les saisons résistent... pour le moment !

Le changement climatique va-t-il les modifier ? Probablement. (*Je pourrai dire « oui », tout simplement, je gagnerais en conviction, mais les scientifiques sont des gens terribles qui ne supportent pas les affirmations péremptoires... Je fais comme eux.*) Les étés seront de plus en plus chauds et les canicules de plus en plus fréquentes.

Sans attendre les effets du réchauffement brutal du climat, les saisons ont déjà beaucoup varié au cours des siècles, pour de vrai et pour de faux : je veux dire qu'elles ont changé selon les infimes fluctuations climatiques et qu'elles ont changé encore plus vite dans l'imaginaire des humains.

Aujourd'hui, en Europe, le rythme des vacances a remplacé celui des cultures. L'été n'est plus la saison des moissons mais celle des bords de mer ; l'automne n'est plus la saison des vendanges, mais celle de la rentrée ; l'hiver est la saison du ski, et non plus celle du repos ; le printemps, enfin, est celle des rêves de soleil, plutôt que des prières pour la pluie ou le temps sec…

Au XIVe siècle, l'hiver s'étalait jusqu'au mois d'avril. L'été couvrait les mois de mai, juin et juillet. L'automne commençait le 1er août et finissait à la fin du mois de septembre ; exceptionnellement, il pouvait durer jusqu'au 1er novembre… Ensuite, le long hiver commençait.

À partir de 1850, la tendance s'inverse ; le petit âge glaciaire se termine, la planète commence à se réchauffer à cause des activités humaines, la société industrielle remplace la société paysanne et les étés rallongent : le climat se modifie en même temps que le mode de vie des pays occidentaux.

Aujourd'hui, l'hiver commence pour de bon avec les vacances de Noël, et on associe la neige du ski aux rigueurs de la saison hivernale. Pour les montagnards qui vivent de « l'or blanc », la neige, la pleine saison correspond aux mois de janvier et de février. Avant et après, en décembre, en mars et en avril, il faut compter sur la chance (c'est-à-dire sur des hivers, exceptionnellement froids, comme ce fut le cas en mars 2005), pour que la neige tienne encore en de solides couches au-dessous de 1 800, voire de 1 500 mètres.

Les cartes de vœux où l'on voit des villages enfouis sous la neige évoquent à la fois la splendeur de l'hiver et le confort douillet des maisons. Elles datent de l'époque où les riches Européens et surtout les Anglais découvrent les joies de la montagne, c'est-à-dire du XIXe siècle… Et c'est précisément à ce moment-là que les hivers commencent à raccourcir : en moyenne montagne, la neige fond, les glaciers raccourcissent, bref, la saison hivernale est plus courte.

Les stations de ski de moyenne altitude ont de plus en plus de mal à trouver de l'argent pour moderniser leurs équipements : on ne met plus en doute le changement climatique, on le constate... Et les seules façons désormais de rentabiliser ces petites stations, c'est d'installer de gros canons à neige au bord des pistes ou de construire d'énormes téléphériques qui amènent les skieurs au-dessus de 2 000 mètres, là où la neige tient encore réellement plusieurs mois durant, tous les ans...

Pour les météorologues, les saisons ne sont pas celles des vacances, ni d'hiver, ni d'été. Le printemps commence à la mi-février, l'été débute en juin, l'automne à la fin du mois d'août, et le froid de l'hiver se manifeste dès la mi-novembre : le record de froid à Paris (depuis l'installation de la première station météo en 1873) a été établi un 10 décembre ; c'était en 1879, il a fait ce jour-là – 23 °C ! Dernier sursaut du petit âge glaciaire ? Peut-être. En tout cas, depuis, il n'a jamais fait aussi froid et nous sommes devenus pourtant de plus en plus frileux !

Jusqu'au début du XXe siècle, on étouffait dans une pièce où il faisait 15 °C et on ouvrait les fenêtres. Entre les deux guerres, les baux prévoyaient entre propriétaires et locataires 18 °C dans les pièces quand il faisait – 5 °C dehors... Aujourd'hui, il fait au moins 21 °C dans les appartements des villes, l'hiver... À la différence des animaux, nous n'obéissons pas à la nécessité du réchauffement climatique mais à des habitudes de confort. Si on en croit Montesquieu pourtant, la chaleur émolliente ne favorise ni l'énergie, ni le courage ! Il faudra bien pour sauver la planète ou parce qu'il n'y aura plus de pétrole, ou les deux, réduire notre consommation d'énergie fossile et donc baisser le chauffage.

En France, on est plus combatif en été qu'en hiver. Ce qui fait écrire à Anatole France : « Quel peuple courageux que le nôtre. Jamais il ne se révoltera en hiver. Toutes les grandes journées révolutionnaires se situent entre juillet et septembre. Ils mourront volontiers pour l'idée. Jamais ils ne s'enrhumeront pour elle [1]. » Portrait sévère, peut-être injuste. Mais les Ukrainiens, mieux habitués que nous au froid, ont su mener en décembre 2004 leur révolution démocratique, au cœur de l'hiver, dans des tentes à peine chauffées...

Les saisons ne sont jamais très rigoureuses en France, toutefois le bouleversement du réchauffement climatique pourrait entraîner un jour des conditions hivernales comparables à celle du Canada. On connaîtrait enfin pour de bon, cet « été indien », qui n'existe pas pour le moment en France, et qu'on emploie à tort ! Au Québec, il correspond à certaines journées de septembre ou d'octobre, où, à la suite de journées froides annonçant le retour de l'hiver, un sursaut de l'été apporte quelques jours d'une extrême douceur, tandis que les couleurs rouge et orange des feuilles d'érables éclatent dans les rayons obliques du soleil. Que ce soit le froid ou le chaud, le climat du Québec est extrêmement tranché, et on passe presque sans transition (si ce n'est ces quelques jours de douceur), de l'été à l'hiver et de l'hiver à l'été.

En France, si on veut parler de quelques jours chauds après la fin de l'été, on évoquera « l'été de la Saint-Martin ». Il ne se situe pas à la même période que l'été indien : la Saint-Martin se fête au début du mois de novembre, juste après la Toussaint, c'est-à-dire un mois plus tard que l'été indien. On peut passer ainsi d'un « temps de Toussaint » à « l'été de la Saint-Martin ».

Le printemps, l'autre saison intermédiaire entre le chaud et le froid, entre l'hiver et l'été, a lui aussi ses

---

1. Cité par Fernand Attali dans *Le temps qui tue, le temps qui guérit*, Paris, Le Seuil, 1981.

repères de saints protecteurs et d'anomalies météorologiques : les « saints de glace », au début du mois de mai, marquent cette période entre l'air froid qui régresse et l'air chaud qui commence à remonter de l'équateur. La période des « saints de glace » est l'ultime victoire du froid contre le chaud, qui menace les jeunes pousses dans les champs.

À défaut de trouver dans la sagesse des hommes une définition immuable des saisons, on la trouve dans le calendrier : le début et la fin de chaque saison sont déterminés par des calculs astronomiques qui ne se préoccupent ni des données météorologiques ni des activités humaines, mais de la durée du jour et de la nuit. À la nuit la plus courte (solstice d'été) correspond le début de l'été ; au jour le plus court (solstice d'hiver), le début de l'hiver ; à la durée équivalente du jour et de la nuit (équinoxes), le début, soit de l'automne, soit du printemps. Ces durées ne sont pas toujours les mêmes d'année en année. L'astronomie, contrairement à la météo, est une science exacte. Chaque saison peut ainsi commencer selon les années entre le 19 et le 23 des différents mois.

Voilà ce que dit le calendrier. Le dictionnaire, qui prétend lui aussi à l'exactitude, commence sagement : le mot saison vient du latin *satio*, qui veut dire « semailles » et donc la première définition de « saison », qui remonte au XIIe siècle indique que c'est « le temps des semailles ». Et voilà de nouveau associé le temps qu'il fait à la culture de la terre.

La définition est simple, les exemples sont eux infinis :

« La belle saison » correspond à la fin du printemps et à l'été, c'est-à-dire au moment où les jours sont les plus longs.

« La mauvaise saison », c'est l'automne, l'hiver, où les journées sont courtes et où la terre ne produit pas ; jusqu'au XIXe siècle, cette saison était plus ou moins mauvaise selon que les récoltes précédentes avaient été bonnes ou non.

« La saison sèche » s'oppose à la saison des pluies en Afrique, en Asie, dans les régions du monde soumises à la mousson.

« La saison », tout court, c'est le moment où les curistes et les vacanciers envahissent les villes d'eaux ou les bords de mer…

On est « de saison » quand on est en harmonie avec le temps qu'il fait, avec le goût du jour. « Hors saison », quand on est à contretemps, à contre-emploi, hors norme.

Arthur Rimbaud, qui préféra aller vivre dans les pays chauds quand il ne voulut plus être poète, écrit : « Je hais l'hiver parce que c'est la saison du comfort. » *Une saison en enfer* est une saison unique, celle du génie Rimbaud. Lui n'est ni dans le temps, ni à contre-temps ; simplement dans son temps à lui, temps qu'il fait et temps qui passe, et c'est aussi le temps de la musique, du rythme, temps inventé dans les mots et dans le corps. Rimbaud déteste l'hiver « parce que c'est la saison du comfort » ; il orthographie « comfort » à l'anglaise avec un « m » plutôt qu'un « n ». Déteste-t-il l'hiver, ou le confort qu'il suppose ?

À Aden, il est débarrassé de la poésie et du froid. Il déteste pourtant le climat de cette ville encaissée où il séjourne longtemps ; il souffre de la chaleur : « Les peaux ruissellent, les estomacs s'aigrissent, les cervelles se troublent, les affaires sont infectes, les nouvelles sont mauvaises »… Quand le temps va mal, tout va mal.

En revanche, dans le Harar, l'Abyssinie, « le climat est délicieux, il ne fait ni chaud, ni froid, c'est un lieu de repos très agréable ».

Le climat idéal serait celui où toutes les saisons s'équilibrent entre chaud et froid, humide et sec… C'est le temps du paradis, où le ciel est sans nuage, et la terre pourtant féconde, et l'homme en bonne santé.

Le paradis, l'homme et la femme en ont été chassés, n'est-ce pas ? Il nous reste donc à prendre le temps comme il est, le temps qu'il fait comme le temps qui passe, accepter la succession des saisons, et suivre les cycles de la nature…

Par exemple, à chaque saison correspondent des fruits et des légumes que vendaient autrefois les « marchandes de quatre-saisons ». Les produits de saison et de la région où l'on vit sont ceux qui conviennent le mieux. Manger des cerises au cœur de l'hiver en France n'a aucun intérêt. Pire : cette consommation favorise l'émission de gaz à effet de serre puisque ces produits sont transportés par avion de pays lointains, souvent de l'hémisphère Sud. De même pour la fabrication de l'emballage où ils sont présentés. Peu d'emballage, des produits de saison variés, c'est la meilleure façon de s'alimenter.

Pour rester en bonne santé, il faut boire quand il fait chaud, pas beaucoup mais souvent, et il vaut mieux privilégier les fruits frais et les repas légers pendant les canicules. En revanche, une alimentation riche, roborative est utile pour lutter contre le froid.

Mais quelle que soit la saison, on mange trop de viande. C'est mauvais pour la santé, c'est mauvais pour la planète : on sait que les déjections des animaux produisent du méthane. Le méthane est, comme le gaz carbonique, un redoutable gaz à effet de serre et le cheptel grossit dans les mêmes proportions que la population mondiale. Dans le monde occidental, la consommation régulière de viande correspond au confort et à un mode de vie dont rêvait la France paysanne des siècles passés.

Aujourd'hui, cette alimentation est trop riche pour des citadins qui n'ont plus à labourer leurs champs ou à faire les moissons.

Pour l'alimentation comme pour le temps qu'il fait, il faut apprendre à mieux connaître ce qui fait du bien. Il semble que les enfants et les adultes aient sur ces deux sujets des attitudes tout à fait antagonistes. Les enfants aiment en général tous les temps et toutes les saisons. Pour la nourriture, c'est souvent le contraire : ils n'aiment que les pâtes, et encore les pâtes ! *(C'était en tout cas vrai pour mes filles qui n'ont commencé à aimer la cuisine qu'à l'adolescence... Trop tard, j'avais renoncé à leur préparer des petits plats !)* Les adultes, eux, sont rarement contents du temps qu'il fait et sont les premiers à trouver « qu'il n'y a plus de saison ! ». En revanche, ils aiment bien manger, et souvent trop.

Il y a les saisons du calendrier, celles des cultures, des révolutions, des poètes, des pluies, des vacances, des cures… Il y a aussi celles des maladies :

– L'hiver : rhumes, grippes, bronchiolites, bronchites, ulcères, maladies cardiaques, hypothermie.

– Le printemps : allergies, asthme, dépressions, varicelle.

– L'été : infections intestinales, hyperthermie.

– L'automne : les premiers rhumes, le ralentissement de la vitalité.

Alors quelle est la meilleure saison pour être en bonne santé, la garder, ou même la retrouver ? C'est comme le temps qu'il fait, ou le climat : il n'y a pas de saison idéale. Chacune a ses vertus et ses dangers. Elles apportent tour à tour leurs charmes et leurs méfaits. « Ni tout à fait la même, ni tout à fait une autre. » C'est ainsi que Verlaine décrit l'être aimé idéal. Ainsi sont les saisons, d'année en année, toujours les mêmes et toujours différentes, et que l'on peut aimer chaque fois pour ce qu'elles nous rappellent et ce qu'elles nous apprennent.

Le printemps

« Le printemps est revenu de ses lointains voyages ; il nous apporte la paix du cœur », chante le poète Milosz. Le printemps est tout à la fois la saison de la varicelle, des derniers froids, des saints de glace, de la pluie, des suicides, des jours qui rallongent, des brusques changements de temps.

Le printemps est une saison merveilleuse, le printemps est une saison terrible.

Le printemps est une saison merveilleuse : c'est là que tout commence et que tout recommence. C'est le moment où naissent les pousses, les feuilles, les fleurs... Les arbres noircis par l'hiver se couvrent d'un voile vert tendre qui deviendra feuillage ; les forsythias sortent d'un coup et illuminent les jardins d'un jaune radieux ; les animaux se réveillent, l'hibernation est terminée. Et l'homme ? Il se réveille aussi, et le printemps est la saison des révoltes et des révolutions. Mai 68, le Printemps de Prague pour prendre ces deux exemples dont je me souviens bien. Demain sera meilleur si on le décide et d'ailleurs demain commence aujourd'hui et il est interdit d'interdire.

Le printemps, c'est aussi la saison des examens, des concours, ces moments qui apparemment déterminent la vie professionnelle. C'est aussi la saison des mariages ou des pacs dont on croit aussi qu'ils engagent pour la vie...

On compte l'âge des vieilles dames en printemps et non pas en années, comme si une fois le printemps franchi, les saisons qui suivent allaient de soi et seraient bien traversées. Au printemps la vie repart pour un tour, autant dire pour toujours.

Le printemps est une saison terrible. Rappelez-vous la phrase de Paul Nizan : « J'avais vingt ans. Je ne laisserai personne dire que c'est le plus bel âge de la vie... » Le printemps, c'est comme avoir vingt ans. C'est la saison de tous les appétits, de toutes les envies, et de l'énergie nécessaire pour les accomplir. Écoutez Stravinsky et comme il fait entendre cette force irrépressible qui jaillit avec le printemps. Force sauvage, terrible, tellurique, qui porte la vie, le renouveau et laisse derrière elle ceux qui ne veulent pas se réveiller. Elle est terrible cette immense force, trop violente, trop lointaine, peut-être inutile... La tentation de renoncer est parfois, à ce moment-là, plus vive que le désir de recommencer : le printemps est la saison où l'on compte le plus grand nombre de suicides chez les jeunes gens.

Pourquoi ce moment de l'année plutôt qu'un autre ? Quelle est la part des conditions météorologiques ? Et celui du cycle des saisons ? Les masses d'air dépressionnaire sont nombreuses au printemps. Elles entraînent avec elles dans des tourbillons irrésistibles, les nuages, la pluie, le vent. Elles balayent le ciel d'ouest en est comme des furies. Quelles traces laissent-elles dans les esprits sensibles ? Les dépressions de l'atmosphère portent peut-être celles de l'âme...

Le corps aussi est secoué par ce temps changeant, agité, impétueux et a du mal à s'adapter vite. Le Pontormo écrit en 1554 : « Sois vigilant en mars [2]. »

Le conseil est toujours d'actualité. Les giboulées de mars, ce sont des chutes ou des remontées brusques du thermo-

---

2. Cité par le Dr Tran Ky, Michèle Didou-Manent et le Dr Hervé Robert dans *Biorythmes, climat et santé*, Paris, Ellebore, 2002, p. 145.

mètre et du baromètre, accompagnées de fortes rafales de vent. Ce sont des ciels de traîne, c'est-à-dire, ces ciels qui suivent le passage d'une perturbation au moment où l'air froid s'engouffre pour chasser l'air doux arrivé avec les nuages. L'air froid et l'air doux sont quasiment à égalité. Les averses de pluie ou de neige, les coups de vent, le grésil, la grêle, le tonnerre même sont les marques de leur combat. La victoire de l'air doux se conquiert de haute lutte.

Le printemps est aussi la saison du rhume des foins. Les pollens sont plus nombreux qu'en été ou en automne et leur volume augmente d'année en année. Ces pollens sont à l'origine de nombreuses allergies respiratoires et ophtalmiques. On estime que 25 % de la population y est sensible.

Les premiers pollens se répandent vers la fin du mois de février. Ce sont les pollens d'arbres et d'arbustes : noisetiers, aulnes de cyprès, thuyas, genévriers.

À partir du mois de mai, arrivent les pollens de graminées. L'armoise et l'ambroisie, très allergènes, attendront l'automne.

Les allergies se manifestent souvent après la taille des gazons.

Les conditions météo jouent un rôle essentiel dans ces allergies, puisque les pollens se déplacent et se répandent selon le vent qui les porte. Il faut cependant que ce vent soit léger comme une brise. Les vents forts qui accompagnent les giboulées enlèvent au contraire leur pouvoir allergique aux pollens en les dispersant.

« En avril, ne te découvre pas d'un fil, en mai fais ce qu'il te plaît » : les proverbes n'ont pas toujours raison, mais celui-ci dit bien qu'il ne faut pas se fier à la soudaine douceur d'un après-midi de mars ou d'avril. Jusqu'à la mi-mai (jusqu'aux saints de glace, eh oui !), le froid peut revenir par surprise et de même que les jeunes pousses peuvent ne pas y résister, de même les rhumes, bronchites et autre pharyngites guettent ceux qui ne se méfient plus du froid...

Il est donc prudent de prévoir quand on quitte sa maison le matin pour ne revenir que le soir des vêtements « à pelures [3] », c'est-à-dire qu'on puisse mettre ou enlever selon les variations de la température qui sont parfois considérables pendant la journée.

On change d'heure au printemps et on se décale ainsi un peu plus de l'heure solaire : on se lève plus tôt, on se couche plus tard...

Ce passage de l'heure d'hiver à l'heure d'été (en avance de deux heures sur l'heure solaire) demande une adaptation d'environ quinze jours. Mais certaines personnes mettent un ou deux mois pour s'y habituer : le changement de rythme biologique qu'implique le changement horaire est parfois difficile à trouver, surtout chez les enfants. Difficulté à se lever, difficulté à s'endormir, le manque de sommeil provoqué par le changement d'heure peut atteindre une à trois heures ; d'où irritations, mauvais résultats scolaires et fatigue. Contrairement aux humains, les animaux ne sont pas censés s'adapter au changement d'heure, et à la campagne, où on les élève, on ignore l'heure d'été. Ce passage de l'heure d'hiver à l'heure d'été suscite toujours de grandes colères et de grands débats... Je n'aurai garde de trancher entre les amoureux des crépuscules tardifs et ceux des aubes précoces.

On n'a pas le choix : il faut s'adapter. De toute façon, les journées rallongent et avec elles les promesses de vacances et de vie au grand air.

La fin du printemps se marque par la longueur du jour. À Saint-Pétersbourg, où le soleil ne se couche pas pendant

3. C'est ainsi que les appelle Jean-Claude Cohen, le biométéorologiste de Météo France.

quelques jours à la fin du mois de juin, la ville est en fête, on ne dort pas, on danse, on se promène, on boit, on mange… et on recommence ! Il s'agit de célébrer non pas la chaleur, mais la fin de l'immense nuit d'hiver qui a envahi la ville pendant de longs mois. C'est dans les pays les plus près du pôle qu'on est le plus conscient de la joie que ramène la durée du jour.

Le printemps est une saison qui réclame des forces en même temps qu'elle en donne. Une saison où le corps et l'âme s'exposent, se dévoilent. Où les forces de vie et de création bouleversent les êtres vivants. Où la joie frôle parfois les pires sensations de dégoût, d'échec… Ce paradoxe est celui du printemps.

L'été

1969 ; « 69, année érotique » susurrait Birkin, avec son accent anglais ridicule et fascinant. Premier été de liberté pour ma sœur et moi : Saint-Jean-de-Luz au mois d'août sans les parents !

J'ai oublié pourquoi nous y étions seules ; enfin, presque seules. Ma mère nous avait confiées à des amis à elle, qui habitaient Saint-Jean ; les autres étés, on allait chez eux avec nos parents, mais cet été-là, non, nous y étions seules, Geneviève et moi ; étions-nous vraiment confiées à ces amis chers qui nous laissaient libres de nos journées et même de nos soirées parce qu'ils travaillaient tard la nuit et tôt le matin dans leur restaurant à côté de la plage ? Étions-nous seules pour la première fois ? Était-ce plus tard dans les années 70 ? Je ne sais plus, je mélange les années et les étés, je me rappelle seulement ce sentiment exalté de solitude joyeuse parce que c'était la première fois, parce que c'était l'été, parce que je rêvais d'être amoureuse, et parce que ma grande sœur était là, et qu'avec elle, je n'avais peur de rien...

Il me semble me souvenir d'un appartement très grand à côté de la Maison de l'Infante, sur le port, où nous étions nombreux... Je me rappelle que nous fumions des joints (c'est comme ça que nous disions à l'époque) en écoutant le Pink Floyd et Gainsbourg ; et je me vantais sans doute d'un récent voyage à San Francisco où j'avais vécu pendant quelques jours à Ashbury, le quartier des drogués friqués. J'avais même acheté une affiche ridicule qui m'avait encombrée pendant tout le voyage du retour pour l'exhiber comme un trophée et qui s'était perdue dans un aéroport.

On dormait, on dansait, on parlait, on ne savait pas s'il faisait jour ou nuit, on était en vacances ; entre filles, on rêvait à l'amour sans le faire, persuadées de nos disgrâces physiques, et cherchant quand même un regard, un mot, un geste de nos compagnons de vacances qui raconterait le contraire ; on ne croyait pas aux contes de fées, ni au prince charmant, pourtant. On se pensait trop moches ou pas assez bêtes... On dormait sur la plage écrasée de soleil, le froid nous réveillait ; on voyait le soleil glisser dans la mer et ça nous rendait tristes ; on frissonnait, on avait mal au dos et aux épaules à cause des coups de soleil et les grains de sable avaient marqué nos joues. On était seules, les garçons étaient bêtes, on mourait de faim, et maman n'était pas là ; on se précipitait pour faire cuire des kilos de riz ou de pâtes, tout le monde se jetait dessus, on s'endormait un peu en fumant de l'herbe, un garçon chantait faux en grattant sa guitare, il n'était même pas beau. Au milieu de la nuit, réveillées par la brûlure des coups de soleil, on rangeait tout avec frénésie dans la crainte d'un hypothétique retour des parents au petit matin...

Au bout de huit jours, j'en avais assez des pâtes et des joints, j'en avais même assez de la plage. Pour la première fois de ma vie, j'avais passé mes journées entières au soleil, allongée sans bouger sur le sable, tantôt sur le ventre, tantôt sur le dos, dans le seul but de bronzer le plus possible. Les vraies femmes étaient bronzées, il fallait donc l'être tout autant qu'elles ; nos naïvetés de jeunes filles, nos défauts physiques, nos timidités enfantines disparaissaient sous la peau bronzée ; on se sentait moins nues ; on devenait appétissantes pour ces garçons qu'on méprisait un peu plus ; on était des femmes libres.

C'était l'occupation la moins onéreuse et la plus chic de ces années-là. Il suffisait d'avoir le maillot de bain qui convenait ; il fallait qu'il fut le plus petit possible, le plus beau étant le maillot deux-pièces au crochet en coton écru (on aimait les produits naturels) que Maman avait fini par tricoter elle-même parce qu'il était trop cher même en solde. La culotte, gorgée d'eau de mer, glissait sur les cuisses quand on sortait du bain ; heureusement, on se baignait peu, juste pour se mouiller, l'eau était trop froide, on préférait rester assises au bord de l'eau, une jambe étendue, l'autre repliée, la posture était élégante, un garçon pouvait nous voir, il nous regarderait de loin, il n'oserait pas nous aborder...

On « travaillait » donc son bronzage : soleil toute la journée, particulièrement aux heures les plus chaudes (comme on était fauchées, ça nous évitait d'aller déjeuner), produits activateurs de bronzage : huile solaire ou monoï, bretelles descendues ou dénouées, pas de lunettes de soleil pour ne pas avoir les marques, pas de parasol ni de chapeau pour que le visage prenne bien le soleil.

Au bout de huit jours, je ne pouvais plus ouvrir les yeux. Je ne supportais de rester sur la plage qu'à condition de garder les paupières baissées. Le sable, la mer, tout m'aveuglait, me brûlait, le soleil me poursuivait partout de ses rayons douloureux. Même dans la rue, il m'irritait. Le soir, je respirais enfin, la douleur s'apaisait, les fusées du toro de fuego de la place Louis-XIV m'éblouissaient à peine.

J'ai oublié comment on me soigna, j'ai oublié aussi les jours de pluie. Il dut y en avoir de la pluie pourtant, ou au moins quelques nuages. Mais la mémoire n'est pas fidèle, et je jurerais qu'il n'y eut pas un jour sans soleil pendant ces premières vacances sans les parents ; il pleuvait davantage les autres années, quand on venait en famille...

Sans doute, il pleut au Pays basque, il faut bien une explication au vert flamboyant du paysage. Le Pays basque est une des régions les plus humides de France : les flux de nord et d'ouest apportent les nuages qui se bloquent au pied des montagnes et arrosent toute la région. Mais il y a aussi parfois le flux de sud qui remonte de l'Espagne toute proche, et qui apporte la douceur sans les nuages, retenus de l'autre côté des Pyrénées... Il n'est pas rare qu'en octobre, le thermomètre dépasse encore 25 °C ; à la douceur venue du sud s'ajoute celle de l'air qui s'est échauffé en redescendant le long des Pyrénées et la température monte encore.

L'été, c'est d'abord les vacances. Surtout en juillet ou en août. Des mois si importants dans l'année qu'ils ont donné dans les années 60 de nouveaux noms : juilletistes et aoûtiens.

Les juilletistes et les aoûtiens se croisent sur les routes dans d'énormes flux migratoires pendant quelques redoutables week-ends auxquels il est difficile d'échapper : la France s'arrête de fonctionner pendant l'été ; les enfants, les étudiants, les profs sont en vacances et l'économie tourne au ralenti. Tout le monde part en même temps et souvent au même endroit. En France, la moitié de la population part en vacances (mais à l'échelon de la planète, cela reste une minorité).

Le vacancier français des mois de juillet et d'août devra donc affronter les embouteillages, le changement de vie, de rythme, et parfois de climats… Jusqu'à ce que certains ont appelé « le syndrome du troisième jour », qui correspond à l'effondrement physique et psychologique de celui qui a voulu trop vite profiter des vacances : courbatures, fatigue, coups de soleil, insomnies, intoxications alimentaires dues aux coquillages ou à la nourriture mal conservée. Tout n'est pas simple en vacances !

Les changements obligent les hommes à s'adapter : c'est vrai quand le temps change, c'est vrai aussi quand on change de rythme et de lieu. Personne ne peut faire l'économie de ce temps d'adaptation. Les vacances reposent quand on les aborde en douceur et qu'on peut les faire durer suffisamment longtemps pour retrouver de l'énergie.

Été rime avec soleil pour les vacanciers. Mais l'amour immodéré qu'on lui portait à la fin du XXe siècle s'atténuerait-il ?

Le soleil

La chute d'Icare nous rappelle qu'il faut toujours se méfier du soleil. Icare avait collé des ailes qui lui permettaient de voler avec de la cire. Il a volé si haut vers le soleil que la cire a fondu, les ailes ont glissé et Icare est tombé dans la mer… Dangers et bienfaits du soleil, puisque c'est grâce à lui que la vie est possible sur la terre. Dieu chez les Aztèques et les Égyptiens, il a souvent personnifié le pouvoir terrestre, de Louis XIV à l'empereur du Japon.

Le soleil, c'est une étoile. Banale. « Ni très grosse, ni très petite, ni très jeune, ni très vieille », écrit Jean-Claude

Pecker [4], et dont la création a entraîné celle de la terre, juste à bonne distance pour qu'il y ait de l'eau sur notre planète. C'est une masse énorme (330 000 fois la terre !). Comme toutes les étoiles, sous l'effet de réactions thermonucléaires, le soleil produit chaleur et lumière intenses dont les rayons arrivent jusqu'à nous en seulement huit minutes. Les planètes telles que la terre sont des astres froids plus petits qui absorbent et reflètent la lumière du soleil autour duquel elles tournent.

On sait que l'activité du soleil change et que sans doute le petit âge glaciaire, entre le XIVe et le XIXe, siècle correspond en partie à un ralentissement de l'activité solaire. Les éruptions sont les manifestations les plus spectaculaires de sa surface. Leur intensité survient tous les onze ans. La surface du soleil est composée de sortes de grains de riz plus ou moins fins qui vibrent. Le soleil produit ainsi comme une musique et envoie du vent sur la terre !

Il y a les rayons de soleil visibles et les rayons invisibles. Dans le spectre, les radiations infrarouges constituent la zone en deçà du rouge ; elles émettent un échauffement qui traverse les nuages et peut être responsable d'insolations. Les rayons ultraviolets sont également invisibles. Ils sont situés, eux, au-dessus du violet dans le spectre solaire. On les classe en trois catégories : UVA, UVB, UVC. Les UVA accélèrent le vieillissement de la peau qu'ils pénètrent profondément, les UVB sont très agressifs et responsables des coups de soleil et du bronzage, les UVC n'arrivent pas jusqu'au niveau de la mer et c'est tant mieux parce que ce sont les plus dangereux : ils peuvent provoquer des mutations biologiques et des cancers cutanés.

---

4. Cité par Pierre Barthélémy, dans *Le Monde 2*, du 4/5 juillet 2004.

Plus on monte en altitude, plus on est exposé aux rayonnements ultraviolets.

Le fameux trou dans la couche d'ozone, marqué au-dessus de l'Antarctique, laisse passer les rayons ultraviolets et exposent les populations de l'hémisphère Sud à des rayonnements très dangereux, surtout l'été. La suppression des gaz CFC dans les bombes aérosols résorbe très lentement ce trou dont on n'est pas sûr qu'il arrive à disparaître complètement.

Un coup de soleil, c'est une forme légère de brûlure de la peau, un érythème. La réaction de défense de la peau contre cette brûlure, c'est l'épaississement de l'épiderme et le bronzage. L'exposition aux ultraviolets est responsable du développement des taches de rousseur, de grains de beauté (naevus), du vieillissement de la peau et du développement des cancers cutanés et des mélanomes.

Le bronzage correspond à la production d'un pigment dont la fonction est d'absorber l'énergie et de protéger les surfaces corporelles.

C'est beaucoup plus efficace qu'une crème de bronzage et beaucoup moins esthétique ; on finit par avoir une peau de crocodile !

Les femmes attentives à leur beauté dans les siècles passés se gardaient de toutes les atteintes du soleil : une peau abîmée par le soleil était la marque du travail des champs et donc celle des classes inférieures ; un teint laiteux et une peau fine, la marque des classes riches et aisées. Honoré de Balzac décrit ainsi la princesse de Cadignan : « Elle avait la peau la plus délicate, la plus délicieuse au toucher, la plus blanche au regard, la plus parfumée ; elle était jeune et dans sa fleur [5]. »

---

5. Cité par le Dr Tran Ky, Michèle Didou-Manent et le Dr Hervé Robert dans *Biorythmes, climat et santé*, Paris, Ellebore Éditions, 2002.

Depuis Balzac, les critères de la richesse et de la beauté ont changé. Aujourd'hui, il faut au contraire être bronzé toute l'année : le bronzage équivaut à une vie saine, sportive et signifie qu'on a les moyens d'aller loin au soleil été comme hiver, que ce soit à la plage ou à la montagne.

On compte donc désormais 7 000 nouveaux cas de mélanomes par an en France et plus de 1 300 décès annuels. Les victimes des mélanomes sont plutôt ceux qui bronzent inconsidérément quelques jours par an ; ceux que leur activité expose jour après jour au soleil et dont la peau épaissit lentement résistent mieux aux effets du soleil. C'est l'exposition intermittente du vacancier qui est la plus dangereuse.

La peau bronzée est devenue une sorte d'impératif et les boutiques de bronzage se multiplient : « Bronzés du matin, mariés le lendemain », proclamait récemment la publicité pour une chaîne de solariums [6]... Être bronzé veut dire être jeune, beau, belle, désirable. Ces bancs de bronzage sont pourtant particulièrement dangereux. Ils utilisent surtout les UVA et non les UVB. Les UVA sont considérés comme moins agressifs que les UVB, mais ils pénètrent davantage à l'intérieur de la peau et sont à l'origine de cancers et de vieillissement prématuré de la peau. Le bronzage en cabine ne protège pas des agressions du soleil et ne prépare pas la peau à des vacances au soleil.

Les peaux claires, blanches, rousses, sont les plus fragiles. Mais si la peau brune résiste mieux aux coups de soleil, elle vieillit aussi vite qu'une peau claire.

C'est d'abord grâce aux phénomènes d'émigration qu'on a pris conscience des dangers de l'exposition au soleil, surtout pendant l'enfance : au XIXe et au XXe siècles, beaucoup d'Anglo-Saxons à la peau claire, habitués à un

6. Cité par Michaëla Bobasch, dans *Le Monde* du 9 juin 2004.

climat tempéré et souvent nuageux, sont partis vivre en Australie, pays particulièrement ensoleillé. Parmi eux les victimes de mélanomes ont été extrêmement nombreuses, à tel point qu'aujourd'hui, en Australie, les chapeaux à larges bords protecteurs sont comptés dans les frais professionnels et remboursés par les entreprises !

On s'est rendu compte que la vulnérabilité au mélanome était d'autant plus grande qu'elle avait eu lieu pendant l'enfance.

Jean-François Doré, dans les actes du colloque du 21 mars 2002 du Conseil supérieur de la météorologie, cite l'exemple d'un Écossais qui émigre en Australie : si la migration a lieu avant l'âge de 10 ans, le risque de développer un mélanome à l'âge adulte est le même que celui d'un Australien. Si la migration a lieu après l'âge de 10 ans (c'est-à-dire sans exposition brutale aux coups de soleil pendant les dix premières années de sa vie en Écosse), il courra plus de risque qu'un Écossais resté en Écosse et moins qu'un Australien.

En revanche, une autre étude a montré qu'un certain nombre de gens à la peau très claire, nés au Zaïre ou au Maroc, qui avaient passé leur enfance dans ces pays et qui sont revenus en métropole à Paris ou à Bruxelles dans les années 60, couraient eux aussi un risque de développer un mélanome plus grand que ceux ayant aussi la peau très claire et qui avaient toujours vécu en Europe.

La conclusion de ces études, c'est que le danger de développer un mélanome est d'autant plus grand que le capital soleil d'un individu a été entamé pendant l'enfance. C'est pourquoi il est très important de protéger les enfants des coups de soleil : pas seulement pour leur santé immédiate, mais pour leur santé d'adulte... À cette condition, d'ici 30 ans, on verra les mélanomes diminuer.

À l'autre bout des couleurs de carnation, les peaux noires ont elles aussi leur fragilité au soleil, mais elles sont à l'opposé des dangers des peaux claires.

Dans le nord des États-Unis, la population noire a longtemps été victime de rachitisme. La mélanine est un pigment très abondant sur la peau noire ; elle arrête les rayons ultraviolets (les mêmes qui sont si dangereux à haute dose sur une peau claire), et protège la peau des mélanomes et des cancers cutanés. C'est bien. Mais dans le même temps la synthèse de la vitamine D, indispensable au développement du squelette, est ralentie.

Une autre étude a montré que des enfants africains adoptés dans des pays nordiques, malgré les soins attentifs de leurs parents, avaient souffert de rachitisme l'hiver, par manque de vitamine D.

Pour bénéficier des bienfaits des UV, les peaux noires doivent s'exposer plus longtemps que les peaux blanches au soleil. (On n'est pas pour autant à l'abri des coups de soleil si on a la peau noire et que l'on vit dans les pays européens : la peau n'est plus habituée aux rayons du soleil et se fragilise.) Nous sommes tous différents face au soleil.

Les ultraviolets sont dangereux pour la peau, mais ils sont aussi très dangereux pour les yeux, quelle que soit leur couleur. Les cataractes sont en progression spectaculaire : 20 % des cas de cécité liés à la cataracte ont pour origine une exposition au soleil. Les ultraviolets induisent aussi des kératites et des conjonctivites.

Il est donc indispensable de porter des lunettes de soleil à tout âge et dès la plus tendre enfance. Encore faut-il que les verres soient de bonne qualité : s'ils ne filtrent que les rayons lumineux, ils suppriment les réflexes naturels de l'œil (rétrécissement de la pupille, clignement) et l'exposent davantage aux rayons UV. Même danger pour les lunettes qui ne protègent pas les côtés de l'œil.

Il faudrait remettre à la mode les lunettes des Inuits, fabriquées en os de morse ou de caribou et qui protègent tout l'œil en laissant passer seulement un fin rayon de soleil. Elles sont parfaitement adaptées à la protection naturelle de l'œil.

Les ultraviolets altèrent aussi les défenses naturelles de l'organisme : le risque de maladies virales, bactériennes, parasitaires augmente avec l'exposition au soleil.

Alors le soleil est-il un danger ? Oui, mais on ne peut pas vivre sans soleil. La vie n'existerait pas sans le soleil. Et ses bienfaits sont innombrables.

Le soleil, d'abord, c'est bon pour le moral. Ce n'est pas seulement une chanson, c'est une vérité.

Le soleil favorise la synthèse de la vitamine D. Les enfants ont besoin de 20 à 30 minutes de lumière solaire par jour, davantage s'ils ont la peau noire, bien sûr. Les personnes âgées aussi : contre l'ostéoporose, le soleil (même caché derrière les nuages !) est indispensable.

Le soleil peut améliorer aussi certains problèmes de peau comme le psoriasis ou certains eczémas. Mais à cause du danger des rayons UV mal contrôlés, mieux vaut s'en remettre aux médecins…

Grâce au soleil et à sa chaleur, on sort de ses habitudes, le temps, le rythme de vie ne sont plus les mêmes, surtout quand on est en vacances : passée la période d'adaptation à ce nouveau rythme, la couleur du ciel redevient la chose la plus importante au monde, les corps se dénudent, se montrent, s'observent… Nous ne sommes pas des animaux, et la sexualité des hommes ne se limite pas à une période donnée propice au renouvellement de l'espèce, mais à ce moment de l'année, tout devient plus léger (les vêtements, les paroles, les emplois du temps, la morale…), et l'appétit d'amour se réveille.

Si l'été, il y a davantage de flirts, de rencontres amoureuses, ce n'est pas seulement parce qu'on est en vacances, c'est parce que l'exposition du bas des reins, de la région du sacrum provoque une plus grande activité sexuelle. Le docteur Attali dans son livre *Le temps qui tue, le temps qui guérit* [7] conseillait ce traitement dans les années 80 pour résoudre les problèmes de frigidité et d'impuissance… C'était avant l'arrivée du Viagra, et avant qu'on reconnaisse les dangers des rayons solaires. Donc, attention de ne pas abuser de ce remède !

Dans nos bulletins météos, l'été, à TF1, en même temps que nous donnons la température de l'eau, nous donnons l'index UV. L'index UV exprime l'intensité du rayonnement ultraviolet solaire. Il est à son maximum vers le solstice d'été, c'est-à-dire autour du 21 juin, aux alentours de 14 heures, heure légale. Plus le soleil est haut dans le ciel, plus le rayonnement est intense. Il ne s'accompagne pas forcément de sensation de chaleur : en montagne, la température s'abaisse avec l'altitude, mais les rayons UV augmentent.

Loin de tout renseignement sur l'index UV, on peut soi-même évaluer le risque solaire : on plante un bâton dans le sol et on observe la taille de l'ombre qu'il projette. Si l'ombre est plus courte que le bâton, il y a danger…

J'insiste sur le danger concernant les enfants ; je le répète avec force sur le petit écran, je l'écris ici : il ne faut pas exposer les enfants au soleil sous peine d'hypothéquer leur santé d'adultes. Certes, on fabrique à présent des T-shirts en fil de polyéthylène qui absorbe et réfléchit les ultraviolets, mais ils ne sont pas encore très répandus.

---

7. Paris, Le Seuil, 1981.

Ne pas oublier que 4 minutes d'exposition solaire pour un enfant équivalent à une heure pour un adulte. En résumé :

– Pas d'exposition entre midi et 16 heures.
– Des lunettes de soleil.
– Des chapeaux à large bord qui protègent le visage.
– Des T-shirts sur la plage.
– N'utiliser les crèmes solaires que comme un complément, mais abondamment et toutes les 2 heures.
– Le bronzage en toute sécurité n'existe pas.

Canicule

3 août 2003. Il est quinze heures. Je me gare dans la contre-allée de l'avenue Rapp, devant Météo France. Ma petite Austin n'a pas de climatisation, l'habitacle est brûlant. J'ai de la chance, je trouve une place sous les platanes. Mais l'ombre est médiocre. Les feuilles sont repliées sur elles-mêmes et un peu jaunes, pas le jaune flamboyant et mouillé de l'automne, mais une espèce de jaune brûlé, sec, comme celui de l'écorce des troncs qui semblent peler sous l'effet de la chaleur. Je me hâte vers Météo France, l'immeuble n'est pas climatisé mais le bureau des relations avec la presse, si, et c'est là que je me précipite.

Une seule préoccupation : les incendies dans le Midi. Hier, Le Parisien *a titré : « Criminel » sur cinq colonnes à la une. 5 morts par le feu. On recherche activement les pyromanes. On s'inquiète aussi des réductions d'eau potable, du débit des fleuves, des récoltes compromises, et de l'arrêt des centrales nucléaires qui ont besoin d'eau pour refroidir leurs réacteurs. La sécheresse touche l'Europe entière. Bref, on s'inquiète beaucoup. Dans ma rédaction, je suis pressée de questions : quand est-ce qu'il va pleuvoir, à combien souffle le mistral en Méditerranée, ah, bon, il n'y a pas de mistral, mais c'est quoi alors ce vent qu'on voit dans les incendies, des brises locales renforcées par la chaleur des flammes ? Ça veut dire quoi, brises locales, ou le vent souffle ou il ne souffle pas, à la météo, vous n'êtes jamais clair !*

Mais si « on » est clair. Météo France est clair : avant-hier, 1er août, un bulletin d'alerte a été lancé pour mettre en garde contre les conséquences d'une nouvelle vague de chaleur. Dès mon arrivée, Victor, l'ingénieur météo, confirme : la situation est exactement la même que celle de la veille, sur ses écrans radar, pas de pluies, pas de dépressions sur les cartes isobariques. Et un énorme anticyclone, dit « des Açores » puisque c'est des Açores qu'il vient. En fait, on est dans la même situation que pour la vague de chaleur précédente, la deuxième semaine de juillet. « Il y a de l'air chaud partout, répète Victor, aussi bien près du sol qu'en altitude, et tout ça continue de remonter de Méditerranée. L'anticyclone est très costaud. Tiens ! Regarde comme on voit bien la France. » Il y en a, pourtant, des nuages, sur ces images du satellite : des perturbations sur le nord des Îles britanniques, fines écharpes blanches, qui s'étirent jusqu'en Scandinavie, et s'éloignent vers la Russie, des orages en Espagne qui forment des petites boules rondes et blanches sur les Asturies... Mais sur la France, rien ! L'anticyclone a tout dispersé. Bon ! Eh bien ! pour un costaud pareil, je grossirai encore ce soir le « A » qui le situe symboliquement sur les images du satellite que je vais montrer à l'antenne.

Et le vent ? « Du vent ? Un peu, rien de remarquable, mais suffisamment pour attiser des braises ou faire repartir un incendie qu'on croyait maîtrisé, surtout jusqu'à mercredi », m'explique Victor. Mais ensuite ? Que va-t-il se passer ensuite ?

Ensuite ? Du soleil, au moins jusqu'au week-end suivant, et peut-être même après ! Et surtout, des températures qui augmentent de jour en jour. Moi qui me plains souvent de manquer de temps pour raconter en quatre minutes le mouvement des nuages, l'orientation du vent, et l'évolution des températures, ce soir, j'aurai tôt-fait d'expliquer que la barrière anticyclonique installée sur la France va se maintenir encore pendant dix jours, et que donc, il va faire beau et chaud lundi, mardi, mercredi, jeudi, vendredi, samedi et dimanche... !

Plus que le soleil, c'est le blocage de la situation qui inquiète Victor : la chaleur va s'accumuler au fil des jours, « et l'on pourrait battre des records ! » ajoute-t-il d'un air gourmand. Il se moque gentiment. Il sait que les journalistes sont friands de records. Il n'empêche : les trois dernières années ont été les plus chaudes jamais relevées et l'année 2003 est bien partie pour être encore plus chaude que toutes les autres. Victor ne s'aventure pas plus loin sur le terrain du changement climatique, lui est ingénieur météo, pas climatologue, son regard sur le temps qu'il fait est immédiat, les prévisions se limitent à une durée courte, il ne veut pas se laisser entraîner sur un sujet où d'autres spécialistes réfléchissent mieux que lui avec des outils différents. C'est ainsi avec les scientifiques. La rigueur de leurs métiers ne leur permet d'extrapoler que sur ce que leur savoir leur permet d'intégrer... Revenons donc à cette canicule. Elle va sévir sans doute surtout dans les régions au nord de la Loire (c'est inhabituel), en particulier à l'intérieur des terres (loin de la mer qui tempère toujours les excès, de chaleur l'été, et de froid l'hiver). Mais d'où vient ce nom de « canicule » ? Il s'agit bien du nom d'une constellation, qui signifie « petit chien » et qu'on aperçoit dans le ciel de l'hémisphère Nord, l'été, c'est-à-dire, au moment des vagues de chaleur.

Je sors pensive de notre discussion. Qu'est-ce que je vais raconter ce soir ? Comment vais-je présenter cette nouvelle vague de chaleur ? Faut-il s'en réjouir ou s'en alarmer ? Moi qui pars en vacances demain, je suis plutôt contente, comme la plupart des « aoûtiens ». Bonne nouvelle pour les vacanciers, bonne nouvelle pour tous les autres ? Mais quels sont ces autres qui ne prennent pas leurs vacances au mois d'août ? les « juilletistes » ? Ceux qui ne partent pas l'été ? Ceux qui ne partent jamais ? Les paysans ? Les malades ? les professionnels du tourisme ? De toute façon, que peut-on souhaiter de mieux que du soleil au mois d'août, même si on n'est pas en vacances ? Certes, il faut se méfier du soleil. Mais on peut se protéger du soleil et l'apprécier quand même !

Dans ma tête, je récapitule : il a fait déjà très chaud en juillet, mais aussi en juin, et même au mois de mai, et jusqu'à présent tout le monde semblait se frotter les mains... Alors pourquoi se plaindrait-on du soleil du mois d'août ? À cause de la sécheresse ? Des incendies de forêt ? Est-ce qu'on n'exagère pas leur ampleur ? Y accorderait-on autant d'importance si une nouvelle plus inattendue dominait l'actualité : une catastrophe aérienne ou un acte de terrorisme, un fait-divers sordide ? Au fond, est-ce qu'on ne s'intéresse pas à la météo surtout quand il ne se passe rien d'autre ? Et quand on dit que la météo est l'information la plus importante, ne faut-il pas comprendre que c'est la plus importante... à l'exception de toutes les autres ?

Je sens la chaleur de la rue monter vers moi tandis que je descends les escaliers. Quand les portes automatiques s'ouvrent, je suis saisie par le vide oppressant de l'avenue : pas de piéton, peu de voitures. On dirait que la canicule a chassé ses habitants de Paris. Soleil de plomb. Rien ne bouge. Seules, quelques feuilles desséchées, trop tôt tombées, glissent sur le trottoir, poussées par un souffle d'air, chaud et malodorant.

Je m'engouffre dans ma voiture surchauffée, je roule doucement le long de la Seine vers Boulogne, toutes fenêtres ouvertes. Des odeurs de marécage remontent du fleuve. Paris pue.

J'ai toujours aimé la chaleur, à cause de la lenteur du rythme de vie qu'elle impose, des siestes obligatoires où elle conduit après le déjeuner, et de cette espèce de détachement des soucis du monde qu'elle semble entraîner, fait d'indifférence et de fatalisme... Aujourd'hui, non, je n'aime pas cet air chaud puant et sec. Je repense à ces reportages dans les journaux de TF1, à ces articles parus en juillet sur les dangers de la chaleur.

Enfin, j'arrive. Dès que je suis dans l'ascenseur qui remonte du parking, je me sens mieux. Le thermomètre du bureau indique 25 °C, je respire !

Je croise un copain : « Alors, tu nous prépares l'impôt sécheresse ? » On rigole. Dans la presse, on trouve des déclarations de ministres qui affirment qu'on ne paiera pas d'impôt supplémentaire. C'est vrai qu'il fait aussi chaud qu'en 1976, et la sécheresse qui s'était ensuivie alors avait donné l'idée au gouvernement de faire payer un impôt supplémentaire. Mais 2004 n'est pas 1976. L'été n'est pas fini, les suppléments d'impôts ne sont pas à la mode et les nappes phréatiques ont encore des réserves qu'elles n'avaient pas en 1976. La grande inquiétude, c'est surtout le vent qui attise les incendies dans le Midi. Du vent... Si seulement il y en avait un peu à Paris !

L'après-midi s'écoule lentement. Toutes fenêtres fermées, il fait bon dans les bureaux climatisés. Et demain, c'est les vacances !

Mes valises sont prêtes. Demain, je serai à la campagne, avec mes filles, chez mon père, dans sa maison, fraîche et silencieuse ; demain je serai en vacances, demain il fera beau ! Le contraire de l'année dernière ; il avait commencé à pleuvoir à peine étions-nous monté dans le train, et il avait plu comme ça pendant dix jours ; de la pluie, des averses, ou des orages... J'étais rentrée à Paris avec l'impression de ne pas être partie, de ne pas avoir eu ce à quoi j'avais droit : des vacances, de vraies vacances, avec du vrai soleil et de la vraie chaleur !

Cette année, je les aurai mes vacances ! Je suis contente de laisser mon appartement où il fait désormais trop chaud, on dirait que les murs de béton ont emmagasiné non seulement la chaleur des jours passés, mais celle aussi des semaines et des mois précédents ! Ça me rappelle mes voyages en Afrique. Manque à cette évocation le doux ronron des pales d'un ventilateur qui rendrait la chaleur supportable. Impossible d'en trouver un à Paris. Depuis quelques jours, il n'y a plus de stocks !

Donc, vive la campagne, vive l'ombre des arbres, vive les murs épais de la vieille maison gasconne, vive les vacances.

D'abord, le bulletin. Devant mon fond bleu, je parle de l'anticyclone, des températures qui ne baissent pas, même la nuit. Je glisse quelques conseils : boire, prendre des douches. Je rappelle qu'on a connu déjà en juin et en juillet deux vagues de canicules similaires, et que sans doute on assiste ce premier week-end d'août au début de la troisième et je suis prudente sur le vent : dès qu'on annonce un regain de mistral ou de tramontane, cela donne des idées aux pyromanes qui allument des feux ces jours-là pour qu'ils se propagent plus vite !

Ensuite, avec les responsables des journaux, je fais le point sur cette canicule qui pourrait durer une dizaine de jours. Les sujets sur les casernes de pompiers, l'étiage des fleuves et la bonne fortune des marchands de glace sont en préparation. Est-ce à cause de la climatisation qui règne dans la rédaction et qui nous isole comme dans une bulle de la réalité étouffante de l'extérieur ? Personne ne s'alarme vraiment des conséquences sanitaires de cette troisième vague de chaleur, ici tout près de nous, à Paris même. Personne ne les a jamais connues. Personne ne peut les imaginer. Personne à TF1, personne dans les ministères, personne dans les hôpitaux.

Et pourtant : 15 000 personnes vont mourir dans les dix jours qui viennent, à cause de la chaleur. Dès le 4 août, on comptera 300 décès directement liés à la situation météo. Le pic de surmortalité sera atteint le 12 août : 2 200 morts supplémentaires.

Personne ne pensait qu'on pouvait mourir de chaleur. Personne ? Si, les biométéorologistes.

Mais sans doute leurs conseils de bon sens, leurs mises en gardes dès les années 80 paraissaient-ils trop évidents, trop peu « scientifiques » pour qu'on en tint compte alors… La catastrophe sanitaire leur aura donné raison trop tard.

Cependant, comme avec le changement climatique, on peut craindre que ces « canicules » ne se reproduisent de plus en plus souvent, les analyses et les conseils des biométéorologistes sont indispensables pour affronter les risques sanitaires provoqués par l'excès de chaleur. Écoutons-les :

Toutes les manifestations de la vie sont liées au milieu extérieur. On le sait pour nos fleurs sur les balcons, pour l'eau du poisson rouge, on l'oublie souvent pour l'homme…

Le corps humain est un système ouvert, doté d'une stabilité remarquable. À travers la peau et les poumons, nous puisons à l'extérieur ce dont nous avons besoin et nous rejetons ce qui est devenu inutile. Échange constant, indépendant de notre conscience, de notre volonté.

Le corps, système ouvert, système stable : la santé est subordonnée à la stabilité physiologique, la température du corps humain est de 37 °C. Elle ne peut guère varier sans entraîner des dangers immédiats pour la santé. À 36 °C, on est en hypothermie, à 40 °C, en hyperthermie. Comme toujours, ce sont les corps les moins résistants qui supportent le moins bien cette déstabilisation par le chaud ou par le froid.

Pour tous, l'adaptation est nécessaire. Adaptation permanente au chaud, au froid, aux composants de l'atmosphère afin de maintenir cette stabilité intérieure qu'on appelle « l'homéostasie ».

Cette stabilisation indispensable à la vie n'est obtenue que par une lutte incessante avec le milieu extérieur, celle qui nous oblige à nous adapter grâce à des mécanismes régulateurs.

Tout cela ne requiert pas des qualités héroïques, c'est tout simplement la première caractéristique de la vie, mais les expériences où l'homme s'est trouvé confronté à des situations extrêmes de grand chaud ou de grand froid donnent des clés pour l'adaptation de tous au chaud et au froid.

En dehors de ces expériences limites, nous ne mesurons pas les efforts continuels de notre organisme pour qu'il s'adapte au milieu extérieur, sauf quand l'agression devient trop forte : coups de soleil, coup de chaleur, engelures, crise d'asthme… Les manifestations pathologiques sont extrêmement variées selon que l'agression du milieu extérieur est provoquée par un excès de chaleur, de froid, de manque de soleil, de pollution, etc.

Quand ces agressions extérieures deviennent trop importantes, elles mettent en danger la vie humaine, parce que les mécanismes régulateurs sont débordés. Mais s'il y a une différence de degré entre ces agressions, il n'y a pas de différence de nature. « Ce sont les mêmes lois qui se manifestent dans l'état physiologique et dans l'état pathologique, comme c'est le même mécanisme qui préside à la démolition des maisons et à leur construction », écrit Claude Bernard [8], l'un des pères de la médecine moderne.

Nous sommes toujours en train de reconstruire notre maison, toujours menacée de démolition : c'est le principe même de la vie. La stabilité est indispensable, mais la construction et reconstruction permanentes, c'est-à-dire, l'adaptation, le sont aussi. Quand le mouvement entre le corps et l'extérieur s'arrête, ce n'est plus la stabilité, c'est la mort.

La principale nécessité d'adaptation pour l'homme au milieu extérieur, c'est la température. Dans les sociétés occidentales, nous vivons à l'abri du chaud et du froid autant que nous le pouvons. Les autres, c'est-à-dire la majorité de la population mondiale, continuent à vivre dans le dénuement et se concentrent dans les pays chauds où, malgré les maladies favorisées par la chaleur, malgré les cyclones, l'acclimatation exige moins de confort que dans les pays froids.

La chaleur de l'air ambiant devient difficilement supportable physiologiquement quand elle excède la température du corps : à ce moment-là, l'échange thermique entre le corps et l'atmosphère se fait au détriment de l'organisme : il faut donc rafraîchir l'air ambiant. L'impression d'étouffement est d'autant plus vive que les échanges thermiques conduisent toujours le chaud à aller vers le froid ; l'évapo-

8. Cité par Jean-Pierre Besancenot dans *Climat et santé*, Paris, PUF, 2001.

ration naturelle du corps est donc difficile quand la chaleur est plus forte à l'extérieur que dans le corps.

La première manifestation du corps contre l'excès de chaleur, ce sont d'abord les joues rouges. C'est avant tout une réaction contre le chaud : le flux sanguin augmente à la surface de la peau, les petits vaisseaux se dilatent. La peau devient rouge, s'échauffe et c'est ainsi que dans un premier temps le corps chasse la chaleur excédentaire pour que la température reste stable dans les organes vitaux. Parce que le flux sanguin est plus dense à la surface de la peau, il est moins actif dans les muscles, c'est pourquoi le tonus musculaire décroît avec la chaleur.

On a les joues rouges, on a moins de tonus, et la chaleur continue à monter…

C'est là que la sudation intervient : on peut suer jusqu'à 3 litres par heure, mais il ne faut pas que cette situation dure plusieurs heures, la durée de la chaleur compte autant pour le corps que son intensité.

Pourquoi suer est-il un moyen de lutter contre la chaleur ? Parce que l'évaporation de l'eau rejetée par le corps, comme tout phénomène d'évaporation, nécessite de l'énergie, c'est-à-dire de la chaleur. La disparition de la chaleur utilisée pour transformer la sueur en vapeur, provoque un léger refroidissement de l'air.

Enfin, il ne reste plus qu'à diminuer l'activité physique.

Cependant, ces réactions physiologiques spontanées ne sont pas suffisantes pour lutter contre la chaleur. Il faut aider le corps dans ce but quelle que soit sa résistance : le premier geste doit être de boire, pas forcément beaucoup, mais surtout régulièrement. À cause de la sudation, la déshydratation menace vite, et avec elle l'hyperthermie.

Les premières manifestations de l'affaiblissement du corps par la chaleur sont des crampes (des bras, des jambes, du ventre) souvent accompagnées d'une transpiration abondante. Il faut boire et se reposer, ça peut passer tout seul… L'étape suivante, c'est un épuisement qui se manifeste par des vertiges, des insomnies, de la fatigue. Enfin, c'est le coup de chaleur : on ne peut plus maîtriser la température du corps qui augmente très vite jusqu'à 40 °C. La peau est très rouge, les maux de tête violent. On peut s'évanouir, convulser. Avant l'arrivée du médecin, il faut à tout prix mouiller les vêtements, donner une douche ou un bain frais, faire boire…

Si les personnes âgées ont été si nombreuses à décéder pendant la canicule de 2003, c'est d'abord parce qu'elles n'ont pas eu soif. Elles se sont déshydratées sans penser à boire.

Jusque-là, on pointait surtout la fragilité des tout-petits en période de forte chaleur : on a beaucoup insisté sur la nécessité de les faire boire, de ne pas les laisser dans une voiture surchauffée, de les mettre à l'ombre… On a su les protéger de cette terrible vague de chaleur, parce que les bonnes habitudes étaient déjà prises, et c'est bien.

Mais on avait oublié tous les autres, fragilisés aussi par les canicules et en particulier les vieilles personnes ; on avait oublié qu'il fallait qu'elles boivent, on avait oublié qu'elles étaient souvent seules en ville quand tous les autres étaient partis, isolées dans les derniers étages surchauffés. Les enfants étaient en vacances, les voisins aussi, et les médecins de quartier…

Le professeur San Marco est un homme passionné, installé à Marseille à l'hôpital de Latimone. Lui savait. Avant la canicule de 2003, il avait eu la terrible expérience de 1983, où en quelques heures, les urgences de l'hôpital s'étaient remplies de personnes âgées avec une forte fièvre. Il raconte qu'ils ont d'abord cherché, lui et son équipe, quel microbe, quel virus pouvait provoquer une telle montée de la température qui conduisait rapidement à la mort sans que le patient, la patiente ait repris conscience. Ils n'ont pas tout de suite compris qu'il n'y avait rien... Pas de microbe, pas de virus, seulement la chaleur. Et 300 morts supplémentaires.

Depuis, il a mis au point un système d'alerte pour la ville et pour l'hôpital, valable à partir d'un certain seuil de températures diurnes et nocturnes, puisque la particularité de cet épisode caniculaire était que les températures restaient élevées la nuit : dix nuits à plus de 20 °C.

Ce système d'alerte n'a pas été généralisé à la France entière parce que les pics de chaleur aussi longs étaient cantonnés au Midi. En 2003, San Marco s'est inquiété des conséquences de la canicule annoncée jusqu'à Lyon, pas au-delà. Or, les chiffres montrent que c'est dans le Centre, la Bourgogne et l'Île-de-France que la mortalité a été la plus forte pendant la canicule.

Ce que j'écris là, San Marco me le raconte à l'occasion d'un déjeuner organisé par Douste-Blazy, ministre de la Santé. Nous sommes aux premiers jours de juillet 2004... Au ministère, on craint une canicule aussi forte que l'année précédente.

J'arrive en retard de TF1, où j'ai présenté le bulletin de la mi-journée, en direct, vers deux heures moins le quart. J'entre dans une grande salle où on a installé une immense table ovale. J'ai l'impression de voir réunis des gens qui jamais ne se croisent sauf par écran interposé. Tous les présentateurs météo de télé et de radio sont là. Certains parlent trop fort, d'autres sont étonnamment silencieux. Sur l'immense table, les dossiers alternent avec les assiettes et les plats. Le ministre réclame l'attention en tapotant sur son verre comme à un banquet ou à un mariage. Dans mon assiette, du poisson en gelée ; dans le dossier qui m'attend, le plan « canicule » : 100 pages de conseils, de récapitulation, de « stratégie de réponse », de « mesures transversales » et de « fiches annexes »... Le poisson a l'air plus digeste.

Et nous, les présentateurs météo, à quelle sauce veut-on nous manger ? Qu'attend-il de nous ce ministre affable qui s'inquiète des coups de soleil de sa voisine ? Il nous demande de relayer sa campagne. Les bulletins météos sont les programmes les plus regardés, les plus écoutés. Est-ce qu'entre deux nuages, deux rayons de soleil, nous pourrions parler de ce plan canicule qui ne peut être efficace que si tous se mobilisent pour protéger les plus faibles d'une nouvelle vague de chaleur ? Les plus faibles, c'est-à-dire principalement les personnes âgées.

Oui, oui, c'est possible. On est tous content de pouvoir dire oui au ministre (finalement, ce ne sont pas des coups de soleil, mais du faux bronzage, tant mieux !). Encore faut-il avoir le temps dans des bulletins toujours trop courts... Mais enfin, si la situation météo est la même que celle de l'été dernier, aussi simple et aussi bloquée, ça sera facile.

À l'autre bout de la table, San Marco explique que cette campagne doit être celle de la solidarité, pas celle de la peur.

Voilà qui me plaît. Je continue à penser que la peur est mauvaise conseillère, parce qu'elle ne fait appel ni au plaisir, ni à la raison. Au contraire du mot « solidarité », un peu trop employé certes, mais qui a l'immense avantage de valoriser celui qui décide d'être responsable des autres.

La terrible canicule de 2003 aura au moins servi à ça : prendre conscience que la santé des plus faibles, mais aussi leur vie, dépendent de l'attention qu'on leur porte. Surtout les femmes âgées. Pourquoi les femmes plutôt que les hommes ? Au-dessus de 70 ans, la sueur se déclenche moins vite chez les femmes, parfois même elle disparaît et le corps n'est plus protégé des attaques de la chaleur. Mais il est vrai aussi que les femmes sont plus nombreuses que les hommes au-dessus de 70 ans. C'est peut-être cette raison comptable qui explique le pourcentage élevé de femmes parmi les victimes de la canicule…

Mais ce ne sont pas seulement les deux âges extrêmes de la vie qui sont les plus fragiles, face à une vague de chaleur. Les femmes enceintes sont plus vulnérables, elles aussi. Il faut savoir que les fortes chaleurs peuvent provoquer des accouchements prématurés ; la meilleure façon de s'en prémunir est de se reposer beaucoup et d'éviter les efforts. Il semble aussi qu'en cas d'augmentation de la température, le taux de fécondité diminue.

Ce sont également ceux qui consomment de la drogue ou de l'alcool, les cardiaques, les obèses, les diabétiques, ceux qui souffrent de la maladie d'Alzheimer et de troubles mentaux et tous ceux qui prennent des médicaments : les bêtabloquants, par exemple, indiqués pour lutter contre l'hypertension, ralentissent le rythme cardiaque, en même temps que la sudation, et donc limitent les défenses naturelles de l'organisme contre la chaleur.

Certaines conditions de vie, de travail, accentuent aussi les risques liés à la chaleur ; l'absence de système de rafraîchissement dans l'habitat, la disposition de l'habitat lui-même : exposition au sud, grandes baies vitrées, mauvaise isolation, logement sous les toits… Risques plus grands aussi pour ceux qui ont un travail physique exigeant ou qui travaillent dans des lieux surchauffés (les pressings, les fours de boulanger, etc.). Enfin, la solitude, l'isolement, aggravent tous ces risques.

On le sait aujourd'hui, ce n'est pas seulement l'importance de la chaleur pendant la journée qui est dangereuse, c'est surtout le manque de fraîcheur la nuit. C'est une des principales caractéristiques des plus récentes canicules : à cause de leur durée, et de la rétention de la chaleur dans les villes, les nuits ont été de plus en plus chaudes. Et les victimes ont été de plus en plus nombreuses au fil de la première quinzaine d'août, leur nombre augmentant de manière brutale en même temps que la température, la nuit, montait.

On a donc compris qu'on pouvait supporter la chaleur à condition de trouver du répit de temps en temps dans un endroit frais. Un endroit frais, pas trop froid. Trois heures suffisent pour reconstituer les forces d'un organisme fatigué par la chaleur, même pour les personnes âgées. C'est pourquoi on tente d'équiper les maisons de retraite d'au moins une pièce climatisée. 5 °C d'écart avec la température extérieure suffisent, sinon, la différence de température entre l'extérieur et la pièce climatisée peut réduire les forces au lieu de permettre de les reconstituer. De plus, un excès de climatisation inhibe les capacités d'acclimatation à la chaleur.

À défaut de nuits fraîches, ou d'habitation climatisée, il est donc indispensable de trouver des lieux où il fait frais : un cinéma, ou la bibliothèque de son quartier, ou un grand magasin, un supermarché... Les lieux climatisés sont de plus en plus nombreux l'été.

Et puis quelques systèmes existent pour créer un peu de fraîcheur chez soi, même dans un habitat pas toujours bien étudié. Étendre un drap mouillé dans une pièce fait perdre 3 °C à la température de la pièce le temps que le drap sèche.

Attention : ce n'est pas parce que l'air est humide qu'on a moins la sensation de chaud. C'est même tout le contraire : l'air chaud chargé d'humidité est plus difficile à supporter qu'un air sec ; la sensation de chaleur et d'étouffement est plus forte. Au contraire, dans un air chaud et sec, on sue davantage, l'air n'étant pas saturé en humidité et donc, on lutte mieux contre la chaleur.

Tendre un drap mouillé dans une pièce n'a donc pas pour but de charger l'air en humidité, mais de faire évaporer cette humidité : la transformation de l'eau en vapeur nécessite de l'énergie, c'est-à-dire de la chaleur. Une partie de cette chaleur absorbée par ce travail d'évaporation de l'eau disparaît donc de la pièce. C'est pourquoi la température baisse…

Il faut aussi penser à fermer les fenêtres et les volets, surtout ceux exposés au soleil. Ne pas oublier que le moment le plus frais en 24 heures, ce n'est pas le milieu de la nuit, mais le petit matin : c'est donc à ce moment-là qu'il faut essayer d'aérer l'habitat et de faire des courants d'air, et tout fermer dans la matinée. Sait-on que les logements exposés à l'ouest ou à l'est reçoivent plus de chaleur que ceux exposés plein sud ?

C'est entre midi et quatre heures de l'après-midi qu'il fait le plus chaud, on le sait dans les pays chauds où tout s'immobilise après le déjeuner, et où on pratique les vertus de la sieste. On peut adopter ce rythme de vie pendant les périodes caniculaires.

Si on sort, c'est avec un chapeau, des lunettes de soleil, et mieux vaut porter des vêtements en coton, amples ; là aussi, on peut prendre modèle sur les vêtements qu'on porte traditionnellement dans les pays chauds.

Il faut continuer à boire souvent, avant même d'avoir soif, humidifier sa peau, et même les vêtements, et prendre des douches ou des bains plusieurs fois par jour (si on peut, il faut utiliser des brumisateurs plutôt que des douches, on dépense ainsi 1 seul litre d'eau au lieu de 15). Dans mon Gers natal, et partout en France aussi, le nombre de piscines construites depuis 2003 a brutalement augmenté.

Les canicules seront sans doute, comme on l'a dit, de plus en plus nombreuses dans les prochaines années et les piscines de plus en plus appréciées.

Quant à l'alimentation, les sauces, les plats lourds et l'alcool ne sont pas recommandés. Les légumes et les fruits seront privilégiés. Les régimes sans sel allégés. La chaleur coupe parfois l'appétit. On peut ne pas trop manger, mais il faut boire ! Inutile de boire glacé, la sensation de soif s'atténue trop vite quand on boit glacé et pour reprendre l'exemple de ceux qui vivent dans les pays chauds et qui savent lutter contre la chaleur, on boit du thé brûlant dans les pays du Maghreb : on boit plus lentement, on s'hydrate mieux avec du très chaud qu'avec du très froid.

Même chose pour la couleur des vêtements. On sait que le blanc renvoie la chaleur alors que le noir l'absorbe : mieux vaut donc s'habiller en clair plutôt qu'en foncé. *(Je me suis toujours demandé pourquoi les Touaregs s'habillaient de vêtements aussi foncés... Je n'ai pas la réponse.)*

On va s'acclimater à la chaleur : dans la carte de France des seuils d'alerte de canicule, ces seuils diffèrent d'un département à l'autre ; on constate que l'acclimatation à la chaleur permet de les relever. Par exemple, le seuil d'alerte en Haute-Garonne est une température de jour à partir de 38 °C, de nuit à partir de 21 °C. En revanche, dans le Nord, les seuils sont de 32 °C pour le jour et 15 °C pour la nuit. Et on peut imaginer bien sûr que le pourcentage de personnes vulnérables à la chaleur est le même d'un département à l'autre. Pourquoi cette différence ? C'est qu'on connaît mieux la chaleur dans le sud que dans le nord de la France : l'habitat, la nourriture, le rythme de vie en tiennent compte même en dehors des canicules. On est « acclimaté » à la chaleur.

L'acclimatation aux canicules sauve des vies. On a pu penser que les gens morts pendant l'été 2003 seraient morts de toute façon quelques semaines plus tard à cause de la fragilité de leur état de santé et que la canicule n'a fait que précipiter leur fin : c'est faux ! On n'a pas constaté pendant l'automne et l'hiver 2003 un ralentissement du nombre de décès des personnes âgées : la mortalité du mois d'août n'a pas été « rattrapée ». Certains médecins pensent même que cette canicule a fragilisé des organismes désormais beaucoup plus vulnérables à une chaleur pas forcément caniculaire.

La canicule de 2003, si elle a été la première d'une série, n'a peut-être pas été la plus redoutable : en effet si le taux d'humidité avait été plus important dans l'atmosphère, la chaleur aurait été encore plus insupportable… et les morts peut-être plus nombreux. À cause de ce chiffre incroyable, on s'est reporté à la canicule de 1976, qui avait frappé les esprits (et surtout les porte-monnaie par l'impôt sécheresse qui avait suivi) : on s'est rendu compte à l'automne 2003 que la sécheresse de 1976 avait provoqué la mort de 3 000 personnes sans que quiconque s'en soucie ! Voilà : la tragédie de l'été 2003 a permis d'y voir clair, de comprendre et d'entendre ce que les biométéorologistes, à la croisée entre médecine et météorologie, disaient et écrivaient en vain depuis des décennies !

J'insiste sur les canicules à cause du réchauffement climatique. La communauté scientifique est unanime pour le dire : les étés très chauds vont devenir fréquents dans l'hémisphère Nord. Les températures caniculaires seront la norme. On peut éviter que se reproduisent des catastrophes sanitaires. Et profiter de régions où, jusque-là, l'été restait frais : depuis 2003, la Bretagne connaît un afflux de touristes. Même constatation pour les plages de la mer du

Nord… L'été, c'est toujours les vacances. Les souvenirs qu'on en garde alors sont des trésors.

La plage est déserte. Elle n'appartient qu'à nous. Tous les vacanciers sont partis déjeuner. Sauf nous. Le soleil est si fort que tout devient blanc, les vagues, le sable, les transats. Sous la tente, dans cet îlot brûlant et sombre, maman distribue des œufs durs et des tomates. Épaules brunes et jambes blanches de sel s'entrecroisent, se poussent, s'étirent, les mains se tendent ; les yeux de mes sœurs sont de plus en plus clairs, ceux de maman noirs et brillants. Les grains de sable crissent au milieu du sandwich. Maman nous regarde manger. Maman, si fière de sa nichée, seule avec nous sur cette immense plage. Sous la tente minuscule, on se serre comme dans un nid. On attend le passage du marchand de beignets qui longe le rivage avec sa grande sacoche, on courra sur le sable brûlant pour lui acheter ces gros gâteaux huileux et sucrés, mes sœurs en raffolent, et puis on somnolera, écrasées par la chaleur, le rythme des vagues, la digestion. Maman va lire, nous, non. On s'ennuiera un peu en attendant la permission d'aller se baigner, on fera des dessins sur le sable entre nos pieds.

J'ai de merveilleux souvenirs au goût de sel.

L'automne

C'est l'autre saison intermédiaire entre le chaud et le froid. Aujourd'hui, 1er novembre, c'est la Toussaint… et dehors un vrai temps de Toussaint !

« Une atmosphère grise enveloppe la ville », écrit Baudelaire. C'est le temps d'aujourd'hui. À la grisaille s'ajoute la pluie, une pluie fine qui mouille les trottoirs et

les passants frileux sans faire de flaques, sans qu'on voie même les gouttes tomber. On a envie de se replier sur soi, comme le chat sur la table, roulé en boule au milieu des papiers et qui enfouit un peu plus son nez entre ses pattes. Lui non plus ne veut pas voir le temps dehors. On est passé hier, dernier dimanche d'octobre à l'heure d'hiver... Le soleil s'est levé plus tôt aujourd'hui, mais l'aube est restée grise sous la brume et les nuages bas. Et le soir est déjà là, au milieu de l'après-midi. En novembre, à Paris, l'ensoleillement n'est plus que de 4 heures ! Il faudrait inventer des lumières qui réchauffent et raniment la joie comme dans les pays du Nord... Seule Venise peut rester gaie et joyeuse sous ce temps gris. Paris est sinistre. Ni le chocolat, ni le thé brûlant ne me tirent de cette léthargie morose. Il faudrait sortir pourtant et profiter de la lumière du jour. Justement, les feuilles prennent leur plus belle couleur rousse, jaune, rouge, il suffirait de quelques rayons de soleil pour qu'on les remarque et que la gaieté revienne. Comme hier... Mais hier est loin, et aujourd'hui, à peine ébauchent-elles la gloire de l'automne que déjà elles jonchent le sol, soulevées par de faibles bourrasques, toutes humides de bruine poisseuse.

L'automne est la saison de la tristesse et de la mélancolie. Les suicides y sont pourtant moins nombreux qu'au printemps parce qu'on peut vivre dans un rythme ralenti qui ne demande pas de nouvelles forces. Le docteur Attali dans *Le temps qui tue, le temps qui guérit*[9] décrit ce qu'il appelle « le syndrome de la Toussaint ». C'est sans doute le moment de l'année où l'on a le plus de mal à résister aux morts qui nous appellent vers le froid de leurs sépultures et c'est pour cela peut-être que les catholiques vont

9. *Op. cit.*

fleurir leurs tombes de chrysanthèmes éclatants de couleurs vives, comme pour leur rappeler, aux morts, qu'ils ont été joyeux et vivants et qu'ils doivent nous faire signe pour la vie qu'ils nous ont donnée, pour la chaleur de leur amour, de leur amitié ou de leur génie, et non le froid de leurs ossements enfouis.

Attali dit que ce syndrome de la Toussaint atteint surtout les gens âgés parce que les morts sont plus nombreux autour d'eux que les vivants. Il leur faut attendre la préparation de Noël pour que s'efface la grande tentation de rejoindre dans la mort ceux qui les ont quittés…

L'automne, c'est aussi la saison du « vent mauvais » comme le chante Verlaine : « Et je m'en vais au vent mauvais qui m'emporte de ça, de là, pareil à la feuille morte. » Ce vent mauvais fait tomber les feuilles des arbres, et c'est tant mieux : elles cessent ainsi de les épuiser. Ce vent vient soit du nord-est, soit du nord-ouest ; dans les deux cas, il arrive du pôle avec de l'air froid ; sec du nord-est, pluvieux du nord-ouest. Et l'air doux venu de l'équateur est peu à peu chassé…

Outre le froid, la pluie est fréquente en automne, ce qui est bon ; d'abord parce qu'elle arrive de l'océan et apporte donc de la douceur, ensuite parce qu'après l'été, les nappes phréatiques ont besoin d'être reconstituées. La pluie souvent, mais aussi les tempêtes liées aux grandes marées. Les Bretons, les Normands les connaissent bien et ne sont pas surpris par le danger de ces vents violents.

L'automne est aussi la saison où il faut se protéger des maladies liées au froid. Comme toujours, les plus vulnérables sont les tout-petits et les très âgés. Le vaccin de la grippe est gratuit dans les grosses entreprises et pour toutes les personnes âgées : étonnante épidémie qui se développe l'hiver en Europe, alors qu'elle provient des pays chauds d'Asie…

Chez les tout-petits, il faut protéger tout le système respiratoire, le premier en contact avec le froid : nez, gorge, poumons sont fragilisés par les premières attaques du froid ; il faut surtout éviter de les exposer au vent quand il est trop fort, d'où qu'il souffle, même s'il n'est pas froid.

Chez les gens âgés, et chez tous ceux qui sont fragilisés par la maladie et les prises de médicaments, il faut être surtout attentif aux variations de température. L'automne est une saison de changement de temps (comme le printemps). Le froid peut succéder très vite au chaud, et inversement. L'amplitude des températures dans une même journée peut dépasser 15 °C. Il peut aussi faire très doux à l'aube et très froid l'après-midi. Il faut donc prévoir pour cette saison les fameux vêtements « à pelures [10] ».

Mais l'automne, c'est aussi la rentrée, et une nouvelle année qui commence. Pas celle du calendrier, non, celle des bonnes résolutions après les vacances de l'été : l'odeur enivrante des cahiers neufs promet les joies merveilleuses du travail bien fait.

L'hiver

L'adaptation au froid dans nos pays tempérés est indispensable. Malgré le réchauffement climatique, les saisons restent bien marquées et l'hiver, le thermomètre descend souvent au-dessous de zéro. Le froid tue davantage que le chaud. Il fragilise les plus vulnérables, comme le font les vagues de chaleur, et il s'attaque d'abord aux plus démunis : les SDF sont ses premières victimes, contrairement aux canicules.

10. Cf. « Le printemps ».

Parmi les photos de mon enfance, il y en a une où l'on me voit accroupie dans un jardin tout blanc, le regard émerveillé, une boule de neige dans la main droite. Je porte un grand manteau à col rond et une cagoule. La photo date sans doute de l'hiver 1956, quand l'abbé Pierre entreprend de créer les « Compagnons d'Emmaüs » pour venir en aide à ceux qui meurent de froid. Hiver exceptionnel par sa rigueur et sa durée. L'abbé Pierre est à peu près le seul à s'être préoccupé des morts provoquées par la vague de froid. La France des Trente glorieuses a d'autres soucis de prospérité et de confort ménager...

La photo où je me tiens, minuscule petite fille sombre perdue dans un immense champ de neige, a été prise devant l'église Saint-Seurin à Bordeaux et sans doute l'église et sa place n'ont-elles jamais autant ressemblé à une carte postale de Noël. L'hiver présente toujours ce double visage : à la fois rêve de cadeaux, de chaleur, fêtes des enfants, traîneau du Père Noël, festin, cadeaux, illuminations, chaleur... Et en même temps, froid, solitude, pauvreté, misère... Le confort nécessaire de l'hiver sépare les êtres et marque de façon dramatique, parfois vitale, les différences entre riches et pauvres. Les très riches ne sont pas très nombreux en France, les pauvres le sont trop. C'était vrai en 1956, ça l'est toujours aujourd'hui.

L'homme est un « animal tropical » affirme le physiologiste canadien Alan Burton [11]. On peut vivre nu dans un air à 20 °C. En dessous, les possibilités d'adaptation physiologique sont très limitées. Il y a sur la planète trois grandes zones qui ont des caractères communs en référence au

11. Cité par Emmanuel Choisnel, dans *Atmosphériques*, n° 14, avril 2002, p. 14.

froid : les pôles, où l'hiver est permanent, les tropiques, qui ne connaissent pas d'hiver, et enfin, les pays tempérés où règnent l'alternance des saisons. L'être humain est physiologiquement mieux adapté pour lutter contre un environnement chaud et sec plutôt que contre le froid.

Pourtant, on entend souvent dire que le froid est bon pour la santé parce qu'il tue les microbes... C'est exact pour certaines espèces d'arbres qui se débarrassent ainsi de la plupart de leurs parasites. Les limaces, les campagnols, les termites disparaissent ainsi pendant l'hiver. Mais pas les poux qui aiment le froid ! L'homme aussi résiste. Contrairement aux poux, le froid n'est pourtant pas son affaire. Son organisme a besoin de rester à la température constante de 37 °C. Or la peau et le système respiratoire, des narines jusqu'aux alvéoles pulmonaires, sont en contact direct avec l'air ambiant ; la différence de température entre le corps et l'extérieur l'oblige à combattre pour rester à 37 °C. La lutte contre le froid est rude. En témoignent toutes les pathologies qui apparaissent aux premiers froids, des rhumes jusqu'aux bronchites en passant par les angines.

On prête aussi au froid une sorte de valeur morale, pédagogique : celui qui y résiste se forge une âme forte. L'hiver, par opposition à l'été (saison émolliente propice à la paresse), est une saison qui éprouve le caractère et qui le forme. La résistance au froid est un apprentissage, en sortir vainqueur confère un statut d'homme fort et conquérant... Le froid n'est pas tant une affaire d'hommes que de ceux, ou celles, qui résistent aux passions. Patrick Besson l'écrit joliment : « Ceux qui ont froid ont plus besoin d'amour que les autres [12]. » À ceux que le froid consterne et recroqueville,

12. Extrait de *La Fille de Lady Edwina*, pièce donnée sur France Inter le 17 novembre 1979. J'y étais Karine Perceval et Pierre Arditi, Wilfried.

les élans du cœur sont des bouffées vitales. On se brûle, on se consume dans l'amour, mais on n'a pas froid. J'aurais garde pourtant de ne pas opposer les aventuriers de l'amour à ceux du froid. Les aventuriers de quelque espèce qu'ils soient séduisent toujours… Et peut-être ceux et celles qui savent résister au froid savent-ils mieux donner de l'amour que les autres…

Mais que ce soit pour évaluer sa force, sa séduction ou sa capacité à aimer, affronter seul les températures les plus basses de la planète est aujourd'hui un exploit tenté dans des conditions de plus en plus difficiles, riche d'enseignement dans la lutte contre le froid.

C'est grâce à ces expériences en effet, que l'on peut mettre au point petit à petit des systèmes de protection au froid.

Frédéric Chamard-Boudet, les frères Messner, Jean-Louis Étienne sont ces nouveaux aventuriers qui explorent les limites de la résistance du corps humain dans des régions encore mal connues. Grâce à eux, à leurs épopées, on sait à quelles conditions un être humain qui n'est pas entraîné et qui n'habite ni dans l'Arctique ni dans l'Antarctique peut résister au froid.

Outre la température, la vitesse du vent et le taux d'humidité modifient la sensation de froid. Le vent intensifie le froid ; il a un pouvoir réfrigérant quelle que soit la température. Mettre au point un indice grâce à des équations mathématiques s'est jusque-là révélé impossible : car faut-il évaluer le pouvoir réfrigérant de l'air sur la peau nue ou sur un corps habillé ?

La qualité de l'habillement pour lutter contre le froid est évidemment primordiale. Les matières utilisées depuis quelques années pour fabriquer des vêtements qui protègent du froid sont très efficaces. On peut rappeler une ancienne méthode toujours aussi utile, quelle que soit la qualité du vêtement : l'air. C'est un excellent isolant. La couche d'air entre le tissu et la peau offre une très bonne résistance au froid, à condition que cette couche soit bien emprisonnée entre la peau et le tissu. Il faut donc que la première couche de vêtement sur la peau soit serrée.

Pour évaluer la résistance au froid des vêtements, on se sert de la mesure Clo : 1 clo équivaut à un vêtement de ville, 8 clo aux meilleurs duvets polaires.

Dans ses cartes de vigilance, Météo France a intégré une vigilance au froid depuis 2004 ; les discussions avec l'INVS (Institut national de veille sanitaire) ont été nombreuses pour trouver des critères qui au fond s'apparentent au bon sens. Le bon sens a longtemps été méprisé pour avoir affirmé des évidences si éclatantes qu'on ne les voyait pas… Avant que quelques vagues de chaleur ou des tempêtes ne viennent nous les rappeler. Mais contrairement à la chute d'une branche ou d'un toit, mourir de froid dans la rue n'est jamais un accident. La solidarité sauve des vies.

Deux types de froid sont distingués : les périodes de temps froid (température comprise entre 0 °C et – 5 °C) et les périodes de grand froid (température inférieure à – 5 °C). C'est la température ressentie qui est prise en compte, c'est-à-dire celle que l'on éprouve quand le vent s'ajoute au froid. Tout le monde connaît aujourd'hui le 115 : c'est le numéro du Samu social, qui permet d'avertir les services d'entraide de la présence d'un sans-abri. Appeler le 115 suffit à donner bonne conscience, cela ne suffit pas toujours pour être efficace. Les services d'urgence aimeraient savoir avant d'intervenir de quoi les naufragés de la vie ont besoin : d'un café, d'un lit, d'un repas, d'un médecin… De vous peut-être, pour quelques mots échangés.

Le docteur Étienne ne s'intéresse pas seulement au froid polaire, mais aussi à celui qui tue ici en France. De retour de ses expéditions, il a poursuivi ses études à Paris.

Il dit avoir eu plus froid en attendant le bus par 5 °C un jour de brouillard que par – 40 °C sur la route du pôle. « Par 5 °C, ajoute-t-il, avec 80 % d'humidité et un vent de 50 km/h, la température perçue est de – 11 °C. Imaginons un SDF, immobile dans des vêtements mouillés (0,2 clo) : l'engourdissement est rapide, et l'hypothermie peut survenir en une heure vingt ! »

Ce pouvoir réfrigérant de l'air (appelé *windchill*) est si important qu'il explique que les Lapons portent par – 20 °C les mêmes bonnets et manteaux de fourrure que les trappeurs sibériens par – 50 °C... Le vent souffle plus fort en Laponie. C'est dans la baie d'Hudson au Canada que le pouvoir réfrigérant du vent est le plus marqué : on y évalue la température à – 92 °C en air calme !

Pour se convaincre de ce *windchill*, il faut faire l'expérience proposée par Jean-Paul Richalet : soufflez sur votre main la bouche ouverte, l'air est chaud. Pincez les lèvres et ne laissez passer qu'un mince filet d'air, il est froid. Qu'est-ce qui a changé ? Ni sa température, ni son humidité. C'est le même air, il va juste plus vite !

Comme le vent, l'humidité est ressentie comme un facteur aggravant (ah ! ce froid vif et sec dont rêve tous les amoureux de l'hiver), et on ne sait pas très bien pourquoi : peut-être parce que la vapeur d'eau se condense grâce à la chaleur du corps à l'intérieur des vêtements qui perdent ainsi une partie de leur pouvoir isolant.

On produit de la buée quand il fait froid parce que l'air froid est immédiatement saturé par l'humidité qui accompagne l'air chaud rejeté par les poumons.

La première réaction de lutte du corps contre le froid, c'est une modification de la circulation sanguine. Le procédé est le même que celui contre le chaud, mais inversé : au lieu que le sang afflue vers la périphérie (le derme, la peau) pour libérer de la chaleur, il reflue vers le centre du corps pour garder la chaleur des organes vitaux en sacrifiant les parties périphériques. Dans les deux cas (excès de froid ou de chaud), le corps sacrifie la périphérie pour maintenir à température constante le tronc central. La température du cœur, du cerveau, du foie, des poumons reste à 37 °C, alors que celle de la peau descend à 20 °C en moyenne, jusqu'à 4 °C pour les pieds ! En dessous de ce seuil, le sacrifice des extrémités se traduit par des gelures.

L'autre réaction de défense contre le froid est l'activité musculaire. Volontaire : on bat la semelle. Involontaire : on frissonne. Le frisson produit de la chaleur au prix d'une forte dépense d'énergie.

Ensuite, la température du corps commence à baisser. À 35 °C, c'est le début de l'hypothermie : toutes les fonctions se ralentissent. La sensation de froid fait place à la confusion, puis à l'amnésie, et enfin au coma. Comme l'écrit Charlie Buffet dans *Le Monde* [13], mourir de froid est une mort douce. (Le professeur San Marco qualifie de la même façon la mort par hyperthermie, excès de chaleur.) C'est ainsi que sont morts le capitaine Scott et quatre de ses compagnons, au retour de la course au pôle Sud, en 1912.

À Grenoble, Gustave Savourey fait des expériences sur la résistance au froid. Il raconte : « Les premières bouffées de frisson réchauffent vraiment et procurent une sensation étrange, inconnue pour le quidam. Mais ensuite, l'acide lactique provoque fatigue et crampes [14]. »

Dans l'eau, les chances de survie sont beaucoup plus minces que dans l'air : « L'eau est 25 fois plus conductrice que l'air. On estime que dans une eau à 15 °C, la possibilité

---

13. « Aux limites du corps – Le froid, de sang et de glace. », 18 juillet 2004.

14. *Ibid.*

de survie ne dépasse pas une heure et demie. Lors du naufrage du *Titanic*, personne n'a parlé d'hypothermie, et pourtant l'eau était à près de 0 °C. » Leonardo di Caprio n'aurait pas dû avoir le temps de jurer son amour à sa belle avant de disparaître dans les flots ; il serait mort de froid avant de parler…

Pour lutter contre le froid, il faut donc :

– Avoir des vêtements appropriés, bien couvrir les extrémités puisque ce sont elles qui se refroidiront les premières : les pieds, les mains, mais aussi le crâne.

– Se mettre à l'abri du vent et de l'humidité.

– Bouger.

Un autre moyen pour résister au froid est de s'aguerrir. C'est une expérience tentée aussi par Jean-Louis Étienne. Après un séjour de deux mois au pôle, de retour à Grenoble dans le laboratoire de Gustave Savourey, il pouvait faire descendre la température de son corps à 35,5 °C sans dommage, sans lutter contre le froid. Hyperthermie volontaire comparable à celle des hommes primitifs, comme les plongeuses nues du Japon, les Amas, ou les Alakalufs de Patagonie qui vivaient nus sous la neige et pêchaient dans des eaux à 4 °C ! Plus modestement, Gustave Savourey a skié toute une saison sans gant à la main droite après l'avoir soumise à des bains froids quotidiens… Des modifications physiologiques sont donc possibles : l'homme peut vivre à des températures très basses.

Les expériences de Jean-Louis Étienne et de Gustave Savourey sont fondées sur l'acclimatation, c'est-à-dire sur une adaptation longue et quotidienne et sont contrôlées en laboratoire. Elles sont utiles pour comprendre les mécanismes de défense du corps face au froid mais personne ne peut s'y risquer sans une sérieuse préparation.

Pour lutter contre le froid, ce qu'on mange compte aussi beaucoup : on sait que la couche de graisse isole du froid et la nourriture roborative est recommandée. L'hiver est la saison des soupes, des féculents, des plats « qui tiennent au corps » ! Mais inutile de tenter d'imiter les animaux sauvages (loirs, hérissons, moineaux) qui deviennent obèses pour résister au froid : l'obésité humaine, elle, n'est pas saisonnière mais permanente et parfois pathologique. Et puis attention à l'alcool : c'est un « faux ami », comme le dit Jean-Claude Cohen, parce qu'il donne une sensation de chaleur en même temps qu'il fait baisser la vigilance face au froid. En revanche, il faut boire souvent des boissons non alcoolisées.

Le corps n'aime pas devoir lutter en permanence pour garder sa température de 37 °C ; c'est peut-être ce qui explique que les pays nordiques sont les premiers consommateurs de crèmes glacées, même l'hiver !

Et pour ceux qui aiment à la fois le froid et le confort, outre les glaces, il y a la douche froide. Certes, loin de l'image héroïque des explorateurs du froid, la suggestion est triviale et décevante, mais enfin, cette adaptation transitoire, simple désensibilisation des couches superficielles de la peau, donne du tonus et active la circulation sanguine, c'est déjà ça.

Pour moi qui déteste le froid (même sec et ensoleillé), je salue le courage, la curiosité, l'intelligence de ces aventuriers. La conquête des terres et des océans est terminée. Reste celle de la résistance du corps humain aux pires conditions climatiques dans l'Arctique et l'Antarctique. Reste aussi pour ces amoureux des pôles à les défendre contre les saccages de nos sociétés.

Continents hostiles à la vie où règne un hiver permanent et qui pourtant, loin des villes et des terres peuplées, sont les premiers touchés par les gaz à effet de serre produits par les activités humaines. Le réchauffement climatique y est déjà visible. La température moyenne en Arctique a augmenté deux fois plus vite que sur le reste de la terre pendant les dernières décennies. La banquise fond et laisse la place à des zones plus sombres qui absorbent le rayonnement solaire au lieu de le renvoyer vers l'espace comme le fait une surface blanche. Les eaux montent.

Le résultat de ces premiers changements se répercute déjà sur la flore et sur la faune : à 300 km du cercle polaire, on voit arriver des sauterelles, des écureuils et même des rouges-gorges… Les baies jaunes brûlent sous le soleil ; la glace de mer dure moins longtemps ; l'ours polaire qui nage moins bien qu'il ne court sur la glace n'arrive plus à attraper autant de phoques ; le renne lui manque d'herbe. Les peuples du pôle Nord, Lapons, Inuits, Nénètes et Iakoutes, chasseurs et pêcheurs, ont donc moins de ressources ; de plus la fonte inattendue des glaces et des tempêtes plus fréquentes provoquent de nombreux accidents. Oui, les populations s'adaptent : les hommes partent pour des chasses plus courtes. Ils utilisent le GPS pour se diriger. Mais ces équipements coûtent cher, et tous ne peuvent pas se les offrir. La culture de ces communautés qui vivent toute l'année dans le froid, repose sur des valeurs de patience, de courage, de sagesse, et sur la connaissance de la glace et du temps. D'une autre façon, on retrouve les mêmes qualités que celles que développent les explorateurs des pôles.

L'amour du froid, de la neige, on le retrouve aussi chez tous les adeptes de la montagne. La montagne est devenue, l'hiver, le but des vacanciers qui, l'été, veulent la chaleur et le soleil. Paradoxe des riches sociétés occidentales où l'on craint les moindres variations du temps et où l'on recherche ses extrêmes…

La montagne

Le climat en montagne a toujours été bon pour la santé des hommes. Mais ses effets bénéfiques ont été découverts au XIXe siècle en même temps que les joies du ski et de l'escalade…

Le climat montagnard allège les maladies respiratoires : avant la découverte du BCG, c'est-à-dire jusqu'à la Seconde Guerre mondiale, on l'a vu, on soignait les patients atteints de tuberculose dans des sanatoriums en altitude. Aujourd'hui, les cures en montagne sont toujours recommandés pour les asthmatiques : les acariens, ces araignées microscopiques qui se nichent dans la poussière, la literie, les habitations, sont inconnus en montagne où l'air est particulièrement pur.

La montagne cependant, à cause de la faiblesse des pressions, n'est pas recommandée à ceux qui souffrent de problèmes cardiaques. Il y a moitié moins d'air au sommet du mont Blanc qu'au bord de la mer, un tiers seulement au sommet de l'Everest. Pour l'oxygène, c'est pareil. La moelle osseuse se met à produire des globules rouges pour mieux capter et transporter l'oxygène raréfié. Jean-Paul Richalet, physiologiste, cité par Charlie Buffet, dans un article du *Monde* dit : « On respire plus d'oxygène au bord du périphérique que sur une piste de ski [15]. » L'embêtant, c'est que sur le périph', on respire aussi les polluants…

Le mal des montagnes, ce sont des nausées, des migraines, des insomnies, la perte d'appétit : l'organisme s'acclimate comme il peut au manque d'oxygène. À cause de ces troubles, la moitié des candidats à l'escalade du mont Blanc abandonnent.

---

15. « Nicolas Jaeger au pays de l'oxygène rare », *Le Monde*, 22 juillet 2004.

Les alpinistes, eux, arrivent à dépasser cette étape de mal des montagnes. Mais cette acclimatation n'est pas définitive et ne dure que quelques jours. Pour Jean-Paul Richalet, la haute altitude est le seul environnement extrême pour lequel l'organisme est capable temporairement de développer des mécanismes très efficaces d'adaptation physiologique. « Huit personnes sur dix peuvent aller au sommet de l'Everest », affirme-t-il. Peut-être. Encore faut-il respecter des règles simples :

– Ne pas monter plus de 400 mètres d'une nuit à l'autre au-dessus de 3 000 m.

– Stopper la progression à l'apparition des symptômes.

– Redescendre d'urgence s'ils persistent.

Cette acclimatation est-elle définitive ? Chez les lamas, les yacks, les oies cendrées, oui. Chez l'homme rien n'est moins sûr, sauf pour le fœtus, qui vit en apesanteur comme un alpiniste à 7 000 mètres. « L'instant de la naissance, lorsque l'air arrive dans les alvéoles pulmonaires, est comme une brutale descente du niveau de la mer. »

Nicolas Jaeger était alpiniste et médecin. On lui doit des études uniques sur l'acclimatation de l'homme en montagne d'après sa propre expérience. Il a disparu dans l'Himalaya en 1980. Il disait « chaque jour, je dois me souvenir que la montagne n'est pas un monde pour l'homme [16] ».

Voilà. Cette phrase, tout le monde devrait s'en souvenir : la montagne qu'on recherche pour guérir, la montagne est toujours dangereuse pour l'homme... même quand il n'est pas alpiniste ; le temps change très vite sur les hauteurs, et la météo particulière des sommets se laisse mal évaluer par ceux qui débarquent pour un court séjour

---

16. *Ibid.*

de ski ou de randonnée. Chaque année, malgré les équipes de sécurité des stations de sport d'hiver, malgré les conseils, des skieurs disparaissent emportés par des avalanches. Peut-être le manque d'irrigation en oxygène du cerveau est-il à l'origine de quelques accidents, mais c'est surtout la méconnaissance de la montagne et de son climat qui est en cause.

Le risque d'avalanches est désormais pris en compte par Météo France dans ses bulletins d'alerte et les cartes de vigilance : on sait qu'une chute de neige sur un manteau neigeux rendu instable par la douceur des jours précédents augmente considérablement le risque d'avalanches. Ce sont des avalanches de plaque, parfois provoquées par la simple surcharge d'un skieur et souvent meurtrières. Il faut craindre aussi les avalanches de poudreuse : ce sont les plus nombreuses ; elles se produisent tout de suite après une forte chute de neige sur des versants très pentus. Ce n'est pas l'avalanche qui met la vie en danger, c'est le mélange d'air et de poussière de neige qu'on respire : il faut garder la bouche fermée et protéger les voies respiratoires par un tissu : foulard, col roulé, cagoule…

Les gens de la station connaissent ces situations et les endroits dangereux : en fermant des pistes, en damant la neige, en provoquant eux-mêmes des avalanches, ils veillent à la sécurité. Il faut toujours écouter leurs conseils.

Parce que les changements de temps sont brutaux en altitude, on doit y être très attentif et laisser au corps un temps d'adaptation suffisamment long sans lui demander à ce moment-là un effort sportif supplémentaire.

Autre danger en montagne : le soleil. Plus on monte en altitude, plus on s'expose aux rayonnements ultraviolets. Il brille d'autant plus fort qu'il se reflète sur la neige et peut provoquer une ophtalmie des neiges. Lunettes indispensables donc. Il faut aussi protéger la peau et les lèvres, en n'oubliant pas que la peau est fragilisée par le froid.

Les vêtements de ski sont désormais bien confortables et adaptés au froid et à l'humidité. Ils coûtent cher, mais ils sont indispensables.

Vous êtes prêt à affronter le froid et l'altitude, vous avez le forfait, les skis, les gants, les chaussures, les lunettes... Mais êtes-vous prêt pour l'effort physique ? Attention à l'entorse ou à la fracture : les genoux sont très vulnérables, et, chez les surfeurs, les poignets. Les protections extérieures sont très utiles. Donc, avant de se lancer sur les pistes, il est indispensable de s'être préparé physiquement quelques semaines plus tôt : étirements, assouplissements, musculation... Il faut appliquer un programme minimum !

N'oubliez jamais que la montagne est à la fois un milieu fragile et hostile. La montagne est dangereuse pour l'homme et l'homme dangereux pour un écosystème limité et précieux.

La lune

S'il est un domaine où on pense que l'influence du temps est manifeste sur la santé humaine, c'est bien celui de la lune.

N'est-ce pas pendant les périodes de pleine lune que les femmes sont les plus nombreuses à accoucher ? La lune rousse ne détruit-elle pas les récoltes ? Ce qui est semé en lune montante pousse mieux, de même pour les cheveux qui repoussent plus vigoureux quand on les coupe à ce moment-là ; le cycle féminin correspond à celui de la lune. Comment nier l'influence de la lune quand la mer elle-même y est sensible ?

Eh bien, justement ! Ce n'est pas un argument. Pascal, irrité sans doute par tous ces pouvoirs prêtés à la lune, plus proches de la magie, de la superstition que de la raison, écrivait : « Ce qui fait que l'on croit tant aux faux effets de la lune, c'est qu'il y en a de vrai comme le flux de la mer. »

Les marées des océans dépendent en effet du cycle de la lune. La lune exerce une attraction sur les eaux des océans : lorsqu'elle se trouve directement à la verticale d'un point donné de l'océan, un bourrelet se forme. Sous nos latitudes, les marées se produisent deux fois par jour. Quand l'attraction du soleil s'ajoute à celle de la lune, les marées atteignent leur amplitude maximale : ce sont les marées de vives-eaux ; les marées les plus basses sont les marées de mortes-eaux. L'importance des marées varie aussi selon le découpage des côtes, ou selon que la mer est fermée ou non : en France, les marées sont conséquentes dans l'Atlantique, en mer du Nord, et quasiment inexistantes en Méditerranée.

Cette influence est une réalité, on le savait déjà à l'époque de Pascal. Quant au reste...

L'influence de la lune sur le temps qu'il fait ? Nulle, ou quasiment. On l'a pourtant longtemps cru, certains le croient encore ; le XIXe siècle qui ne se fiait qu'au progrès scientifique, a tenté d'étayer par des vérités mathématiques et physiques l'effet de la lune sur le temps ; le général Bugeaud imposa même à l'armée française de tenir compte des pouvoirs de la lune sur la météo pour décider des actions à mener ! Bugeaud croyait tout aussi fermement à la capacité de sa grenouille à prévoir le temps. La « règle de Bugeaud » tint le coup jusqu'en 1915. À cette date, Angot publie un argument imparable : « Il faut remarquer que les phases de la lune ont lieu à un moment précis, le même pour toute la terre. Si la nouvelle lune par exemple apportait un changement de temps, ce changement devrait se produire sur toute l'étendue du globe, ce qui est manifestement inexact... » CQFD.

L'influence de la lune sur la vie végétale ? Difficile à dire : certains pensent que de même que l'attraction de la lune se manifeste pour l'eau, elle existe aussi pour la terre. C'est pourquoi, quand on plante en lune montante, les plantes poussent mieux parce qu'elles bénéficient de cette attraction de la lune, sauf les tubercules qui poussent sous la terre. Voilà la théorie, qui semble tenir debout. Est-elle vérifiée ? Scientifiquement ? La question n'est pas close...

Par analogie, on prétend aussi que les cheveux poussent mieux si on les coupe à la lune montante. On comprend l'image : tel un légume qui surgit du sol vers la lumière, attiré par la lune, le cheveu sortirait plus vite du cuir chevelu !

L'analogie tient encore pour la naissance des enfants : peut-être attirés par la lune comme l'eau de la mer ou un légume, ils sortiraient plus vite du ventre de leur mère quand la lune est montante. Mais enfin, les théoriciens de l'influence de la lune sur la naissance des enfants ne sont pas tous d'accord : certains affirment que les naissances sont plus nombreuses en lune montante, d'autres que c'est à la pleine lune que les maternités sont combles et pas avant. La pleine lune, qui déclenche les pulsions meurtrières des assassins ou la folie des femmes transformées en sorcières, serait aussi à l'origine de cet événement inouï et bouleversant : la naissance…

Ces affirmations sont peut-être exactes ou peut-être pas : on n'en sait rien. Les médecins du SAMU qui travaillent dans l'urgence de l'inattendu n'ont pas constaté un plus grand nombre d'accouchements intempestifs les nuits de pleine lune ou à la lune montante. Certaines sages-femmes affirment au contraire qu'elles constatent une augmentation des naissances en fonction du cycle de la lune. Qui croire ? Et pourquoi aucune étude scientifique et indiscutable n'a-t-elle été menée sur le sujet ? Peut-être parce que cela n'apporterait pas grand-chose au progrès scientifique et à la qualité des soins aux futures mamans et aux nouveau-nés. Les nuits de pleine lune, quand les accouchements sont plus nombreux, ceux et celles qui croient à l'influence de la lune s'y sont préparés. Les soignants sont plus efficaces, et les parturientes mieux disposées.

Quant aux maladies, la lune a-t-elle une influence sur leur développement ou leur disparition ? La lune a un effet sur l'eau puisqu'elle ordonne le cycle des marées. Or l'être humain est composé à 70 % d'eau… Le docteur Fernand Attali croit à l'influence de la lune sur la santé. Dans son livre [17], il raconte son expérience de médecin de banlieue confronté à des pathologies dont il suspecte peu à peu qu'elles sont favorisées « par l'atmosphère et le

17. *Op. cit.*

cosmos », et, en premier lieu, la lune. Il dit avoir noté pendant des années les différentes pathologies en fonction du cycle de la lune, et il conclut : « Les affections morbides augmenteraient du premier quartier jusqu'à la pleine lune, atteignant leur maximum le quinzième jour, puis déclineraient durant le dernier quartier, jusqu'à la nouvelle lune. » On remarquera l'emploi du conditionnel… Dans les années 60, même au contact quotidien des patients, on n'était pas absolument sûr de l'influence de la lune sur la santé. 45 ans après, on n'est guère plus avancé.

Essayons de tirer des lois générales : la lune montante semble donc accélérer les processus, qu'ils soient morbides ou vitaux ; la pleine lune voit leur explosion, on accouche, on tue davantage ; la lune décroissante adoucit les pulsions, de vie ou de mort… Au fond, les cycles de la lune orchestreraient une respiration générale de la terre et de ses habitants (végétaux, animaux, humains), l'intensification de toutes les manifestations du vivant se déroulant en lune montante, et la lune descendante correspondant à une phase d'apaisement et d'assoupissement…

Que penser des influences de la pleine lune sur les pulsions meurtrières de certains ? Le cinéma s'est plusieurs fois emparé du sujet. On peut comprendre qu'avant l'invention de l'électricité, les nuits de pleine lune, grâce à la lumière de l'astre, permettaient une activité humaine impossible pour toutes les autres nuits, forcément obscures et noires. C'est pourquoi les almanachs précisaient les nuits que la lune éclairerait… Les assassins n'étaient peut-être pas plus nombreux que les autres humains, mais, comme eux, ils profitaient de la lumière de la lune pour exercer leur activité particulière !

Je me rappelle avoir voulu parler lors d'un bulletin météo de ces assassins de la pleine lune, pour en rire ou par nostalgie de quelque film… J'y renonçais vite : ce n'était pas pour de rire : les assassinats sont plus nombreux les nuits de pleine lune. On ne sait pas s'il faut aujourd'hui encore imputer cette fureur meurtrière à l'action de la lune ou à sa réputation. Les assassins étant des gens déséquilibrés, ils peuvent être tentés de passer à l'acte quand ils apprennent que c'est une nuit de pleine lune et non à cause de la pleine lune elle-même…

Facteur ou prétexte, la pleine lune effraye et fascine. La peur de réveiller malgré moi des pulsions meurtrières chez quelques-uns m'a fait abandonner l'idée d'en parler à l'antenne. Mais je pense toujours aux assassins quand j'annonce des nuits de pleine lune…

Autre influence supposée de la lune : on dort mal les nuits de pleine lune. Vrai ? Faux ? Là non plus, aucune étude sérieuse ne peut départager les points de vue ; il semble que les ions négatifs soient moins nombreux dans l'air les nuits de pleine lune. Et on sait que l'excès d'ions positifs renforce l'irritabilité, et la nervosité… Cependant, j'entends souvent ces deux phrases : « J'ai mal dormi, cette nuit. Ce n'était pourtant pas une nuit de pleine lune », ou bien « J'ai mal dormi cette nuit. Normal, c'était une nuit de pleine lune ». Dans les deux cas, on a mal dormi, dans les deux cas, on se réfère à la lune, dans les deux cas, la relation de cause à effet paraît évidente… et n'est jamais prouvée.

Revenons à quelques certitudes scientifiques clairement établies, et d'abord la « précession des équinoxes », découverte dès l'Antiquité par Hipparque : le soleil et la lune exercent conjointement une attraction sur l'équateur qui oblige l'axe du globe à décrire un grand cercle dans le ciel en 26 000 ans environ.

Les halos de lune n'annoncent pas des catastrophes ou un orage : ce sont les cristaux de glace des nuages les plus élevés (les cirrus) qui reflètent la lumière de la lune. On peut grâce à ces cristaux voir aussi de fausses lunes ou des arcs. C'est très beau, et ça n'annonce rien de particulier si ce n'est ce qu'annoncent parfois les cirrus, même en plein jour : l'arrivée d'une perturbation ou d'un orage. Les douleurs articulaires, les faiblesses cardiaques, nerveuses ou pulmonaires se réveillent dans ces transitions. Ce ne sont donc pas les halos qui les provoquent, mais ils peuvent les annoncer.

Les années de 13 lunes annonceraient plus de catastrophes météorologiques que les autres. Ces années de 13 lunes reviennent tous les 19 ans parce que le mois lunaire est plus court que le mois du calendrier. Or il n'y a pas de catastrophes similaires ou repérables tous les 19 ans. Le temps n'est pas le même tous les 19 ans !

La lune rousse brûlerait les jeunes pousses. C'est une croyance à laquelle on tient encore. La lune rousse est la pleine lune qui suit immédiatement la lune de la Pâque chrétienne. C'est dire qu'à cette pleine lune de printemps correspond ce moment où les jeunes pousses commencent à sortir de terre, alors que les gelées sont encore possibles, surtout les gelées nocturnes parce que les nuits sont encore longues. La chaleur du soleil reçue par la terre le jour, repart la nuit vers le ciel, sauf si elle est bloquée par les nuages qui font comme un couvercle, comme une couverture. Si on voit la pleine lune, c'est qu'il y a peu ou pas de nuages dans le ciel nocturne, et donc, cela veut dire que la terre se refroidit pendant la nuit ; c'est au bout de la nuit qu'il fait le plus froid. Les jeunes pousses sont rousses : elles ont été brûlées par le gel. On accuse immédiatement la lune puisqu'elle est toujours là quand ça arrive (évidemment, elle n'est pas cachée derrière les nuages : il n'y en a pas, sinon, la nuit n'aurait pas été aussi froide), et aussi parce qu'il semble que la couleur rousse de la lune se soit déposée sur ces jeunes pousses avant de les tuer.

La lune a toujours eu ce rôle maléfique de briser la vie, ou de la bouleverser ; elle porte cette dualité qu'on prête aux femmes : pouvoir de vie et son corollaire, pouvoir de mort. La lune préside aux accouchements et aux sabbats des sorcières. Elle est la part obscure de la vie. S'il n'est pas prouvé qu'elle agit sur la santé, elle tient une place sans équivalent dans l'imaginaire, les mythes de création du monde et l'âme des poètes.

Ce soir, la lune rêve avec plus de paresse ;
Ainsi qu'une beauté, sur de nombreux coussins,
Qui d'une main distraite et légère caresse
Avant de s'endormir le contour de ses seins,

Sur le dos satiné des molles avalanches,
Mourante, elle se livre aux longues pâmoisons,
Et promène ses yeux sur les visions blanches
Qui montent dans l'azur comme des floraisons.

Quand parfois sur ce globe, en sa langueur oisive,
Elle laisse filer une larme furtive,
Un poète pieux, ennemi du sommeil,

Dans le creux de sa main prend cette larme pâle,
Aux reflets irisés comme un fragment d'opale,
Et la met dans son cœur loin des yeux du soleil.

« Tristesses de la lune »,
BAUDELAIRE.

Tristesses de la lune, joie de la lune ! Voici que je lis une dépêche de l'AFP où j'apprends que la lune pourrait être une source d'énergie pour la terre. Et pas seulement pour les poètes : des échantillons de minéraux lunaires ont montré une forte teneur en hélium 3 dans la couche de poussière qui recouvre son sol. Ce gaz, combiné avec un isotope de l'hydrogène, le deutérium, peut produire de grandes quantités d'énergie. 25 tonnes d'hélium transportées en navette spatiale suffiraient pour fournir de l'électricité aux États-Unis pendant toute une année ! La combustion des énergies fossiles deviendrait inutile, et la pollution et le réchauffement climatique qu'elle engendre disparaîtraient.

Voilà : la « larme pâle » de la lune est l'énergie du futur... Tristesse de la lune, joie de la lune !

Le vent

25 décembre 1999, 7 heures du matin. Je roule dans Paris ; des branches cassées volent devant moi, des poubelles. Au volant de ma petite Austin bleue, j'ai l'impression de traverser une ville vide prise de folie. Le vent tourbillonne furieusement au carrefour, s'engouffre bruyamment dans l'avenue face à moi. Dans une danse diabolique, il entraîne avec lui des tuiles, des tubes d'échafaudage. On dirait que ma voiture se cabre. Je n'ai pas peur, je trouve ça bizarre. Je me rappelle qu'hier soir, au bulletin météo, j'ai annoncé des vents soufflant sur Paris à 120 km/h ; j'ai signalé que ces rafales pouvaient être dangereuses. Quand même, je ne pensais pas que 120 km/h pouvaient provoquer pareil tohu-bohu ! Les plus fortes rafales devaient souffler vers 11 heures du matin, il est à peine 7 heures... Je suis vaguement inquiète. Je prends la direction du boulevard périphérique. Le vent pousse ma voiture vers le bas-côté, j'ai du mal à rouler droit ; je lutte contre le vent, bêtement accrochée au volant. La Seine se rapproche, et la tour de TF1 sur l'autre rive. J'ai peur qu'une bourrasque soulève ma voiture et l'entraîne dans le fleuve. Je quitte la voie de droite, trop proche du parapet. Je roule au milieu du pont, seule au milieu de la tempête. La voiture dérape... Ça y est, je suis passée, voici le petit bosquet d'arbres de la porte Saint-Cloud ; je respire, je suis sauvée ! Et tout d'un coup, devant moi, je vois un arbre se courber vers mon pare-brise, je n'ai le temps ni d'accélérer, ni de ralentir ; je ne lâche pas le volant. Je suis passée. Derrière moi, l'arbre se couche sur la chaussée dans un bruit terrible ; j'ai peur.

Au calme, dans mon bureau, quelques minutes plus tard, j'apprendrai que les rafales de vent ont dépassé 160 km/h à Paris, les prévisions étaient seulement de 120 km/h ! La baisse brutale du baromètre installé par Alain dans le bureau est impressionnante ; la remontée tout aussi nette. Les journalistes préparent le journal de 13 heures, tout le monde essaie de suivre la tempête qui file vers le nord-est. Les vents, en arrivant sur les côtes de la Bretagne et de la Normandie, auraient dû commencer à faiblir, c'est le contraire qui se passe : au fur et à mesure de leur progression vers l'est, ils se sont renforcés, et la tempête devient de plus en plus violente. Elle traverse le Centre, la Bourgogne, la Champagne, la Lorraine... À 11 heures et demie, elle quitte la France... Thomas Hugues présente les éditions du week-end, il me demande d'intervenir dans son journal, pour donner les premiers chiffres de ce qui s'est passé et les prévisions pour les heures à venir : les dépêches de l'AFP tombent les unes après les autres signalant les routes coupées, les forêts détruites, les lignes électriques arrachées, les trains arrêtés, les premiers morts... La rédaction de TF1 réagit très vite, envoie des journalistes partout, récupère les images. Tout le journal est consacré à ce qui apparaît au fil des minutes comme la plus grosse tempête depuis...

Depuis quand ? On ne sait pas. Très vite, on va dire qu'on n'a jamais vu ça... Mais au fond, on n'en sait rien ; la mémoire des hommes n'est pas fidèle...

En attendant, le plus important est de savoir si d'autres tempêtes se préparent et comment s'en protéger. À la météo, les ingénieurs prévisionnistes sont tous mobilisés. Une tempête de ce type n'est jamais isolée. D'autres ondes peuvent suivre. On prévoit en effet l'arrivée d'une nouvelle dépression tempétueuse en soirée par l'embouchure de la Seine, qui va remonter droit vers Paris ! Et puis une autre le lendemain qui va arriver par les Charentes et traverser à son tour tout le pays d'ouest en est, cette fois-ci au sud de la Loire !

Finalement, la tempête ne reviendra pas le soir par la Normandie, mais celle du lendemain surgira comme prévu sur les côtes charentaises, et malgré les prévisions et les précautions prises, sera encore plus meurtrière que la précédente.

C'était en 1999. Comme ce temps paraît loin et proche... Quelques jours plus tard, Alain disparaissait ; mon ami Alain Gillot Pétré. Il tirait sa révérence au moment où le temps en Europe semblait pris de la même folie qui traverse parfois les Antilles à la fin de l'été, quand les cyclones ravagent les îles ; ces cyclones qui le fascinaient tant qu'il prenait toujours ses vacances au moment où il pouvait aller les voir de près. Plusieurs fois, il faillit être emporté par l'un d'eux... Il prenait des risques énormes pour mesurer le vent, la houle... Depuis sa chambre, il aura sans doute entendu et compris la violence de la tempête. A-t-il voulu partir avec elle ? Aura-t-il senti qu'il ne pourrait plus désormais se mesurer à la force des vents et revivre l'exaltation qu'ils faisaient naître ?

Les tempêtes sont passées, Alain est parti dans leur sillage, j'ai perdu un ami.

Depuis l'an 2000, la surveillance des vents en métropole a été renforcée. Météo France a établi un système de vigilance que tout le monde connaît désormais, en s'inspirant des alertes cycloniques aux Antilles ; vigilance pour le vent, mais aussi pour la pluie, les orages, la neige, les avalanches et plus récemment les canicules et les grands froids… L'expérience des tempêtes de 1999 a servi.

Pour autant, le vent n'est pas toujours synonyme de danger pour la vie humaine ; il est même souvent un agent bénéfique pour la santé. Tout dépend d'où il souffle et à quelle vitesse. Le vent empêche les formations de brouillard et, en brassant l'air, nettoie l'atmosphère de la pollution. Mais il peut aussi apporter de l'air pollué, par l'ozone en particulier, qui se fabrique dans les villes et peut être transporté à de grandes distances de son lieu d'origine, dans des régions où on peut se croire protégé de la pollution urbaine ! Il faut toujours faire attention aux coups de vent, qui peuvent faire tomber des pots de fleurs ou des échafaudages. En ville, à cause du dédale des rues, et selon leur orientation, le vent peut brutalement se renforcer.

Le vent a toujours un pouvoir réfrigérant : il accentue l'impression de froid ; c'est bien en cas de canicule, c'est dangereux pendant les périodes de grand froid.

C'est à cause de ce pouvoir réfrigérant du vent qu'on supporte mieux la chaleur quand il y a du vent. D'où l'utilité des ventilateurs qui brassent l'air et qu'on retrouve accrochés au plafond dans la plupart des pays chauds : le brassage de l'air, même sans apport de fraîcheur, rend la chaleur plus supportable aux humains. L'air ambiant est en général plus froid que le corps, il s'échauffe au contact de la peau, se dilate, monte et se renouvelle ainsi à mesure qu'il s'échauffe. Ces échanges caloriques sont renforcés par le vent : les éventails sont des objets fort utiles en cas de chaleur, qui provoquent de petites brises tout près du corps et accélèrent les échanges caloriques : l'air apporte un peu de frais et le corps rejette un peu de chaud.

Je me demande parfois si cette façon de parler en faisant beaucoup de gestes, caractéristique de ceux qui vivent dans les pays chauds, n'a pas aussi l'utilité de l'éventail : créer tout près de la peau assez de vent pour favoriser les échanges entre la chaleur du corps et la fraîcheur de l'air...

Le nombre des vents est aussi grand que le nombre des microclimats ; selon le relief, la proximité de la mer, de la ville, l'ensoleillement... L'écoulement de l'air est modifié ; c'est ainsi que naissent les vents. Difficile de tous les répertorier. En voici quelques-uns : le mistral, la tramontane, le marin (« c'est le marin qui est le vent et non le vent qui est marin » m'a joliment écrit un monsieur un jour), l'autan blanc (qui annonce le soleil), l'autan noir (qui précède la pluie), le cers, le grec, la bise, la galerne, le noroît, le suroît, la lombarde, le sirocco. Et plus loin vers l'Afrique et le Moyen-Orient : le simoun, le khamsin, la bora, les étésiens, le sharav...

En France métropolitaine, les vents ont des caractéristiques communes selon leur provenance, et ont plus ou moins d'effet sur la santé.

Le vent d'ouest accompagne les perturbations océaniques et souffle particulièrement en automne et au printemps. Il peut souffler en tempête principalement sur les côtes et devient alors dangereux. Mais le plus souvent, il est surtout bon pour la santé : il brasse l'air, le nettoie, et chasse les particules polluantes. Il n'est jamais trop froid, ni trop chaud. Il est chargé d'iode. On peut le respirer à pleins poumons : c'est du « bon air ».

Le vent de sud-ouest est lui aussi souvent accompagné de nuages, mais il est plus chaud que le vent d'ouest. Il est moins agréable à respirer. Il est très chargé en humidité, et donne souvent une impression d'étouffement ; les asthmatiques le redoutent. L'hiver, il donne de radieuses journées sur la côte basque ; l'été, il se charge souvent de cumulonimbus, nuages d'orages qui éclatent dans un long couloir qui remonte du golfe de Gascogne jusqu'à l'Alsace en passant par les massifs.

Le vent de sud apporte la chaleur. L'hiver, on connaît grâce à lui un peu de répit dans les journées froides. Mais il faut s'en méfier : dans les régions méditerranéennes, il est souvent à l'origine, surtout en automne, de gros orages et d'inondations parfois catastrophiques.

En dehors de cet aspect météorologique, le vent de sud a souvent été accusé d'apporter les maladies : la peste au Moyen Âge et même la grippe plus récemment. Il faut dire que ces épidémies arrivent souvent d'Asie, et se propagent en Méditerranée avant de remonter vers le nord de l'Europe. Pas étonnant qu'on rende le vent de sud responsable.

Un bioclimatologiste célèbre dans les années 1950, le docteur Mouriquaud, a développé une théorie qui rendait le vent de sud responsable de la mort de nouveau-nés dans la région lyonnaise. Pourquoi ? Le vent du sud chaud est parfois très sec, et déshydrate les corps. L'étude du docteur Mouriquaud est tombée dans l'oubli jusqu'à ce que les biométéorologistes ne la ressortent et la cautionnent à nouveau… On peut penser qu'une étude menée dans les mêmes conditions sur des personnes âgées aurait donné des résultats analogues.

Le vent chaud et sec du Midi peut provoquer aussi des troubles ophtalmiques ou des migraines.

On l'accuse aussi généralement d'être porteur de troubles psychologiques : les admissions en hôpital psychiatriques, les tentatives de suicides sont beaucoup plus nombreuses quand le vent est orienté au sud. Des expériences ont été menées à Toulouse dans ce sens : il semble que le vent de sud apporte avec lui des masses d'air tropical continental fortement chargé en ions positifs ; ces ions positifs perturbent l'équilibre nerveux… Autre indice : dans la tradition populaire, les vents de sud sont souvent appelés « vents de folie ». En Israël et en Égypte, les tribunaux tiennent parfois compte du vent du sud pour juger les crimes. Il peut être considéré comme une circonstance atténuante.

Le vent du nord est froid et selon qu'il vient du nord-ouest ou du nord-est, il assèche l'atmosphère ou au contraire apporte la pluie. Appelé mistral ou tramontane dans le Midi, il dégage le ciel, mais attise les incendies et ravive l'impression de froid. Quand il est sec, certains rhumatismes disparaissent, mais les risques de déshydratation et d'irritation des yeux reviennent. Quand il est humide, certains rhumatismes redeviennent douloureux… Aucun temps n'est parfait.

De toute façon, c'est un vent froid dont il faut se protéger en hiver : le port d'un chapeau renforce la température corporelle. Par temps froid et venteux, la mortalité est plus élevée en Grèce qu'en Finlande. Peut-être parce que les Grecs, moins habitués au froid, sont moins résistants ; peut-être aussi parce que les Finlandais savent mieux se protéger des vents froids.

Le vent d'est est différent selon qu'il souffle dans le Nord ou en Méditerranée : dans le nord, il est sec, très froid l'hiver, très chaud l'été ; dans le sud, il apporte une forte houle qui se bloque dans le golfe du Lion, provoque des dégâts et met en danger la vie humaine. On a constaté une élévation anormale des accidents d'hémorragie cérébrale quand souffle le vent d'est. Mais certains pensent plutôt que c'est le changement brusque de vent, qui peut être à l'origine de ces accidents vasculaires.

Le vent n'est pas dans l'absolu bon ou mauvais signe, que ce soit pour le ciel ou pour la santé : il apporte avec lui aussi bien l'air iodé de l'océan que l'ozone des grandes villes, le chaud comme le froid, les pollens ou l'air pur…

Stuttgart est une ville enclavée dans une vallée. Cette situation favorise la stagnation de la pollution. Il y a cependant des courants d'air frais qu'on a rendus plus actifs, plus dynamiques, en plantant dans les zones empruntées par ces vents de grandes forêts qui absorbent le gaz carbonique en même temps qu'elles rafraîchissent l'air.

Le vent est sans doute, de tous les paramètres météorologiques, le plus inattendu, le plus brutal, celui qui varie le plus vite. C'est peut-être pour cette raison qu'il met parfois en danger la vie humaine : il demande à l'organisme un niveau d'adaptation infiniment court, contrairement à l'arrivée de la pluie ou du beau temps, ou même aux variations de température. Quelle que soit sa provenance, un vent sec et fort est dangereux pour les personnes au cœur fragile.

À Marseille, à la gare Saint-Charles, il y a au bas des marches une ambulance du SAMU les jours de mistral ; le vent souffle face à des gens en plein effort qui montent un grand nombre de marches, parfois chargés de lourdes valises. Les infarctus du myocarde y sont plus fréquents qu'ailleurs. On ne sait toujours pas pourquoi… Sans doute, la vitesse du vent, sa direction, la température et le degré de pollution et d'humidité de l'air rendent la situation dangereuse, surtout pour ceux qui ignorent la fragilité de leur cœur et de leurs artères.

Certains sont plus sensibles que d'autres aux brusques variations du vent. Les conséquences sur la santé ne sont pas forcément dramatiques ; les gens « anémosensibles », c'est-à-dire particulièrement sensibles au vent, pourront souffrir de conjonctivites, de trachéites, de coryzas… Certains médecins parlent d'allergie au vent.

Le renforcement du vent correspond à un changement de pressions : les personnes vulnérables sont-elles sensibles au vent ou à la baisse des pressions ?

Mon amie Viviane est particulièrement sensible au vent ; pas allergique, sensible. Elle n'est pas malade, elle a peur : le vent est son ennemi personnel, un tyran qui l'affole, un maître qui la persécute. Elle sent sa présence avant tout le monde, avant même l'annonce des bulletins météo... À ce moment-là, elle me téléphone : elle veut savoir quelle sera sa force. Son intuition est toujours juste ; elle m'appelle, à la fois pour avoir confirmation de ses craintes et pour apaiser son angoisse. Impossible de lui mentir. Je lui dis donc ce que je sais et qu'elle a su avant moi : oui, le vent va souffler d'ici quelques heures. Pour la rassurer, je réduis un tout petit peu la vitesse prévue par Météo France ; mais je dois faire très attention. Pour calmer sa peur, Viviane a besoin de chiffres précis et étayés... J'étaye ! Jusqu'à la dernière rafale, jusqu'au dernier rugissement dans sa cheminée, elle restera cloîtrée chez elle en attendant que ça passe, quitte à annuler tous ses rendez-vous s'il le faut...

Viviane ne s'intéresse guère à la provenance du vent. Elle a peur de tous les vents dès qu'ils soufflent fort (à quelle expérience, quel souvenir enfouis remonte cette peur ? Elle-même n'en sait rien ; elle se souvient pourtant d'une époque où le vent ne l'effrayait pas...)

Les vents qui font peur, à la différence de ceux qui rendent fous, viennent souvent du nord ou du nord-est : la bise, par exemple. Mais en Bretagne, « le pays le plus venteux » d'après Georges Perros [18], où le vent conditionne la vie de tous les habitants, tous les vents sont considérés

---

18. Vers extrait des *Poèmes bleus*, cité par Catherine Corvec dans « La rose des vents et l'orientation en Bretagne », *Entre ciel et terre*, E. Katz, A Lammel et M. Goloubinoff, Paris, IRD Éditions, 2002, page 121.

comme des ogres ; leur caverne est située au nord. Le vent est à la fois dévastateur et desséchant. On a même attribué les yeux bridés des Bretons Bigouden à la nécessité qu'il impose de plisser les yeux. Mais le vent est aussi profondément régénérateur : il apporte l'énergie vitale.

Les Bretons ont toujours rêvé de maîtriser le vent, source de ruine ou de richesse selon sa direction et sa force. Voici quelques recettes, données par Catherine Corvec dans *Climat et sociétés* [19] : pour appeler le vent, il faut siffler (voilà pourquoi il est interdit de siffler à bord des bateaux, pour ne pas attirer trop de vent). On peut aussi le menacer avec un couteau. Ou encore faire comme cette femme qui « ayant épuisé tous les procédés pour apaiser le vent finit par retrousser son jupon et lui montra son derrière, ce qui le fit reculer »... Peut-être une méthode à proposer à mon amie Viviane... À moins qu'elle n'utilise les recettes des magiciens et des fées (elle porte un prénom de fée, est-ce un hasard ?). Il lui suffirait alors de faire des nœuds à une corde : elle noue un sort, elle lie le vent...

Le vent se joue des secrets des hommes et se prête à toutes les légendes.

Sourcier, sorcier

À la télévision, dans les années 60, on passait souvent un film de Marcel Pagnol, intitulé : La Fille du puisatier. *On l'a un peu oublié aujourd'hui. Le film date de 1942, et en le regardant, ma mère s'exclamait toujours : « Ah ! ma jeunesse ! » Le puisatier, dans le film de Pagnol, c'était Raimu. Dans ma vie d'enfant, c'était Pépé de Bordes, le*

19. *Ibid.*

père de ma mère, qui vivait à Bordes, petit village des Pyrénées. La fille du puisatier, au cinéma, c'était Josette Day. Je la trouvais très laide Josette Day, je ne comprenais pas pourquoi ma mère semblait l'envier ; ma mère était une dame élégante, toujours vêtue d'impeccables tailleurs noirs, qui soulignaient la finesse de sa taille. Elle ne portait pas de tablier comme Josette Day, elle n'avait pas ce regard en dessous des femmes résignées ou humiliées, et elle était la fille du puisatier pour de vrai. Et pour de vrai, elle était la plus belle.

Donc, mon grand-père était puisatier. Il n'avait pas le physique imposant de Raimu : c'était un petit homme brun, au nez parfait, les yeux noirs enfoncés. Il portait la moustache. Il parlait français avec un horrible accent espagnol qui nous faisait un peu honte. Physiquement, il ressemblait à tous ces hommes de la Méditerranée, qu'ils soient d'une rive ou de l'autre. Il avait la tête d'un vieil Arabe, d'un vieux juif séfarade. Il avait travaillé dès quinze ans dans les mines des Asturies, au nord-ouest de l'Espagne dont il était originaire et qu'il avait fui une fois marié pour essayer de gagner sa vie en France et de nourrir sa famille.

Il avait d'abord été marchant forain, à Tarbes, mais comme il préférait les joies de la compagnie au profit du commerce, il avait pris l'habitude d'offrir à ses futurs clients ce qu'il était censé leur vendre ; il partait ensuite au café de la place Marcadieu avec ses copains fêter les joies de la vie et du vin. Ses affaires avaient donc périclité assez vite, mais il avait gardé sa bonne humeur. Son courage demeurait intact et la nécessité de nourrir sa famille aussi.

Il avait donc décidé d'être puisatier : creuser la terre, il savait le faire, il avait été mineur. Dans les années 30, il n'y avait pas d'eau courante partout et les puits étaient toujours indispensables. On avait besoin d'eau, on avait besoin de lui, et s'il n'avait pas la bosse du commerce, il était fort et endurant.

Mais surtout, il avait un don que peu possédaient et qu'il m'a transmis : il était sourcier. Avant de creuser la terre sur plusieurs mètres de profondeur, il faut être sûr de trouver de l'eau et de ne pas creuser pour rien. Le sourcier, c'est celui qui trouve les sources, qui sait où l'eau coule et à quelle profondeur. Sourcier, c'est presque sorcier. Dans la France agricole de l'avant-guerre, chacun se débrouillait pour avoir accès à l'eau comme il pouvait. L'eau, indispensable aux récoltes et aux bêtes. Indispensable à la vie. Le pouvoir de Pépé de Bordes était à la mesure de la richesse qu'il dispensait.

J'ai vu mon grand-père trouver de l'eau. C'était au soir de sa vie, dans les années 60. L'eau courante avait terni son pouvoir de magicien auprès de son entourage et ses forces physiques avaient beaucoup diminué. Il avait du mal à marcher, ses bras noueux ne pouvaient plus creuser la terre, mais il les levait devant lui, une branche de coudrier tenue fermement dans ses mains, et soudain, la branche se mettait à trembler. L'eau était là, sous nos pieds... Il n'attachait aucune importance à son pouvoir puisque désormais il ne lui était plus utile, mais pour nous amuser, ou peut-être pour transmettre à son tour ce qu'il avait appris enfant, il nous montrait comment trouver l'eau.

Avant même de savoir si on a ce pouvoir étrange et précis, il faut une branche de coudrier, c'est-à-dire de noisetier, en forme de Y ; la branche doit être assez fine et la forme en Y très nette. On la nettoie de son écorce, elle est prête à servir.

Sur le terrain où l'on cherche l'eau, on déambule lentement, une ramure dans chaque main, en tenant la pointe du Y dirigée vers le sol. Quand la branche se met à vibrer, on a trouvé l'eau. On s'arrête, on prend un pendule dans la main droite, par exemple une montre à gousset, on la balance au bout de sa chaîne ; dans la main gauche ouverte, quelqu'un dépose des petits cailloux ; tant que le pendule oscille, on continue à mettre les cailloux un par un dans la paume ouverte. Quand le pendule ne bouge plus, on compte le nombre de cailloux déposés dans la main gauche : leur nombre correspond à la profondeur en mètres à laquelle est enfouie l'eau.

Cette expérience n'est pas du tout rationnelle et je ne connais aucune explication scientifique. Pourtant, je sais que ça marche, je l'ai éprouvé moi-même, je me rappelle encore mon étonnement quand j'ai senti la branche vibrer dans mes mains. Mais la meilleure preuve de l'exactitude de cette vibration, c'est pépé qui la donnait, puisqu'il faisait le puits après avoir trouvé l'eau et évalué sa profondeur grâce à sa branche et à son pendule. Il n'avait pas droit à l'erreur : creuser la terre dure avec de simples outils sur plusieurs mètres de profondeur est un travail extrêmement pénible, et on doutait de son pouvoir tandis qu'il creusait. Lui, non. Il savait que l'eau était là, à la profondeur exacte donnée par les petits cailloux. Et toujours, il trouva l'eau où il avait dit qu'elle serait.

Il y a sûrement des explications : l'eau est abondante au pied des Pyrénées parce qu'elle coule de la montagne, et mon grand-père, qui avait été mineur dans les Asturies, devait posséder une connaissance empirique de la géologie. Ce n'était pas sa seule intuition qui lui dictait la présence de l'eau, et sans doute savait-il observer le paysage pour y déceler la présence probable de l'eau à un endroit plutôt qu'à tel autre, mais enfin, il ne s'est jamais trompé et j'ai vu trembler la baguette et osciller le pendule.

Alors ? Sourcier ou sorcier ? Il n'y a qu'une petite lettre de différence entre ces deux mots ; dans les siècles passés, on utilisait le pouvoir des sourciers, et on se méfiait de celui des sorciers. Pouvoir maléfique qui provoquait maladies et intempéries. Les sorciers étaient souvent des sorcières. Et ces sorcières pouvaient manipuler le temps. On les appelait les grêleuses. La grêle anéantissait les futures récoltes et engendrait la famine. Il fallait trouver des responsables : c'étaient des femmes. On les brûlait vives.

Jusqu'au XVIIIe siècle, on persécuta ainsi des femmes accusées de produire les désordres du temps. « En 1568, à Neuchâtel, la vagabonde Claudia Brunyé fabriquait de la grêle en dansant nue au sommet d'une colline. » Emmanuel Le Roy Ladurie[20] *parle de pogroms : plus les ravages du temps étaient grands, plus terrible la famine, plus nombreux étaient les bûchers des sorcières, on les comptait parfois par centaines !*

Aujourd'hui, on ne reconnaît pas de pouvoir maléfique à ceux qui annoncent le temps. Mais on associe toujours les caprices du temps à l'humeur des femmes... Avez-vous remarqué que les présentatrices météo sont plus nombreuses que les présentateurs ? Les prévisionnistes, eux, sont majoritairement des hommes. Comme si encore aujourd'hui, le savoir scientifique était masculin et l'inexpliqué, le merveilleux et le terrible étaient féminins. Tempêtes, inondations, canicules, toutes ces catastrophes sont dans la langue française du genre féminin ; est-ce un hasard ? (au raz de marée masculin, on préfère le tsunami japonais, ni masculin, ni féminin, mais étrange, lointain, effrayant comme une sorcière).

Le féminin représente encore l'irrationnel, l'inexpliqué et marque l'effroi de ce qui ne se maîtrise pas. Pour

---

20. *Op. cit.*

autant, les présentatrices météo ne dansent pas nues en annonçant la pluie ou le soleil, elles n'ont pas le pouvoir de faire la pluie et le beau temps, et elles ne risquent pas le bûcher !

En 2003, des orages violents accompagnés de grêle ayant abîmé certains vignobles, à défaut de sorcière, un viticulteur intenta un procès contre Météo France qui n'avait pas classé son département en vigilance orange, alors que le département voisin l'était. Or, la grêle étant tombée chez lui, et pas chez le voisin, il réclamait des dommages et intérêts par voie de justice. Sur le coup, les ingénieurs de Météo France furent très inquiets : si le jugement donnait raison à ce viticulteur, il pourrait faire jurisprudence et Météo France pourrait désormais être traîné en justice pour des prévisions qui ne sont jamais assez précises et détaillées pour suivre les frontières d'un département. Le viticulteur fut débouté. L'épisode rappelle que la météo ne sert pas seulement à prévoir les activités du week-end ou les pique-niques en famille.

L'eau est indispensable à l'agriculture, indispensable à la vie. Quand viendra la pluie ? Sous quelle forme ? À quel rythme ? Dans nos pays tempérés, où l'eau est abondante, et les pluies quelquefois trop fréquentes, on oublie souvent la richesse que représente l'eau tant elle est devenue d'accès facile. Le manque d'eau reste pourtant une des raisons des famines dans plusieurs régions du monde et de transmission de maladies quand elle n'est pas potable.

En France, on l'utilise souvent à tort et à travers, surtout l'été : elle s'évapore dans les zones urbaines sans pouvoir pénétrer les sols recouverts de ciments ou de goudrons, on en abuse à la campagne pour des cultures intensives qui vident les cours d'eau, on arrose des pelouses qui de toute façon reverdiront seules à l'automne… Tous ensemble, ou chacun dans son coin, on fait souvent n'importe quoi et de plus en plus souvent les préfets prennent des mesures de restrictions d'eau.

On se souvient de l'impôt sécheresse de 1976, et l'expression de « nappes phréatiques », inconnue il y a quelques années, fait désormais partie du langage courant : on s'inquiète de leur niveau de remplissage l'été, de leurs débordements l'hiver, par exemple lors des inondations de la Somme en 2002.

Même sous nos latitudes, il faut désormais apprendre à économiser : l'agriculture, l'urbanisme, la vie domestique, dans tous ces domaines, l'eau sera devenue une matière précieuse, comme elle l'était pour Pépé de Bordes.

Sourcier il était, sourcière je suis. Ma mère, qui n'avait pas ce don, prétendait que « ça » sautait une génération. Ce prétendu pouvoir m'a toujours fait sourire, mais au fond, je n'en ai jamais douté. Oui, je sais trouver l'eau ; et des sources aux averses et aux nuages, il n'y a qu'un pas, céleste, celui de la télévision, que j'ai franchi il y a quinze ans.

Je l'ai raconté dans un autre livre avec ma sœur Françoise : c'est le hasard qui m'a conduite à TF1. Mais après tout, est-ce le hasard ou le destin qui s'écrivait déjà dans les branches de coudrier de mon grand-père ? Les sourciers d'autrefois n'étaient-ils pas ceux qui, tels les présentateurs météos d'aujourd'hui, disaient où et quand espérer l'eau ? Certes, le sourcier va la chercher sous terre et la météo dans les nuages, mais dans les deux cas, c'est toujours la même concentration qui est indispensable. Pour trouver l'eau sous la terre comme pour raconter le temps qu'il fera, il faut de la patience, de l'humilité, de l'attention et sans doute un brin de fantaisie…

Comme dans l'amour. La comparaison s'arrête là. C'est déjà beaucoup.

La pluie

Ceux qui aiment la pluie sont nombreux. Ceux qui la détestent (surtout le week-end), plus nombreux encore !

La pluie, bienfait des cultures et malheur du vacancier ! La pluie, bonheur des enfants et chagrin des adultes ! La pluie, manne divine et tristesse du mécréant !

Et si c'était faux ? Si la pluie n'était pas à la fois désirée et maudite ? Si la pluie n'était pas toujours source de fécondité pour les uns et de vacances gâchées pour les autres ?

Reprenons depuis le fond des âges, reprenons depuis la Chine où la pluie est yin tandis que le soleil est yang, où ce monde duel ne se partage pas entre Bien et Mal dans des limites infranchissables, mais où l'équilibre entre yin et yang, pluie et soleil, froid et chaud est toujours fragile, instable, mouvant, poreux…

Remontons jusqu'au Déluge, à ces temps immémoriaux où le seul souvenir est celui de la colère de Dieu, si grande qu'il engloutit les hommes sous des pluies torrentielles pour les punir de leurs péchés.

Le Déluge, on le retrouve dans la plupart des récits de création du monde. On a cherché au XXe siècle sur quelle réalité il était fondé. Tentative un peu vaine pour expliquer par la science ce qui n'est peut-être qu'une construction de l'imaginaire transcendé par la foi. Mais comment raconter ce moment improbable où la pluie tant désirée qui féconde la terre va se muer en désastre pour les hommes ?

Revenons aux textes, revenons à la Bible. C'est à la sortie d'Égypte que la présence de Dieu se manifeste à travers les nuages, les orages et la pluie.

Le climat de l'Égypte et celui qui guide le peuple d'Israël vers la Terre promise sont complètement différents : en Égypte, il ne pleut presque pas. Les terres sont irriguées par le Nil et on ne compte pas sur la pluie venue du ciel pour rendre la terre féconde. Dans les nouvelles régions qu'ils découvrent après leur fuite d'Égypte, les Hébreux sont confrontés à des phénomènes météorologiques qu'ils ne connaissent pas : orages, grêles, fortes pluies saisonnières… Pour cultiver leurs nouvelles terres, il leur faudra apprendre à maîtriser l'apport de l'eau venue du ciel, et non des débordements d'un fleuve. C'est aussi ce que raconte la Bible.

Les changements de civilisation s'accompagnent souvent de fluctuations climatiques : ainsi les peuples nomades et bergers deviennent des sédentaires paysans quand ils trouvent des terres où la pluie et la douceur d'un nouveau climat leur permettent de s'installer.

La pluie est donc souvent un facteur de richesses et de bonnes cultures. À condition qu'elle ne soit pas trop abondante. C'est toujours vrai partout. Tout est question d'équilibre, de yin et de yang… Et la quantité d'eau nécessaire aux récoltes n'est pas toujours la même selon les climats, les latitudes et les cultures.

Ainsi dans le nord de l'Europe, pendant toute la période du petit âge glaciaire, l'excès de pluie a provoqué plus de famines que la sécheresse.

Dans le nord de l'Afrique, la pluie est au contraire le signe de l'abondance des récoltes. Dans le sud du Maroc, par exemple, on ne compte qu'une bonne récolte tous les quatre ans par manque de pluie. Prières, rites de purifications existent toujours pour faire venir la pluie. La sécheresse est symbole de faim, de soif, de stérilité, et de maladie. La pluie au contraire apporte richesse et santé.

Dans les régions tropicales, le rapport à la pluie change : on retrouve la même distinction que dans le nord de l'Europe entre bonne et mauvaise pluie. On ne connaît pas la sécheresse dans ces régions, et on ne craint pas le manque d'eau. En revanche, les orages sont nombreux, violents, dévastateurs. Pour les habitants, pluie et soleil s'opposent : le soleil est nécessaire à la maturation des plantes, et la pluie est le signe de l'abondance. Et quand le soleil veut morigéner la pluie trop violente, il fait naître l'arc en ciel !

Pour les populations équatoriales qui vivent dans le monde sombre et humide des grandes forêts, l'obscurité, l'humidité, la nuit sont le monde naturel. La chaleur, la sécheresse, le jour sont le monde culturel.

Certains climats tropicaux, plus éloignés de l'équateur, sont soumis à l'alternance des saisons humides et des saisons sèches. L'équilibre entre ces deux saisons est indispensable à la vie et aux cultures. Au Sahel, dans les années 1980, la sécheresse a ruiné et décimé la population.

En Asie, la mousson favorise la saison humide et les pluies abondantes, quand elles ne sont pas dévastatrices, sont vitales : en 1965, puis en 1967, il n'y a pas eu de véritable mousson en Inde. La sécheresse qui en a résulté a provoqué la mort de 1 500 000 personnes.

Au Cambodge, le cycle du riz dépend entièrement de la mousson. L'année commence traditionnellement en avril, et on prie pour que vienne la pluie : « Ô divinités, donnez-nous beaucoup de pluie et une récolte abondante. Accordez-nous santé et protection ! Ô génies et divinités, nous vous invitons tous à prendre part au repas ; donnez la pluie à tous [21]. »

---

21. Cité par Marie-Alexandrine Martin dans « Les Khmers et la pluie », E. Katz, A. Lammel et M. Goloubinoff, *op. cit.*, p. 345.

Les rois cambodgiens jusqu'à Norodom Sihanouk consultaient les augures pour prévoir la pluie pour leur pays.

Et en Europe ? Au cours des dernières années, on a connu des inondations « sourdes », comme dans la Somme, et d'autres brutales comme dans le Gard. Dans le Gard, ce sont directement les pluies qui sont à l'origine de la catastrophe. De grosses cellules orageuses sont restées au même endroit pendant plusieurs heures déversant leurs milliers de mètres cubes d'eau sur une région où le sol trop sec ne pouvait pas l'absorber et où sans doute tout n'avait pas été fait par l'homme pour prévenir cette situation. J'y reviendrai.

Dans la Somme, la pluie a provoqué les inondations de manière indirecte : les nappes phréatiques, gorgées d'eau (de pluie) ont fini par déborder. C'est sans doute parce que la cause de ces inondations était moins évidente que les rumeurs ont circulé : on a dit que pour que Paris ne soit pas inondé, « on » avait détourné les eaux du bassin de la Seine vers celui de la Somme. C'était faux. L'année suivante, nouvelle rumeur, tous les Parisiens étaient convaincus que la Seine allait déborder et qu'il fallait absolument se mettre à l'abri. Chacun s'est demandé si l'endroit où il vivait pouvait être inondé, et je me suis félicitée d'habiter Montparnasse, c'est-à-dire en hauteur, et loin des inondations possibles… Réflexe idiot : les prévisions n'excédant pas dix jours, il était impossible de savoir s'il pleuvrait beaucoup et surtout longtemps et si les quantités de pluie feraient déborder la Seine. Les météorologues restaient prudents, les journalistes, non. Les titres des journaux rappelaient tous la fameuse inondation de 1910, où de vieilles photos montraient des dames élégantes dans des barques de fortune, rue de Vaugirard ou au Palais-Royal… On se rendit compte tout d'un coup que le musée du

Louvre et celui de la gare d'Orsay étant au bord de la Seine, les réserves, souvent dans les sous-sols, pouvaient rapidement être sous l'eau à la prochaine inondation. Dans ces réserves dorment les trésors de la peinture mondiale. Dans l'urgence, on décida de travaux d'isolation, de transferts. Les tableaux étaient sauvés.

Cette grande peur de l'inondation aura eu l'effet bénéfique de mettre à l'abri le patrimoine. L'état qualifie joliment ces précautions de solution « sans regret ». C'est-à-dire que même en dehors d'un risque immédiat, elles apportent des avantages. Mais quand Paris sera-t-il inondé ? Voilà bien l'énigme à laquelle aucun ingénieur de Météo France ne peut répondre : les inondations à Paris ont lieu à peu près tous les cent ans ; la dernière inondation importante remontant à 1910, la prochaine devrait se produire bientôt... On reste au conditionnel, personne n'en sait davantage.

J'ai retrouvé un texte de Roland Barthes qui raconte une inondation à Paris en 1955. Certains s'en souviennent sûrement... Le texte de Barthes est extrêmement joyeux : Une inondation ! Chic ! Voilà qui sort de l'ordinaire, du train-train de tous les jours ! Le paysage transformé ! Le bateau à la place de la voiture ! La solidarité pour lutter contre l'eau ! « Malgré les embarras ou les malheurs qu'elle a pu apporter à des milliers de Français, l'inondation de janvier 1955 a participé de la fête plus que de la catastrophe. »

Qui réagirait ainsi de nos jours si la même chose, exactement la même chose arrivait ? Sommes-nous devenus si frileux en ce début de XXIe siècle que toute modification du quotidien soit vécu *a priori* comme une catastrophe et qu'on oublie la fête ?

Quand la pluie ne provoque pas d'inondations, elle a ses adeptes et ses ennemis. La plupart d'entre nous la détestent, peut-être à cause du ciel gris et bas qui l'accompagne toujours. L'averse est en général beaucoup plus appréciée : l'averse ne dure pas, elle arrive quand on ne l'attend pas, et disparaît de même ; le soleil revient vite et que ce soit au printemps ou à l'automne, les odeurs et les couleurs des arbres, des plantes, des pelouses, même en ville, deviennent puissantes et agréables. L'air est purifié par les gouttes d'eau qui ont plaqué au sol les polluants et pour la santé, c'est assurément le moment où on peut respirer à pleins poumons : l'air est brassé, léger et même en ville, la pollution reste faible.

Mais quand il pleut pendant des heures et des jours, comme à Paris, en 1979, où il a plu sans interruption pendant 36 heures et 30 minutes ! difficile de se décider à sortir à pied quand on peut faire autrement… Des études ont montré que la tristesse et les syndromes dépressifs se développaient par temps gris ; les Américains l'appellent SAD (*seasonal affective disease*), il y a un jeu de mots sur SAD qui veut dire triste en anglais. Quand il pleut, on ne sort pas sauf par obligation ; on évite de marcher longtemps dans les rues, on fuit l'extérieur, on regarde la pluie depuis sa fenêtre en la maudissant… « Il pleure dans mon cœur comme il pleut sur la ville », écrit Verlaine.

Dans les pays nordiques, où l'hiver les nuits n'en finissent pas, la dépression saisonnière commence dès novembre. Dans l'hémisphère Sud, elle commence au mois de mars, mais elle reste inconnue sous les tropiques ! On soigne le SAD par des expositions à la lumière de lampes qui diffusent une lumière comparable à celle du jour, mais sans rayons ultraviolets. On appelle ça la « luminothérapie ».

Toutefois, quand on ne vit pas dans des pays où le jour ne dure que deux ou trois heures l'hiver, on peut résoudre ce spleen autrement qu'avec des lampes : il est bon de marcher une demi-heure tous les jours, quel que soit le temps !

Pourquoi est-on en forme au retour des vacances d'été ? Pas seulement parce qu'on a dormi à son rythme et qu'on a oublié le travail. Mais aussi parce que grâce à la douceur des températures, aux conditions de vie, à la longueur des journées, on a passé beaucoup de temps dehors, à la lumière du jour.

La dépression saisonnière est provoquée par un manque de lumière du jour, pas par un manque de soleil, la différence est importante. Notre organisme a besoin de la lumière du jour ; on en profite davantage quand il fait soleil, parce que spontanément, on va dehors, les terrasses se remplissent, les deux roues réapparaissent, les piétons sont plus nombreux... Quand il pleut, la lumière grise, la fraîcheur, l'humidité, découragent ; les villes se vident de leurs humains et se remplissent de voitures bloquées dans les encombrements.

Ne vous résignez pas, ni à la pluie, ni à la tristesse : le seul moyen d'échapper au cafard de ce temps gris, c'est d'y aller ; il faut sortir, et le parapluie n'est pas indispensable. Un imperméable, un chapeau de pluie, des bottes... vous voilà prêt pour la balade. Certes, aller aux champignons est plus agréable qu'aller faire le tour du pâté de maisons ; mais dans les deux cas, vous vous sentirez en forme en revenant. En forme et contents.

Prenez exemple sur les Bretons : bien sûr il ne pleut pas tout le temps en Bretagne, mais il pleut souvent. La Bretagne est sous l'influence de l'océan, la première à être traversée par les perturbations atlantiques. La première à retrouver le soleil ! Les Bretons comme tout le monde aiment le soleil : l'été 2003 s'est traduit par une saison touristique exceptionnelle ; on est venu de toute la France et même du Sud, pour trouver évidemment du soleil, mais une chaleur moins oppressante qu'ailleurs ; et s'il a fait chaud au mois d'août, le pays n'a pas souffert de sécheresse, parce qu'il avait plu en juillet. L'été 2004, en revanche, a été extrêmement pluvieux : on n'avait pas vu autant de pluie depuis 1960 ! Les touristes de l'année précédente ont été bien déçus, les Bretons, non : du soleil, il y en a eu quand même, surtout en juillet, il n'a pas fait froid (la pluie arrivait du sud-ouest, et non de l'ouest ou du nord-ouest), et les sols très secs, avaient besoin d'eau. De toute façon, quelles que soient les raisons, les Bretons aiment aussi la pluie.

Nous n'avons plus, en Europe, les mêmes raisons que les sociétés paysannes des siècles passés pour redouter la pluie. Les inondations restent des phénomènes exceptionnels.

Sous nos climats tempérés, à égale distance entre le froid du pôle et la chaleur de l'équateur, la frontière fluctuante entre ces deux masses d'air chaud et d'air froid se traduira toujours par des perturbations. Il pleuvra toujours en Europe, plus ou moins. Et c'est tant mieux.

Le changement climatique changera sans doute la fréquence, la durée, la force des pluies. Comment ? Difficile de le dire avec certitude ; les précipitations vont augmenter, mais sans doute de manière inégale. On peut espérer davantage de pluie dans le Sahel, peut-être beaucoup moins dans les régions qui souffrent déjà de la sécheresse, par exemple en Méditerranée. En revanche, dans le nord de l'Europe, les pluies seront plus fréquentes, surtout en hiver.

Il vous reste à aimer la pluie. Comme les enfants et les poètes, Georges Brassens et son *Orage* en tête…

Le littoral

Rêves de vacances pour les plus riches, nécessité économique pour tous les autres, lieux de mort depuis les raz de marée en Asie, les côtes sont les endroits les plus peuplés de la planète et le seront de plus en plus.

4 novembre 2004, mon homme et moi regardons les résultats des élections américaines sur TF1. En direct des USA. Impossible de s'en désintéresser. Toute la France a souhaité la victoire de Kerry ; mais les faits sont là, et les chiffres précis : Bush est le grand vainqueur. La carte des 52 États montre en bleu les États où Kerry a gagné, en rouge ceux remportés par Bush. Vote conservateur dans le centre du pays où l'on rejette le mariage homosexuel et le droit à l'avortement, vote progressiste sur les côtes Est et Ouest, et même près des Grands Lacs.

Mon homme s'exclame : « C'est normal ! Il n'y a pas de lopin de mer ! » Le rapprochement de ces deux mots me paraît aussi obscur que farfelu... Lui trouve ça évident : le sens de la propriété ne peut pas se développer au bord de la mer comme à l'intérieur des terres, parce que la mer ne se partage pas en parcelles privées, elle est forcément à tout le monde, quelles que soient les lois des pays. Celui qui possède un lopin de terre le défendra toujours contre tout ce qu'il pense lui être hostile parce que étranger ou seulement inconnu. Au bord de la mer, on peut défendre la mer, mais pas son lopin de mer, c'est forcément une mer partagée...

Bon, bon, pourquoi pas ? Mon homme est le plus drôle et le plus intelligent des hommes, c'est normal, c'est mon homme... Il a raison, bien sûr. L'ouverture vers la mer oblige à l'ouverture d'esprit, à la tolérance, donne le goût des voyages, des découvertes : « Homme libre, toujours tu chériras la mer... » Mon homme aime bien mes citations de

Baudelaire, mais ce soir son « Il n'y a pas de lopin de mer » lui semble aussi radical qu'un poème... À moi aussi donc.

Quand j'étais petite, j'avais peur des vagues et de l'immensité des plages de l'océan, j'avais peur de la vase du Bassin où on s'enfonçait jusqu'aux genoux, j'avais peur des crabes, j'avais peur des vives qui se plantaient dans les pieds... J'avais peur de tout. Heureusement ma mère était là et me protégeait de tous les dangers. Sous l'eau, la peur disparaissait, le fracas des vagues s'éteignait, je n'entendais plus que le crissement du sable quand la mer se retire et revient à nouveau... Je n'ai pas été étonnée quand on m'a appris au cours de sciences naturelles que l'homme venait de la mer comme tous les animaux ; j'établissais des raccourcis invraisemblables, je m'imaginais sirène dans une vie d'avant. J'avais vu un film où une jeune fille marchait vers la mer la nuit et allait y vivre, sans souci de respiration, effrayée seulement par une vie qu'elle ne connaissait pas et qui lui plaisait peu à peu... Je savais que j'aurais pu moi aussi vivre sous l'eau, dans la mer...

J'ai compris depuis qu'on n'échappe pas à son destin d'être humain, et que les sirènes qui veulent vivre la vie des hommes sont condamnées aux larmes comme la petite sirène d'Andersen...

Des dizaines d'années plus tard, je ne rêvai plus de me transformer en sirène, mais de m'installer dans une maison au bord de la mer où je ne ferais rien que regarder l'eau et le mouvement incessant des vagues...

Jusqu'à ce que tout bascule le 26 décembre 2004. Sur des images de vidéastes amateurs qui commencent comme mon rêve avec des enfants qui jouent sur des plages léchées par la mer bleue, une vague arrive, de loin à peine plus grosse que les autres, mais jaune, boueuse, rapide, et elle dévaste la plage, elle pénètre dans les terres, elle est de plus en plus grosse, elle entraîne les parasols, les bungalows, les voitures, les enfants…

40 % de la population mondiale vit près des côtes ; d'ici 2010, 80 % des habitants vivront sur une bande littorale de 100 km de large. Et donc, les conditions climatiques propres au littoral seront celle de la majorité des humains, qu'ils soient pauvres pêcheurs, riches plaisanciers ou simples habitants des mégapoles.

Les raz de marée sont-ils possibles partout ? Oui. Ils sont en général provoqués par des séismes au fond des océans. Et selon que l'on est près ou loin du centre du séisme, on peut être averti du raz de marée qui en est la conséquence. Certains raz de marée peuvent être provoqués aussi par des dépressions météorologiques très creuses qui s'accompagnent de vents forts. En soufflant au ras de l'eau, ils font naître de fortes houles qui se traduisent par des raz de marée sur les côtes, plus petits que les autres mais qui peuvent être dévastateurs. On le sait pour le Pacifique, où 80 % de ces tsunamis sont observés. C'est pourquoi un système de prévention existe déjà à Hawaii pour avertir les 26 pays riverains dont le Japon et la côte californienne. 10 % ont lieu dans l'océan Indien et entre 5 % et 10 % en Méditerranée où l'intensité est plus faible parce que le plan d'eau est plus petit et que la magnitude des séismes y est moins forte. La Méditerranée est au centre du moteur sismique entre la plaque africaine et la plaque eurasienne.

Il ne faut pas croire que les côtes atlantiques soient à l'abri des raz de marée. Au contraire. C'est l'état d'un volcan des Canaries qui fait craindre ce que les scientifiques nomment un méga-tsunami : le glissement de tout un pan de ce volcan pourrait provoquer un mur d'eau de plusieurs centaines de mètres qui balayerait les côtes américaines, espagnoles, anglaises (et sans doute françaises). La probabilité de cette catastrophe, qui serait pire que celle de l'Asie, est évaluée à 5 % pour les cent ans qui viennent, et est « probable » d'ici 10 000 ans... C'est ce qu'affirment les très sérieux géophysiciens Steven Ward et Simon Day, auteurs de cette étude anglo-américaine [22]. Il faut donc surveiller l'activité de ce volcan, le Cumbre Vieja. Je reviendrai sur les préventions des catastrophes et les enseignements qu'on peut en tirer.

La France possède 6 950 km d'espaces côtiers (5 500 km en métropole, et 1 459 km outre-mer) dont 1 925 km de plages.

Les plages sont des lieux vivants : à la fois constamment érodées par l'eau et en même temps enrichies d'alluvions apportées elles aussi par la mer, les plages vivent dans un équilibre dynamique.

Le changement climatique est en train de rompre cet équilibre. Certes le niveau de la mer a toujours fluctué depuis les origines de la planète et même depuis l'apparition de l'homme. Il y a – 18 000 ans, le niveau de la mer était environ à 120 mètres au-dessous de son seuil actuel. La Manche n'existait pas. En hiver, la banquise s'étendait de New York à Brest et le climat de Paris était celui de la Laponie... Et puis les glaces ont fondu et, il y a 7 000 ans, on a eu le niveau qu'on connaît à présent.

On sait aujourd'hui que le littoral change : les océans se dilatent sous l'effet de la chaleur et donc le niveau de la mer s'élève. Cette hausse n'est pas uniforme sur l'ensemble des mers et océans, la surface des océans n'est pas plate mais bosselée parce qu'elle reproduit en grande partie les reliefs des fonds marins.

---

22. Sources : www.catnat.net/news_monde. htlm

Au cours du XXe siècle, la mer s'est élevée d'environ 10 à 20 cm (ce qui varie entre à 1 à 2 mm par an). Au XXIe siècle, le niveau de la mer devrait s'élever de 40 à 98 cm. Les plages, lieux naturels et vivants, vont donc être radicalement transformées : en cas d'élévation du niveau de la mer de 1 mètre, les plages françaises reculeraient de 100 mètres !

Certaines îles du Pacifique, les zones deltaïques, les lagunes, les mangroves (en Nouvelle-Calédonie ou en Guyane) pourraient disparaître. En France, la Camargue est extrêmement vulnérable, ainsi que les marais salants de Salin-de-Giraud et d'Aigues-Mortes, la côte du Languedoc et la presqu'île du Cap-Ferret... En revanche, certains marais, qui bénéficieraient grâce à la mer de nouveaux apports en sédiments, pourraient s'étendre tels le marais charentais, le marais poitevin, la baie de Somme et la baie du Mont-Saint-Michel.

Les coraux ne sont pas très nombreux en métropole sauf en Méditerranée et on peut penser qu'ils monteraient en même temps que le niveau de la mer et continueraient ainsi à protéger les atolls qu'ils entourent. Mais la montée de la température de l'eau peut provoquer leur mort, signalée par le blanchiment des récifs ; c'est déjà le cas depuis une dizaine d'années. 70 % des coraux sont ainsi menacés dans le monde. La grande barrière de corail d'Australie est déjà en très mauvais état.

Les coraux pourtant sont extrêmement précieux pour notre santé et on commence à le découvrir : certaines bactéries des coraux développent des enzymes antioxydantes. Or l'oxydation est une des causes principales du vieillissement humain. Parmi les maladies oxydantes, on trouve les troubles cardio-vasculaires et la maladie d'Alzheimer. La disparition d'espèces coralliennes va conduire à la perte de composants chimiques uniques qui pourraient permettre d'élaborer des produits révolutionnaires.

Enfin, la montée du niveau de la mer risque de rompre l'équilibre avec les eaux douces ; l'eau salée envahira certains puits ou bassins d'eau douce ainsi que les embouchures des fleuves : c'est tout l'équilibre animal et végétal des bords de mer qui sera mis à mal.

Les grosses marées dites de « vive-eau » seront plus fortes et plus nombreuses.

Mais avant d'incriminer le changement climatique dans la transformation du littoral, peut-être faut-il d'abord mesurer les conséquences directes des activités humaines puisqu'elles y sont de plus en plus nombreuses : 39 % des côtes françaises étaient urbanisées en 1960, elles sont 60 % aujourd'hui. L'étude du littoral est récente et on connaît encore mal ses réactions. Pour n'avoir pas su les prendre en compte, on a provoqué la remontée d'eau salée dans la Loire en voulant améliorer la navigation dans son estuaire ; quant à la réduction du volume des eaux douces souterraines, elle provient surtout des prélèvements excessifs.

Même constatation à Venise dont on prédit l'engloutissement depuis des siècles : il faut savoir que l'enfoncement de ses palais ne provient pas d'une hausse du niveau de la mer, mais des marées, de l'envasement des canaux et du pompage d'eau douce et de pétrole sous la ville…

Venise a vécu avec l'eau, grâce à elle, ce n'est pas l'eau qui la détruit aujourd'hui, ce sont les gesticulations économiques.

La conscience de la nécessité de veiller à la préservation du littoral et des océans se fait lentement et est toujours ponctuée de catastrophes maritimes, de l'*Amoco Cadiz* à l'*Erika*. Aujourd'hui encore, 21 millions de barils de pétrole sont déversés chaque année dans les océans par les eaux de ruissellement des villes, les eaux usées des usines et le dégazage des pétroliers ! La Seine et la Loire drainent 4 tonnes de pesticides, le Rhône et la Garonne 6 tonnes ! Tous les ans, les déchets en plastique causent la mort d'un million d'oiseaux et de 100 000 mammifères marins. Et l'excellent Nicolas Hulot continue, tel Don Quichotte contre ses moulins à vent, à se battre contre cette pollution généralisée d'autant plus ignorée qu'elle reste le plus souvent invisible... Les marins racontent qu'ils trouvent des bouteilles plastique à des milliers de kilomètres de toute terre, au milieu des mers.

La Méditerranée est particulièrement vulnérable parce que c'est une mer presque fermée. La température de ses eaux profondes augmente, et les espèces tropicales l'envahissent peu à peu, que ce soient des poissons comme les espadons voiliers qui viennent de Madagascar ou des plantes comme l'algue « tueuse » : caulerpa taxifolia. Toutes bouleversent son écosystème et menacent la diversité des espèces indigènes.

Il ne s'agit pas seulement de problèmes écologiques ou de vie animale : 3,5 milliards de personnes tirent leur alimentation principale des mers, elles seront 7 milliards dans 20 ans. « Nous ne pouvons plus considérer les mers et les océans de la planète ni comme des décharges publiques, ni comme des réserves sans fond », affirme le secrétaire général des Nations unies, Kofi Annan.

On jette trop de plastique et on pêche trop de poissons (environ 85 millions de tonnes) : 70 % des zones de pêche sont exploitées au-delà de leur possibilité de renouvellement. Les stocks de grands poissons comme la morue, le thon ou l'espadon ont diminué de 90 % au cours du dernier siècle.

Les cyclones seront plus nombreux et leurs routes risquent d'évoluer. Déjà, depuis 1995, on en compte de 12 à 14 entre juillet et novembre, et en 2004, on a même identifié pour la première fois un cyclone dans l'Atlantique Sud ! Des cyclones extrêmement violents comme Ivan ou Jeanne, dont les vents ont dépassé 300 km/h, ont causé la mort de plus de 3 000 personnes en Haïti en 2004. Leur nombre et leur violence pourraient augmenter encore. Pourquoi ? « L'humidité chaude est le carburant de l'ouragan », explique Jean-Noël Degrace de Météo France. C'est pour cela que leur saison commence au mois de juillet dans l'Atlantique Nord, c'est-à-dire au moment où l'eau est à plus de 26 °C sur plus de 60 mètres de profondeur. Or, la teneur en vapeur d'eau de l'atmosphère a augmenté de 15 % dans la mer des Caraïbes où la température de l'eau atteint 29 °C à 30 °C !

Outre l'Atlantique Nord, il existe six autres zones de naissances des cyclones, réparties entre le Pacifique et l'océan Indien, chaque saison correspondant au moment où les eaux sont les plus chaudes : à La Réunion, par exemple, la saison cyclonique dure de décembre à mars.

(Dans les années 60 et avant la prise de conscience que l'action de l'homme peut avoir des conséquences inconnues et dangereuses pour l'avenir de la planète, on avait pensé à détruire les cyclones en formation, avant qu'ils n'atteignent des terres habitées ; un cyclone est en puissance l'équivalent de cinq bombes atomiques de type Hiroshima. Pourquoi ne pas les détruire par une explosion nucléaire ? Le projet heureusement est resté dans les cartons des Docteurs Folamour.)

Ces perspectives à grande échelle donnent le vertige et font peur. On a du mal à garder la bonne distance par rapport à ces dangers, soit en les pensant lointains et improbables, soit en s'identifiant avec les victimes. Comme je persiste à penser que la peur est mauvaise conseillère, rapprochons-nous du quotidien et apprenons à mieux appréhender les dangers.

Les climats côtiers sont divers. Il y a d'abord un microclimat en bordure du rivage sur une dizaine de mètres, puis un climat côtier de bord de mer sur une largeur maximale de 3 ou 4 kilomètres, ensuite un climat côtier de l'intérieur jusqu'à 10 kilomètres, enfin un climat maritime qui s'étend à 40 ou 50 kilomètres à l'intérieur des terres. De plus, il y a autant de climats de bord de mer qu'il y a de côtes différentes. Selon la largeur de la plage, le relief de l'intérieur, la nature du sol, la végétation, l'orientation, la latitude... Ils sont innombrables. En France, le climat des côtes atlantiques est complètement différent du climat des côtes méditerranéennes, on s'en doute ; mais les différences sont marquées aussi entre le pays de Caux et le Mont-Saint-Michel qui font partie des mêmes côtes normandes. Le climat des îles côtières, d'Ouessant à Ré n'est pas celui du littoral voisin, et le climat des côtes landaises ne ressemble pas à celui de la côte basque pourtant toute proche. Le littoral du Pas-de-Calais se distingue de celui du Boulonnais et de la Picardie, et le climat du Morbihan n'est pas celui des Côtes d'Armor.

Il n'en reste pas moins que les climats marins ont des caractéristiques communes : la surface du sol est inégale, contrairement à la surface étale de l'eau ; l'eau se réchauffe et se refroidit beaucoup plus lentement que la terre ; enfin l'humidité est forcément importante près de l'eau.

La combinaison de ces trois facteurs induit des caractéristiques propres à tous les climats marins :

– Il ne fait jamais ni trop froid, ni trop chaud. Les hivers sont plus doux que sur le reste du territoire et les étés moins chauds. L'automne y est plus chaud que le printemps, et on relève les températures les plus basses plutôt en fin de matinée qu'en fin de nuit.

– L'humidité y est constante et plus forte qu'ailleurs. Pour autant, les brouillards ne sont pas très fréquents parce que le vent est souvent fort, et la pluie pas plus abondante : la bande la plus arrosée se situe le plus souvent à quelques kilomètres en retrait des côtes.

– « Le soleil donne » sur les côtes comme le chante Laurent Voulzy et quelle que soit la latitude, les coups de soleil sont fréquents, même par temps couvert. Au rayonnement direct du soleil, s'ajoutent le rayonnement diffus (surtout en cas de brume) et le rayonnement réfléchi (par l'eau, ou le sable, ou les deux).

– La pression atmosphérique est stable et élevée. La présence d'oxygène dans l'air est donc considérable, le contraire de la situation en altitude.

– Les vents soufflent souvent fort en provenance de la mer parce qu'ils ne sont ni déviés ni retenus par aucun obstacle ; ils donnent une sensation de frais ou de froid à cause du pouvoir réfrigérant de l'air. À ces vents s'ajoutent les brises de mer et les brises de terre : la brise de mer se lève le jour et souffle de la mer vers la terre parce que l'eau est plus froide que la terre. La nuit, c'est le contraire, la terre se refroidit plus vite que la mer, se lève alors la brise de terre qui souffle de la terre vers la mer.

– La pureté de l'air : c'est le grand argument des cures, des séjours en bord de mer. Qu'en est-il exactement ? Lorsque le vent souffle du large, il chasse en effet les poussières, les gaz toxiques, les fumées, les germes, les moisissures : à Berck, on compte 4 bactéries par mètre cube d'air, alors que dans ma rue parisienne, on peut en dénombrer 80 000 ! Mais quand seules soufflent alternativement les brises de terre et les brises de mer, elles déplacent les polluants et les ramènent dans ce mouvement de va-et-vient entre la mer et la terre : c'est ce qui explique en partie la pollution de villes pourtant au bord de la mer comme Fos-sur-Mer ou Los Angeles.

– L'air du littoral est composé aussi d'aérosols marins : ce sont les embruns, minuscules gouttes d'eau arrachées aux crêtes des vagues par le vent et qui se dispersent à très courte distance. Mais d'autres aérosols plus petits encore peuvent parcourir de longues distances en transportant des éléments beaucoup moins profitables à la santé, qui proviennent aussi de la mer : détergents, pesticides, métaux lourds, hydrocarbures... On prend la mer pour une poubelle, la mer nous renvoie nos déchets qui sous cette forme pénètrent dans le corps par la voie respiratoire.

– La charge électrique de l'air est renforcée au bord de mer, surtout très près du rivage quand le vent vient du large et transporte des embruns. L'air se charge alors en ions positifs. Les ions négatifs sont plus nombreux dès qu'on s'éloigne du rivage, ou même en Méditerranée, tout au bord du rivage quand la mer est calme et par beau temps.

Ces caractéristiques reconnues, à qui profite le climat marin ? Et quels malades peut-il soulager ? C'est un climat à la fois sédatif, calmant, grâce à l'uniformité des températures, des pressions, de l'humidité... mais aussi stimulant, parfois même excitant, à cause de l'insolation, des vents forts et de l'ionisation positive.

« Vivre à terre est un repos, vivre à la mer est un combat, combat vivifiant pour qui peut le supporter », écrivait déjà Michelet [23].

---

23. Cité par Jean-Pierre Besancenot dans *Bioclimatologie. Les grands paroxysmes climatiques et leurs répercussions sur la santé*, Dijon, faculté de médecine, Presse thermale et climatique 134, n° 4, 1997.

Les climats marins stimulent l'appétit, le système nerveux, les glandes comme la thyroïde, le rythme cardiaque, l'amplitude respiratoire, la tension artérielle, la croissance.

Il est donc recommandé dans le traitement de l'anémie pour lequel on recherche la luminosité, l'augmentation de l'amplitude de la ventilation pulmonaire, les pressions atmosphériques élevées qui facilitent la dissolution de l'oxygène dans le plasma, le massage de la peau et l'excitation réflexe des terminaisons nerveuses que procure le vent.

Le rachitisme provoqué par le manque de vitamine D est soigné aussi sur les bords de mer grâce à l'insolation et aux effets stimulants de ce climat remarquable surtout en Manche ou sur la mer du Nord. Le climat de bord de mer est donc bon pour les enfants (à condition de toujours les protéger contre les coups de soleil), mais les tout-petits seront vite fatigués et souvent énervés.

Grâce aux qualités de ses micro-organismes, l'air marin de Méditerranée est recommandé pour soigner les bronchites.

L'Atlantique, grâce à la présence de bactéries produisant des composés soufrés convient mieux aux pathologies oto-rhino-laryngologiques et aux rhumatisants.

Et puis, on le sait, tout citadin, épuisé par la pollution urbaine et son rythme de vie, trouvera dans la luminosité et l'air marin de quoi retrouver de nouvelles forces. C'est dans ce cadre que se sont développées depuis quelques années les cures de thalassothérapie.

De toute façon, le facteur climat peut favoriser ou réduire une pathologie, mais ce n'est pas un « médicament ». C'est un déterminant parmi d'autres de bonne santé. Grâce à l'étude scientifique des climats, on peut expliquer aujourd'hui pourquoi la plupart des climats de bord de mer sont favorables à la santé, pourtant les données météo manquent encore surtout pour ce qu'on appelle « le trait de mer », c'est-à-dire précisément, la ligne où mer et terre se rencontrent. Il semble que les peintres se soient intéressés bien plus tôt que les scientifiques à ce point de rencontre entre l'air et l'eau…

Face à la pollution des grandes villes encaissées à l'intérieur des terres, on pourrait croire que les villes du bord de mer, ouvertes sur le large, sont moins polluées et qu'on y respire mieux.

Certes, le vent est plus puissant dans les régions côtières que dans les terres, mais longtemps, on a cherché à s'en protéger plutôt qu'à le faire circuler à l'intérieur des villes, dont on ignorait la pollution. Sur les côtes françaises, aucune station touristique importante n'était ouverte vers l'ouest avant la Seconde Guerre mondiale, comme le dit Gisèle Escourrou [24]. Les villes côtières ne s'ouvraient pas sur la plage. À Arcachon, au Touquet, la ville s'ouvre vers l'intérieur dans des rues bordées d'arbres, à l'abri du vent.

Le littoral est aussi un lieu où les sources d'énergie sont nombreuses et encore peu exploitées par l'homme tel le vent, les courants, la houle… Nécessité faisant loi, on peut imaginer qu'à la disparition des combustibles fossiles (gaz, pétrole, charbon), la majorité de la population mondiale vivant au bord de la mer, ces énergies seront devenues indispensables.

24. *Le Climat et la Ville*, Paris, Nathan université, 1991.

La ville

Je suis née à Bordeaux dans les années 50, en plein centre-ville. Le lycée Camille-Jullian où j'ai suivi mes études comportait un externat, une demi-pension et un pensionnat. C'était le lycée de jeunes filles de la ville ; j'étais externe. Je regarde sans nostalgie cette époque où l'on nous infligeait un tablier à carreaux rouge et blanc sur lequel notre nom et notre classe devaient être brodés en fil rouge au point de tige... J'admire mes filles qui prennent la liberté d'aller au lycée, habillées tout à la fois selon la mode du jour et leur fantaisie personnelle. À leur âge, je m'habillais comme le lycée l'ordonnait et comme mes parents le souhaitaient : ma vie était plus simple que la leur, ma liberté inexistante.

La liberté dont elles jouissent, elles, n'est pas seulement la liberté que les adultes leur accordent, mais celle qu'elles vont chercher ; que cela plaise ou non, la mode vestimentaire en fait partie.

Mes filles sont des vraies filles de la ville, comme je l'étais moi. Je l'étais hier en province, elles le sont aujourd'hui à Paris. Sacrée différence !

Depuis trente ans, le temps a changé dans les villes, surtout à Paris. Les modes vestimentaires, culturelles ne sont plus les mêmes, le climat non plus ! Et ni elles ni moi ne nous y adaptons de la même façon : elles ont toujours chaud, j'ai toujours froid. Quel que soit le froid extérieur, jusqu'au 15 octobre, il n'y a pas de chauffage dans l'immeuble et ensuite, il est d'une puissance telle qu'au cœur de l'hiver, il faut ouvrir les fenêtres pour ne pas avoir trop chaud... Ce que font mes filles. Je garde, moi, cette habitude de l'enfance qui interdit qu'on gaspille la chaleur quand il fait froid dehors. Ouvrir les fenêtres parce qu'il fait trop chaud à l'intérieur alors qu'il gèle dehors me scandalise. Mes parents ont vécu la guerre et ses restrictions, et la crainte d'avoir froid était si tenace en eux qu'ils me l'ont transmise : les fenêtres doivent être fermées quand la maison est chauffée. Les deux principes sont bons : aérer et économiser.

Mais aujourd'hui, la température moyenne des appartements parisiens est celle qu'on réservait il y a 30 ans aux malades ! (Et on ne sait plus boire un Bordeaux « chambré » : quand l'expression a été inventée, la température de la chambre pour un Bordelais ne dépassait pas 15 °C. Aujourd'hui, on ne boit plus les grands crus chambrés, mais tièdes !)

Le chauffage urbain, la consommation d'énergie dans les villes, ne sont pas un problème anecdotique : pour l'ensemble de la planète, la moitié des émissions de gaz à effet de serre est due à la consommation des ménages, dont la majorité vit désormais dans les villes.

D'ici quelques années, l'ONU prévoit que 60 % des habitants de la planète habiteront dans les villes avec l'espoir de profiter du même niveau de vie que les Américains, ou à tout le moins, des Européens… En France, 80 % de la population habite en ville.

Le rapport de l'ONU indique que 1 million de personnes migrent chaque semaine vers les villes, soit l'équivalent de la population de Hanoi ou de Pittsburgh. Sur ces quelque 5 milliards de futurs citadins, seuls 28 millions habiteront dans les pays riches. Nous serons 8 milliards en 2030. Combien pourront ouvrir leurs fenêtres parce que le chauffage sera trop puissant chez eux ? Mais comment nous chaufferons-nous à cette échéance ? Et comment seront les fenêtres ?

Ne pas se laisser prendre par les vertiges d'un futur apocalyptique (cependant le présent l'est déjà pour une grande partie de la population mondiale, celle qui justement rêve d'aller vivre dans les villes). Voyons d'abord ce qu'est le climat urbain, comment il modifie nos modes de vie, et comment on peut préparer le futur pour TOUS les citadins.

Le climat urbain se définit d'abord par une atmosphère significativement plus chaude que celle des zones rurales environnantes. L'écart entre la ville et la campagne peut atteindre 14 °C. Cet accroissement de la chaleur urbaine est dû à plusieurs facteurs : l'absence de vent, le chauffage, la circulation automobile, les matériaux de construction qui retiennent la chaleur, les revêtements du sol qui freinent l'évaporation, l'absence de végétation et la chaleur humaine. Cet îlot de chaleur est en général intermittent : il commence à se former dans l'après-midi, s'installe pour la nuit, et disparaît en début de journée. Il peut durer plusieurs jours si la situation est stable et anticyclonique.

C'est donc la nuit que se manifeste le plus la différence de température entre la campagne et la ville, différence qui s'accentue l'hiver et l'été dans les villes éloignées de l'équateur. Dans les régions tropicales et équatoriales, où il y a moins de constructions bétonnées, moins de goudrons utilisés, l'îlot de chaleur urbain est moins marqué, surtout pendant la saison humide.

À Paris, l'îlot de chaleur urbain est important en été à cause du manque de parcs et de jardins (d'autres grandes villes en possèdent beaucoup plus !).

La chaleur de l'air est consommée par l'évaporation de l'eau. Donc, plus l'eau s'évapore, plus la chaleur disparaît. En ville, l'eau de pluie n'a pas le temps de s'évaporer : elle ruisselle sur les toits et dans les rues, disparaît dans les égouts et retourne dans les rivières ; elle ne stagne nulle part. Les seuls endroits où l'humidité est retenue, ce sont les jardins ; c'est là que la chaleur de l'air est utilisée pour évacuer cette humidité : on appelle ce phénomène « l'évapotranspiration ». À Mexico, l'influence du parc Chapultepec, qui s'étend sur 500 hectares, fait baisser les températures dans un rayon de 2 km.

Mais comme à Paris et dans beaucoup de grandes agglomérations, les jardins ne sont pas assez nombreux, la chaleur du jour retenue dans les murs et les revêtements des sols ne se disperse pas dans la végétation. Plus on s'éloigne vers la périphérie, plus les espaces verts sont nombreux, plus la chaleur nocturne diminue.

Cet îlot de chaleur transforme le climat. À Paris, depuis 1900 :

– Le nombre de jours de gel a diminué de moitié.

– Il neige de moins en moins (hélas pour les enfants !).

– Le nombre de jours de brouillard a été divisé par 7 (mais les journées de brouillard polluant ont augmenté).

– Le soleil brille plus longtemps, mais ses rayons sont moins denses à cause de la pollution, ce qui explique le teint pâle propre aux citadins.

– Les vents sont modifiés et certains ont fait leur apparition : ce sont les brises urbaines.

On peut comparer ces brises urbaines aux brises marines : la différence entre une masse d'air chaud et une masse d'air froid fait naître un vent qui souffle du froid vers le chaud, c'est-à-dire de la banlieue (plus aérée, plus froide) vers le centre-ville. Du coup, l'air chaud du centre-ville s'élève et forme un dôme de chaleur. Ces brises urbaines se manifestent quand il n'y a pas de vent à plus large échelle (qui accompagne par exemple une perturbation). Parce qu'elles ont peu de force et de vitesse (environ 5 km/h), elles déplacent la pollution des villes d'un endroit à l'autre, sans la disperser. C'est ainsi que paradoxalement, certains quartiers de Paris, aérés et arborés, sont quelquefois plus pollués que des quartiers plus peuplés et plus construits : le XVIe arrondissement par exemple est plus pollué que Barbès. Toujours à cause de ces brises urbaines, la pollution est très importante dans le IVe arrondissement, qui est pourtant un quartier de bureaux, sans aucune activité industrielle.

Ces brises urbaines dirigées en général de la banlieue (où l'air est plus froid) vers le centre-ville (où l'air est plus chaud) peuvent, pour les mêmes raisons de contrastes entre air froid et air chaud, se former l'été entre le fleuve (air plus froid) et la ville (air plus chaud), ou entre un parc (air plus froid) et les rues avoisinantes (air plus chaud). La pollution du boulevard Saint-Michel est ainsi repoussée par la brise qui vient du jardin du Luxembourg vers les rues adjacentes.

Les autres vents qui ne naissent pas au contact de l'îlot urbain et qui viennent de plus loin sont modifiés par la structure de la ville. Selon l'orientation et l'encaissement des rues (larges, étroites, bordées d'immeubles plus ou moins hauts), selon qu'ils renforcent ou qu'ils contrarient les vents locaux (brise urbaine, brise marine), ces vents ralentissent ou accélèrent.

En France, il faut en ville se méfier des vents d'est : lents et stables comme les brises urbaines, ils transportent la pollution sans la disperser ; ils correspondent aux plus fortes pointes de pollution. À Paris, la banlieue ouest ou nord-ouest, malgré ses jardins, est la plus polluée, le vent d'est vient y déposer tous les polluants de Paris...

La pluie, elle aussi, change au contact des îlots de chaleur urbains, mais de manière différente selon les villes : à Paris, il pleut davantage l'été et moins l'hiver.

La pollution est une autre forte caractéristique du climat urbain, mais elle n'est pas propre à notre époque. À partir du moment où un groupe de gens mangent, se chauffent, travaillent et se promènent, il y a pollution : la pollution a donc toujours existé dans les villes dès leur origine. En l'an 61, Sénèque écrit : « Dès que j'aurai laissé derrière moi l'oppressant air de la ville et la puanteur des fumantes cheminées qui, une fois leurs feux allumés, vomissent toutes de pestilentes fumées et suies qu'elles contiennent, je me sentirai un autre homme [25]. »

Depuis Sénèque, la pollution a changé de nature et de volume, mais ce sont toujours les villes qui sont les plus polluées. La pollution est plus forte quand il n'y a pas de vent, quand la masse d'air est très stable et que l'air n'est pas brassé, qu'il fasse très froid ou très chaud.

Autrefois, la pollution des villes, provoquée par les industries et les centrales, était sensible surtout en semaine... Aujourd'hui, la pollution est aussi forte le dimanche que les autres jours : les usines ont disparu mais la circulation automobile est devenue la première cause de la pollution.

Cette pollution peut être diminuée rapidement par des mesures de restriction du chauffage ou de la circulation et de la vitesse des véhicules. Dans certaines villes, on favorise la marche et le vélo dans des voies sécurisées, on développe les transports en commun, l'équipement des véhicules en filtres à particules... Toutes les municipalités cherchent désormais à réduire la pollution.

Bien entendu, la situation géographique des villes modifie l'importance de la pollution : une ville située en bord de mer, surtout si elle est construite « ouverte » vers la mer, sera moins polluée qu'une ville encaissée au fond d'une vallée. L'architecte Vitruve le rappelait déjà au Iᵉʳ siècle avant J.-C. : « Quand on veut bâtir une ville, la première chose qu'il faut faire est de choisir un endroit sain [26]... » Certes ! Mais les villes n'ont pas toujours été

25. Cité par Gisèle Escourrou, *op. cit.*
26. *Ibid.*

construites selon les seuls critères de santé publique… Et le lieu choisi ne suffit plus aujourd'hui à garder un air sain.

Sous nos cieux tempérés, les fins de nuit calmes correspondent à un pic de pollution. Attention à ces petits matins ensoleillés, où les rues sont pourtant encore vides de circulation automobile, et où l'air semble plus pur : la pollution accumulée les jours précédents est toujours là.

Et dans la journée, ça recommence. Les voitures sont désormais le facteur le plus polluant des villes : plus le trafic est dense, plus la pollution est forte. Et plus la rue est étroite, plus l'influence du trafic est grande. On appelle ces rues des « rues canyons » : quand le vent est orienté dans la même direction que la rue, il peut brasser l'air et disperser les polluants, mais quand il souffle perpendiculairement à la rue, des mouvements tourbillonnants s'enclenchent et peuvent faire remonter les polluants jusqu'au 3e étage ! La pollution est très dense à la hauteur des feux rouges, sous les tunnels, dans les parkings. Partout où les ralentissements sont fréquents.

Les parkings, raconte Gisèle Escourrou [27], sont d'autant plus pollués qu'ils ont des tarifs de stationnement élevés : dans ces parkings, les automobilistes restent moins de temps que dans les autres. Les phases de démarrage et de ralentissement, génératrices de forte pollution, sont donc plus nombreuses. Les parkings parisiens près des grands magasins, à l'approche de Noël, atteignent des taux de pollution proches de l'asphyxie…

Alors que faire pour échapper à la pollution quand on habite en ville ? Transporter les villes à la campagne, comme le suggérait Alphonse Allais ? C'est justement ce qui se passe, mais dans le mauvais sens, celui des brises urbaines.

---

27. *Op. cit.*

Des milliers d'espèces animales et végétales sont déjà en train de disparaître ou de se modifier dans ce nouveau climat urbain. L'homme va-t-il résister ? Comment ?

Le voilà aujourd'hui aux prises avec un milieu hostile que lui-même a créé. Il lui faut donc le vaincre, le maîtriser sans le détruire et sans mettre en péril celui qui l'a fabriqué : l'homme lui-même. C'est dans l'adaptation à un milieu hostile que l'homme manifeste le mieux son intelligence. Il est urgent de la prouver.

La maison

Le temps qu'il fait, c'est le temps qu'il fait dehors, c'est aussi celui où nous vivons la plupart du temps, c'est-à-dire l'intérieur : la maison, le bureau, l'école. Nous y passons 80 % de notre temps. La santé est donc tributaire de l'atmosphère intérieure.

Le rapport entre intérieur et extérieur a brutalement changé aux alentours des années 70, dans les pays occidentaux, à la suite des chocs pétroliers : il s'agissait déjà de consommer moins de pétrole, non pas à cause de ses émissions de gaz carbonique, mais à cause du prix du baril. Pour faire des économies d'énergie, et en particulier de chauffage, on a isolé les maisons, les bureaux et tous les endroits que l'on voulait chauffer. On a changé les fenêtres qui fermaient mal, on a remplacé le bois des encadrements par de l'aluminium.

Pour amortir les bruits, la moquette a remplacé peu à peu les parquets. Plus tard, dans les années 80, on a cessé de construire des bureaux où les fenêtres s'ouvraient. La climatisation a été installée partout même dans les succursales situées dans des immeubles anciens où la chaleur pénètre moins l'été. Et la même température règne toute l'année, quel que soit le temps à l'extérieur.

Tous ces aménagements ont été faits, bien sûr, au nom du progrès, du confort, et de l'efficacité.

Nous vivons donc désormais dans de l'air confiné, brassé par les moteurs de la climatisation. L'air n'est plus renouvelé mais recyclé, il n'est pas changé, mais purifié et les fenêtres restent fermées. Ce système où la climatisation, l'été, alterne avec le chauffage, l'hiver, est celui de la plupart des bureaux.

Quant aux maisons, voici une histoire aux allures de fable et qui pourtant est vraie : dans les années 90, on s'est rendu compte que les maladies respiratoires étaient beaucoup plus fréquentes dans l'ouest de l'Allemagne que dans l'ancienne Allemagne de l'Est... Les conditions climatiques, la nourriture étaient pourtant à peu près les mêmes. Qu'est-ce qui faisait la différence ?

L'Allemagne de l'Ouest était riche : les habitations étaient donc isolées, très chauffées, les sols étaient recouverts de moquettes, de tapis, les animaux familiers (chats, chiens) étaient nombreux. Dans l'Allemagne de l'Est, en revanche, il y avait peu d'animaux familiers, peu de tapis, on se chauffait à peine et les fenêtres et portes ne fermaient pas toujours bien...

Si bien que les acariens étaient inexistants à l'Est alors qu'ils étaient très nombreux à l'Ouest. Les acariens n'ont pas la fibre idéologique mais ils prolifèrent où ils trouvent des conditions adéquates : ils se nourrissent de fragments de peaux et se développent dans la literie, les moquettes, les tapis, et les vêtements. Leur température préférée oscille entre 25 °C et 30 °C, avec une humidité de 80 %.

Ce retournement quasi moral de la santé contre le confort est somme toute assez réjouissant...

Mais avec ou sans confort, l'aération des logements, quand elle n'est pas rendue impossible par la climatisation, est indispensable : la qualité de l'air diminue quand il n'est pas renouvelé et les polluants se multiplient ; outre les acariens, il y a d'abord la pollution que l'homme produit par sa présence même : il exhale de la vapeur d'eau, du gaz carbonique, des odeurs de transpiration. Les activités humaines réduisent aussi la qualité de l'air. Les poêles, les cheminées polluent : le monoxyde de carbone, à travers des appareils mal réglés, tue plusieurs centaines de personnes par an en France.

Chez lui, l'homme s'active et parfois fume ! Heureusement, les campagnes contre le tabagisme passif portent leurs fruits : le fumeur sait à présent qu'il est un danger pour autrui.

D'autres activités apparemment moins dangereuses pour la santé sont tout aussi toxiques. Les fous du ménage ou du bricolage doivent se méfier des produits d'entretien, des peintures ou des vernis, eux aussi polluent l'atmosphère... Tout comme les pesticides : aussi bien ceux qu'on trouve dans les légumes que ceux qu'on emploie contre les insectes et parasites, ou les mauvaises herbes du jardin. Avoir une maison propre, c'est très bien, la vouloir impeccable, c'est impossible (surtout pour moi !) et pas forcément bon pour la santé de la famille. On a même appris qu'il fallait se méfier de certains désodorisants de l'atmosphère, qui certes parfumaient l'air ambiant, mais émettaient en brûlant du benzène et d'autres hydrocarbures beaucoup plus nocifs pour la santé qu'une mauvaise odeur !

Mon chat Étoile fait sa toilette avec application. Il lève la tête, me fixe, étonné, perplexe, et replonge dans la douceur de son épaisse fourrure traquer une hypothétique puce. Mon beau chat, toi qui es l'âme de cette maison, sais-tu que tu abîmes la qualité de son atmosphère ? Tes poils roux collent à mes vêtements et flottent dans mon thé du matin... Je m'en fiche, tu es beau. Dors mon beau chat, dors, non, ne viens pas vers moi, ce n'est pas l'heure des câlins, j'ai encore beaucoup à écrire. Plus tard, quand j'aurai éteint l'ordinateur, et soufflé sur le clavier pour en chasser tous tes poils, tu pourras venir t'allonger sur le couvercle encore chaud ; je te caresserai entre les deux oreilles et tu resteras longuement le cou tendu, les yeux fermés dans l'extase de la caresse. Plus tard. Tout à l'heure.

Passons à l'amiante, autrement plus dangereuse que les poils de chat… et bien moins détectable. Dans les années 70 et même parfois dans les années 80 et 90, il a été beaucoup utilisé dans la construction à cause de ses qualités isolantes et de sa résistance au feu. On sait aujourd'hui que l'amiante est responsable de cancers du poumon ou de la plèvre. Il est désormais interdit. Pourtant, « Les veuves de l'amiante » se battent toujours pour faire reconnaître sa nocivité, qui a provoqué la mort de leurs compagnons.

Le radon est encore mal connu, c'est pourtant un gaz répandu. Il est radioactif et peut être également cancérigène. Sa concentration est plus forte dans les maisons qu'à l'extérieur, surtout dans celles construites en matériaux à base d'argile. Le risque est faible mais les pathologies qu'il provoque sont graves. Aux États-Unis, de grandes campagnes sont menées pour lutter contre ses effets… Il reste à les mener en Europe.

Dans les mégapoles équatoriales ou tropicales, la climatisation qui permet de travailler même aux heures les plus chaudes a été installée dans des bâtiments neufs et donc bien isolés, mais souvent construits jusqu'aux années 90 sur le modèle des bâtiments des pays tempérés, c'est-à-dire par exemple avec beaucoup de vitres qui emmagasinent la chaleur du soleil…

La circulation d'air même ténue apporte toujours de la fraîcheur quand il fait trop chaud ou au contraire accentue la sensation de froid quand il gèle. C'est pour cela qu'une habitation, même non chauffée, protège toujours un peu du froid (dans les pays tempérés), parce qu'elle protège du vent et des courants d'air. En cas de canicule, au contraire, l'habitation peut l'accentuer, faute de souffle d'air et parce que certains matériaux de constructions emmagasinent la chaleur… Or le changement climatique va se traduire par une hausse générale des températures et des étés caniculaires plus fréquents. Il faut donc dès maintenant adapter les modes de construction et les bâtiments où nous vivons à cette nouvelle donne.

Pour éviter de faire entrer la chaleur dans les maisons, on pourrait utilement s'inspirer des constructions traditionnelles des pays chauds.

Par exemple les « tours à vent » : on les trouve surtout en Égypte ou en Iran. Elles sont bâties sur le principe de la différence de densité entre l'air froid (plus lourd, qui descend) et l'air chaud (plus léger, qui remonte). L'air pénètre dans la tour par des ouvertures latérales, se refroidit au contact des murs, sa densité augmente, il descend, et le courant d'air vers le bas ainsi formé, chasse l'air chaud qui ressort par les portes et autres ouvertures. La nuit, l'air chaud de l'habitation remonte par la tour ; il est remplacé par l'air frais de la nuit qui pénètre par les portes.

Le principe est simple, mais pour que cette circulation naturelle entre air chaud et air froid se fasse, il faut une maison à plusieurs niveaux : les courants d'air qui chassent spontanément l'air chaud se font verticalement plutôt qu'horizontalement.

Dans le sud de l'Europe, les murs des maisons sont épais pour empêcher la chaleur d'y pénétrer. Les ouvertures sont étroites, souvent équipées de volets dont la partie basse se relève pour laisser passer l'intensité lumineuse, pas le soleil.

Le moucharabieh est une sorte de balcon fermé, souvent en saillie pour que l'aération soit meilleure ; il est parsemé d'orifices qui laissent passer seulement la lumière, pas la chaleur. Ces trous sont souvent plus larges en haut pour que l'air chaud qui remonte puisse s'échapper ; dans les parties basses, ils facilitent la pénétration de l'air frais, comme dans les « tours à vent ».

Outre ces systèmes d'aération qui jouent sur la différence de densité entre air froid et air chaud, les constructions des pays chauds utilisent l'eau et la végétation pour réduire la chaleur : l'eau et la végétation consomment de la chaleur par évaporation. Les jets d'eau, les bassins, les plantes sont installés à proximité des ouvertures, souvent dans des jardins intérieurs (atriums romains, patios espagnols, ryads marocains) qui donnent de la lumière sans que le soleil puisse y pénétrer.

Empêcher les rayons du soleil d'entrer dans les maisons est toujours un bon moyen de lutter contre la chaleur : les volets, l'étroitesse des rues, les auvents couverts de feuillage ont cette utilité. En Grèce, les « maisons tours », dont l'étage supérieur est plus large que les autres, laissent pénétrer les rayons latéraux du soleil d'hiver, mais pas ceux brûlants du soleil d'été. La tuile est préférée à l'ardoise parce qu'elle absorbe moins la chaleur.

Dans les pays tropicaux et soumis à la mousson ou aux fortes pluies, les auvents sont larges pour que l'eau ne pénètre pas dans les maisons, et les trottoirs des rues surélevés, comme à Pompéi, pour que le ruissellement brutal des averses ne mouille pas les piétons. En Indonésie ou au Japon, outre de larges ouvertures sur des jardins ombrés, les temples, les maisons possèdent des plafonds très hauts : la chaleur s'accumule ainsi en hauteur, et constitue une couche isolante qui protège l'intérieur de l'ardeur du soleil.

Tous ces procédés sont très anciens ou très lointains, et pour qui vit dans le nord de l'Europe aujourd'hui, il est difficile de transformer son propre habitat pour les intégrer, même en prévision d'étés qui seront de plus en plus chauds…

On peut quand même tenter d'appliquer les principes de base qu'on retrouve partout dans tous les pays chauds : l'ombre, les matériaux isolants, le brassage de l'air, la présence de l'eau et la végétation. Tous ces éléments sont forcément adaptables d'une manière ou d'une autre à tous les intérieurs…

Les ventilateurs, très nombreux dans les pays chauds seront très utiles ici, en Europe. Installés au plafond, ils sont beaux ; leurs ronrons presque silencieux, le mouvement régulier des pales apportent autant de quiétude qu'ils soulagent de la chaleur…

Bien sûr, il y a la climatisation. On s'est d'abord habitué à celle des voitures, on a trouvé ça confortable, on s'est habitué aussi à celle des bureaux qui permettent de mieux travailler. Bref, on s'est dit que puisqu'il allait faire de plus en plus chaud, elle serait vite rentabilisée dans son propre intérieur…

Ce n'est pas toujours une bonne idée : la climatisation coûte cher à l'installation et dans les immeubles anciens où l'isolation n'est pas parfaite, la consommation d'électricité est énorme. C'est le principal défaut de la clim : on l'installe pour lutter contre les effets du réchauffement climatique et, ce faisant, on contribue au réchauffement climatique. Plus les clims marchent, plus l'atmosphère se réchauffe. Le serpent du progrès se mord à nouveau la queue !

L'autre inconvénient majeur de la climatisation est d'ordre sanitaire : les vapeurs émanant des blocs de réfrigénération, au sommet des immeubles, favorisent le développement des légionelloses, inhalées sous forme de particules.

De plus, dans l'air climatisé, les ions positifs sont beaucoup plus nombreux que les ions négatifs. Or les ions positifs provoquent des sentiments d'irritation, d'agressivité, parfois de grande fatigue.

Je ne crois pas pour autant qu'il faille renoncer complètement à la climatisation, même dans les habitations : une période caniculaire est d'autant plus difficile à supporter qu'elle est longue. Ce qu'apporte la climatisation – un espace de fraîcheur – est donc indispensable pour tous ceux qui ont besoin de reprendre des forces pour lutter contre la canicule. Les vagues de chaleur aux États-Unis font beaucoup moins de victimes depuis que la climatisation s'est généralisée.

Et puisque le réchauffement climatique va faire désormais partie du quotidien, on peut essayer de voir comment réduire ses causes dans l'habitat, qui reste une des plus importantes sources des gaz à effet de serre : une bonne solution est l'utilisation du bois. Il absorbe du gaz carbonique pendant sa croissance et, comme élément de construction, il est 350 fois plus isolant que l'acier et 1 500 fois plus que l'aluminium ! Utilisé pour le chauffage, il dégage certes du carbone, mais beaucoup moins que les énergies fossiles ; et il est actuellement la plus importante source d'énergie renouvelable. Si on ne peut pas l'utiliser comme seule source de chauffage, on peut faire appel à plusieurs types d'énergie qui se complètent l'une l'autre et protéger les maisons du froid sans augmenter l'émission des gaz à effet de serre.

Les bâtiments des pays nordiques ou des stations de sports d'hiver sont construits comme des barrières contre le vent et s'ouvrent vers le sud, vers le soleil. Les immeubles sont souvent bâtis sur des pilotis enfoncés dans la terre gelée, ainsi, l'air, qui est un excellent isolant, protège la construction du froid du sol. Dans ces pays, l'hiver, la différence de température entre l'intérieur et l'extérieur peut atteindre 70 °C ou 80 °C. Il fait froid dehors et l'habitat est surchauffé : parfois plus de 30 °C ! En fait, toute personne qui arrive de l'extérieur attire sur elle l'humidité du lieu qui se condense sur les vêtements : tout devient mouillé, recouvert de buée. Il faut donc des températures intérieures élevées pour sécher les vêtements.

Les habitations scandinaves, tout comme les chalets de montagne, sont équipées de deux sas : dans le premier, on laisse les skis et les vêtements couverts de neige. Le second communique avec l'habitat ; on y laisse ce qui craint le passage brutal du froid au chaud (appareil photo, caméras...). Les pièces chauffées sont basses de plafond pour ne pas disperser la chaleur, les ouvertures sont petites et bien calfeutrées. Dans beaucoup de stations de sports d'hiver on a construit, comme au Québec, de nombreuses galeries marchandes souterraines chauffées, qui permettent de se promener et de faire des courses même quand les rues sont bloquées par la neige

Dans nos pays tempérés, on s'est beaucoup moins soucié de construire les habitations en fonction du froid ou du chaud puisqu'on passe de l'un à l'autre au cours de l'année... Mais enfin, en toute saison, il pleut régulièrement et il arrive aussi qu'il neige (on l'a vu en 2005 !) : c'est pour cela qu'ont été construites des maisons à arcades, nombreuses en Europe centrale ; on peut y marcher en restant à l'abri des intempéries. C'est le cas aussi du jardin du Palais-Royal à Paris. Et le beau réseau parisien des passages couverts autour de la Bourse a le même but de protéger des intempéries.

Quel que soit le mode d'habitation où l'on vit, au Nord, au Sud, en ville ou à la campagne, en maison ou en appartement, le projet est toujours le même pour tous : être bien chez soi. Cela suppose non seulement une installation confortable, mais aussi une bonne qualité de l'air. L'air que l'on respire dedans dépend toujours du temps qu'il fait dehors.

La voiture

On est bien, dans une voiture. On est libre de rouler, d'aller où on veut, d'avoir chaud, d'avoir froid, d'écouter de la musique, de profiter du paysage. On est à la fois dans le monde et hors du monde, à l'abri et à l'extérieur. La voiture est une bulle d'isolement qui nous protège du monde, on est bien.

On est mal, dans ce monde de voitures. On n'est pas libre, ni de rouler vite, ni d'aller où on veut (on s'en sert surtout pour aller travailler). La voiture fait du bruit, la voiture sent mauvais, la voiture pollue, la voiture tue, la voiture change le climat. La voiture est une bulle d'isolement qui va faire exploser la planète. On est mal, dans ce monde de voitures.

En France, les transports routiers sont responsables de 28 % des émissions de CO^2 et c'est la plus forte progression, tous secteurs confondus (+ 22 %) des gaz à effet de serre.

La route tue 3 000 personnes par jour dans le monde.

Dans les pays pauvres, les voitures sont de plus en plus nombreuses. C'est un marché formidable pour les constructeurs.

Dans les pays riches aussi, le marché de la voiture est en expansion : les voitures sont de plus en plus grosses, de plus en plus lourdes et donc de plus en plus gourmandes en carburant. Tout particulièrement les 4×4… Et la pression des constructeurs et des utilisateurs a été telle qu'on n'a pas pu imposer en France une taxe sur ces véhicules particulièrement polluants et aussi incongrus dans une ville européenne qu'un troupeau de buffles dont leurs pare-chocs sont censés les protéger. On a même inventé pour certaines voitures décapotables un chauffage de nuque qui permet de rester au chaud en roulant à ciel ouvert même quand il fait froid ! On appelle ça les voitures plaisir. On pourrait les appeler aussi voitures poubelles de la planète.

La plupart des voitures sont aujourd'hui climatisées. On peut désormais rouler dans des habitacles à 20 °C, quelle que soit la température extérieure.

Or, on l'a dit, la climatisation augmente la consommation de carburant et par conséquent de gaz à effet de serre.

Sur les routes ombragées du Gers l'été. À l'arrière de la Dauphine que conduit mon père, des héros sortis des Trois Mousquetaires *ou du* Capitaine Fracasse *surgissent derrière un châtaignier, un platane, un frêne ou un peuplier ; ils accompagnent notre voiture au grand galop, sautant les haies et les fossés, joyeux, hilares. Je suis, moi, l'unique spectatrice de leurs prouesses que dessinent les ombres nonchalantes des grands arbres.*

On a coupé les platanes majestueux qui abritaient mes rêves et donnaient aux routes cette allure d'allées de châteaux de contes de fée, parce qu'ils provoquaient la mort d'automobilistes qui perdaient le contrôle de leur voiture. Peut-être aujourd'hui, grâce aux campagnes de prévention qui réduisent la vitesse et la quantité d'alcool tolérées, les automobilistes quittent-ils moins la route, mais, trop tard, les arbres ont été coupés et le bitume des routes cloque sous la chaleur.

Il faudra bien pourtant un jour se passer de voitures, en tout cas de voitures individuelles. Pour deux raisons : l'augmentation des gaz à effet de serre, et l'épuisement des réserves de pétrole. Quand ? Trente ans ? Plus ? Moins ? On ne sait pas trop. À tout prendre, il vaudrait mieux renoncer à la voiture pour cause de pénurie de carburant plutôt que de catastrophe climatique.

Ouvrons le capot des voitures : il y a les moteurs à essence, qui émettent des gaz polluants à l'origine du gaz carbonique, principal gaz à effet de serre. Il y a les moteurs diesel, qui émettent moins de gaz polluants mais qui émettent des particules très nocives pour les voies respiratoires. Ils sont désormais tous équipés de filtres. Aujourd'hui, essence et diesel s'équivalent quant à leurs effets sur la santé et sur l'avenir de la planète.

Y a-t-il d'autres carburants possibles qui ne polluent pas et n'émettent pas de gaz à effet de serre ? Non, ces carburants-là n'existent pas. Mais on met au point des véhicules hybrides qui associent plusieurs carburants de telle sorte que la consommation et la pollution sont considérablement réduits. On commence à fabriquer ces voitures qui utilisent la propulsion électrique et le moteur diesel. On les utilisera de plus en plus, en ville et sur la route.

Mais dès maintenant, on peut réduire la pollution due aux transports : en réduisant la vitesse sur les routes, la consommation de carburant a baissé (près de 15 %), partant, la pollution et les émissions de gaz à effet de serre aussi.

En 2004, on prévoyait la réduction de 130 à 120 km/h sur autoroute. Mesure oubliée, comme la taxation des voitures polluantes, ou le bridage des véhicules, ou des mesures restrictives pour les poids lourds, ou l'augmentation du trafic ferroviaire et fluvial, de loin le moins polluant... Toutes ces mesures apparaissent et disparaissent au gré de nos inquiétudes et de nos intérêts et le nombre de voitures continuent d'augmenter.

Et la météo ? Quel est l'impact de la météo sur la voiture ? On sait que les conditions météorologiques sont si importantes que désormais, à TF1, avec Sébastien Folin, nous ajoutons des conseils de prudence pour la conduite automobile à nos bulletins météo du week-end.

On pourrait croire que les accidents sont plus nombreux quand les conditions météorologiques sont mauvaises. Eh bien, non ! C'est même tout le contraire. K. et M. Laaidi, chercheurs à la faculté de médecine de Dijon, ont montré dans une de leurs études [28] que, quand il neige, les accidents sont beaucoup moins fréquents et meurtriers... Sans doute parce qu'on n'est pas habitué en France à la neige et donc, on redouble de prudence. Même constatation quand il y a du vent, des giboulées, du grésil : on roule moins vite.

C'est précisément quand on se sent en sécurité que les accidents sont les plus nombreux : c'est à ce moment-là que la vigilance se relâche : par exemple sur des routes que l'on connaît bien, trop bien, ou quand on arrive près de chez soi (c'est l'effet écurie, comme le cheval qui accélère quand il sent que celle-ci n'est plus très loin)... Même relâchement quand on roule sur les autoroutes. Elles donnent une grande impression de sécurité qui pousse à l'imprudence : par temps de brouillard, avec une visibilité

---

28. *Météorologie et sécurité routière*, Dijon, faculté de médecine, Presse thermale et climatique, 134, n° 4, 1997.

réduite à 20 ou 30 mètres, certains n'hésitent pas à rouler encore à 100 ou à 120 km/h.

Mais outre ces réactions paradoxales, le temps qu'il fait influe directement sur les réflexes de conduite : les zones d'accidents se déplacent souvent, à l'intérieur de la journée ou du jour au lendemain, dans la direction du vent dominant. Quand on relève à l'aube une forte concentration d'accidents graves près des côtes atlantiques, il n'est pas rare de constater que la zone où se produisent un grand nombre d'accidents meurtriers se déplace l'après-midi vers l'Île-de-France et le Massif central, et le soir ou le lendemain matin dans l'Est.

Plutôt que la différence de conduite qu'impliquent les conditions météorologiques, c'est le comportement du conducteur qui est en cause. K. et M. Laaidi prennent l'exemple du 25 avril 1992. Ce jour-là ont lieu les Vingt-quatre Heures du Mans moto. À la fin de la journée, on compte 9 accidents mortels aux abords du circuit et 55 blessés graves. L'alcool n'est pas seul en cause, on a bu autant les autres années et il n'y a pas eu autant d'accidents… Au cours de la nuit suivante, on observe des accidents mortels particulièrement nombreux plus à l'est, de la Normandie aux pays de Loire jusqu'à l'Île-de-France ; les conditions météo étaient pourtant bonnes. Mais l'air, ce jour-là, était particulièrement chargé en ions positifs. Or, les ions positifs provoquent irritation, fatigue et nervosité, on l'a dit : la conduite peut donc devenir dangereuse dans cet état mental où la vigilance se relâche tandis que l'excitation nerveuse monte.

L'air se charge en ions positifs à l'avant d'un orage, et lors d'une poussée de hautes pressions. Ces concentrations redoublent dans l'atmosphère confinée de la voiture, à cause du chauffage, de la climatisation et de la cigarette. Il faut donc savoir que c'est avant l'orage que la conduite est la plus dangereuse. Dès que l'orage éclate et malgré la pluie, les risques diminuent...

Si nous ne savons pas inventer un avenir sans voiture, où les transports en commun seraient suffisamment nombreux et diversifiés, où il y aurait la place en ville pour circuler en vélo en toute sécurité, où les lieux de travail seraient tout près des lieux d'habitation, il faudra bien inventer des voitures moins polluantes, moins rapides et moins grosses, qu'on ne conduira plus pour montrer son pouvoir économique ou sa virilité, mais pour aller d'un point à un autre en toute sécurité et en bonne compagnie...

La pollution

Voici sans doute le chapitre le plus difficile à écrire pour moi. Parce qu'il n'est pas gai ! Quels que soient les circonstances, les saisons, les lieux, les époques, le temps qu'il fait peut plaire à l'un ou à l'autre. Mais quel charme trouver à la pollution ? Eh bien, il y en a au moins un ! Ce sont les tableaux de Turner, de Whistler et de Monet.

Lors d'une exposition à Paris en 2004, on a vu grâce à eux la beauté de la pollution. Tous trois ont peint Londres sans se lasser et presque toujours envahi par le *smog*, ce mélange de brouillard et de particules polluantes où disparaît la limite entre l'air et l'eau. Monet se met en colère quand le ciel est trop bleu : il tousse moins mais il ne pourra pas peindre !

Mais, nous ne sommes pas tous des génies de la peinture et la pollution moins visible du XXIe siècle nous frappe tous et ne se limite plus aux villes.

L'air est composé d'azote à 78 % et d'oxygène à 21 %. C'est dans le dernier 1 % que se niche la qualité de l'air : on trouve de la vapeur d'eau, des polluants, des poussières, des pollens…

Les voies respiratoires et la peau sont les parties du corps humain les plus exposées à la qualité de l'air.

On inspire 12 à 15 kilos d'air par jour, alors qu'on n'absorbe que 1,5 kilo de nourriture et 2 kilos d'eau ! La quantité d'air inspiré dépend de l'activité physique : 6 kilos par minute au repos et jusqu'à 100 kilos par minute à vélo.

La qualité de l'air dépend bien sûr des conditions météo, selon que les pressions sont élevées ou basses, selon la température, le vent ou le degré d'humidité.

Les gaz, aérosols et autres particules polluent l'air de nos villes et de nos poumons. Et il ne faut pas confondre réchauffement climatique, gaz à effet de serre et pollution urbaine. Certes, les uns sont à l'origine des autres, et tous tournent en rond dans une spirale infernale, où l'on a du mal à les reconnaître.

Rappelez-vous la gigantesque panne d'électricité sur la côte Est américaine : c'était justement pendant l'été 2003. Quelques scientifiques ont eu l'excellente idée, pendant ces 29 heures où les centrales électriques (consommatrices de charbon, de pétrole et de gaz) ont été arrêtées, d'analyser la qualité de l'air. On s'attendait bien sûr à une réduction importante des polluants. Ce ne fut pas une baisse, ce fut une chute ! En un temps très bref, l'atmosphère avait retrouvé presque toute sa pureté. La visibilité avait augmenté de 40 km et le taux de dioxyde de soufre avait baissé de plus de 90 % [29].

29. Sources : Pierre Barthélémy, in *Le Monde* du 20 juin 2004.

C'est la particularité de la pollution des villes de pouvoir disparaître ou se réduire en un temps très court. Voilà pourquoi, en cas de pollution urbaine aggravée, on peut la réduire en baissant la vitesse moyenne des véhicules à moteur. De même, dans une situation météorologique perturbée, c'est-à-dire avec de la pluie et du vent, la pollution est-elle moins forte que dans une situation anticyclonique où les masses d'air fluctuent peu.

Les polluants ne sont pas toujours des gaz. Ce sont aussi des particules plus ou moins fines (qui diminuent la visibilité et ravissaient Monet). Elles sont engendrées par l'industrie, la circulation, l'agriculture, l'activité des volcans, la végétation même : les pollens, les spores, pour ceux qui y sont sensibles, sont des polluants ! Ces particules se déposent dans l'appareil respiratoire et peuvent être dangereuses pour la santé, comme par exemple les hydrocarbures (le benzène en particulier) ou les dioxines. Les grosses particules sont arrêtées par le nez, les plus fines pénètrent jusqu'aux poumons (on peut se demander avec le professeur Tubiana si les nouveaux filtres à particules, imposés aux véhicules, qui ne laissent passer que des particules très fines, ne sont pas plus dangereux que des filtres plus grossiers, puisque ces particules, grâce à leur micro taille, peuvent atteindre les confins de l'appareil respiratoire.)

Quant aux gaz, les principaux polluants sont :

– L'ozone, surtout en été ; il prédispose aux infections respiratoires.

– Les oxydes d'azote, surtout en hiver ; sans eux l'ozone ne pourrait pas se former ; ils sont irritants pour les yeux et les voies respiratoires.

– Le dioxyde de soufre ; il pénètre moins dans les bronches ; il est surtout dangereux pour les asthmatiques.

– Les composés organiques volatils.

– Le monoxyde de carbone, le CO, à ne pas confondre avec le dioxyde de carbone, le gaz carbonique (CO^2). Le CO est l'un des principaux polluants de nos villes industrielles et provoque ou favorise le déclenchement de pathologies respiratoires, oculaires, circulatoires, entre autres… Il est à l'origine des intoxications dans les maisons à cause d'un mauvais fonctionnement d'un appareil de chauffage ou d'eau chaude. Il est responsable de l'augmentation des maladies cardio-vasculaires.

Selon les conditions météorologiques, la pollution urbaine n'est pas toujours la même. L'hiver, c'est le matin que la pollution est la plus forte : l'air est plus stable à cause du refroidissement nocturne, et la circulation automobile est intense.

L'été, c'est la pollution à l'ozone qui est redoutable : l'ozone (dont la saveur, dit-on, rappelle celle du homard !) est en effet le résultat d'un processus photochimique où la chaleur et l'absence de vent jouent un rôle essentiel. En France, c'est la région autour de Marseille et de Fos-sur-Mer qui est la plus polluée par l'ozone : plus de 60 jours par an dépassent le seuil d'alerte. En Europe, seules la plaine du Pô en Italie et de la Ruhr en Allemagne connaissent des seuils encore plus élevés.

L'ozone se forme lentement sous l'effet du soleil et de la chaleur et peut ensuite parcourir des milliers de kilomètres : l'ozone de New York se fait sentir jusqu'aux îles Britanniques. Pour réduire l'ozone, restreindre pendant quelques heures la circulation des voitures en ville ne suffit pas. C'est à l'échelle des continents qu'il faut agir, parce que c'est celle de l'ozone.

Voilà pour le mauvais ozone, celui qui est près du sol. À plus de 30 kilomètres d'altitude, on trouve aussi de l'ozone. Celui-là est indispensable à la vie sur la terre puisqu'il filtre les rayons UV B et C émis par le soleil, qui sont à l'origine des cancers de la peau. Un trou dans cette couche d'ozone s'est formé au-dessus de l'Antarctique, provoqué par des gaz présents dans les bombes aérosols (CFC). Un protocole a été signé en 1987 à Montréal pour qu'on cesse d'utiliser ces gaz, et ô miracle, le trou qui se forme chaque année au printemps de l'hémisphère Sud a semblé se résorber ! En 2002, il avait presque disparu. Oui, mais en 2003, il était encore plus important qu'en 2001. Finalement, les scientifiques espèrent qu'il cessera de se reformer vers... 2050. Le pire n'est jamais sûr, le meilleur non plus. En attendant, les pays de l'hémisphère Sud doivent être extrêmement attentifs à la nocivité des rayons solaires.

Le gaz carbonique, CO^2, est invisible et ne provoque pas autant de pathologies que le CO, monoxyde de carbone. (Il affecte quand même la diffusion alvéolo-capillaire et perturbe la purification du sang.) Les répercussions sur la santé du gaz carbonique sont surtout indirectes : comme la vapeur d'eau, c'est-à-dire les nuages, c'est un gaz à effet de serre. Il a toujours existé dans l'atmosphère, et heureusement, puisque c'est grâce à lui et à d'autres gaz à effet de serre que la température moyenne de la terre est de 15 °C : ces gaz retiennent une partie du rayonnement du soleil, ils constituent une sorte de coque gazeuse autour de la terre. Sans eux, la température moyenne de la planète serait de – 18 °C ! Mais voilà : depuis 150 ans, c'est-à-dire à peu près depuis le début de l'ère industrielle, ces gaz à effet de serre ont dangereusement augmenté : pour le seul CO^2, jamais autant depuis 500 000 ans et jamais aussi vite depuis que la terre existe ! Le CO^2 « additionnel » est rejeté dans l'atmosphère par les activités humaines et en particulier par les combustibles fossiles (charbon, gaz, pétrole) utilisés surtout dans les transports, l'habitat et l'industrie.

Comment empêcher l'augmentation du CO^2 qui met la planète en danger ? On sait que le gaz carbonique est soluble dans l'eau et absorbé par la végétation. Les océans et les forêts sont donc des « puits » qui piègent le gaz carbonique. Ils sont insuffisants pour compenser l'augmentation de ses émissions, et on commence à planter des forêts dans ce seul but. Mais il faudrait couvrir l'ensemble du territoire français pour absorber l'équivalent des émissions d'origine humaine !

Le CO^2 et la vapeur d'eau ne sont pas les seuls gaz à effet de serre. Il y a aussi le méthane, qui provient des activités agricoles (en particulier de la culture du riz et de l'élevage des bovins). Il est 200 fois plus faible dans l'atmosphère que le gaz carbonique mais il absorbe 20 fois plus de rayonnement solaire que celui-ci. Sa concentration a doublé brutalement depuis 100 ans…

Bref, les GES (gaz à effet de serre), parce qu'ils augmentent, même en quantité infime, modifient la circulation de l'atmosphère et des océans. C'est un phénomène nouveau, méconnu, et dont il est difficile de prévoir toutes les conséquences.

La pollution, elle, existe depuis que l'homme existe. Elle était déjà présente à l'époque des cavernes, quand l'homme inventa le feu qui lui permettait de cuire sa nourriture et d'éloigner les bêtes sauvages. Or, toute combustion pollue. La pollution a donc accompagné le développement de toutes les sociétés humaines.

Toutefois, la pollution provoquée par la société industrielle atteint des sommets et les catastrophes sanitaires se succèdent :

Dans la Meuse en 1930, plus de 60 morts dans un brouillard d'acide sulfurique. En 1948, 20 morts et des milliers de malades dans une vallée encaissée près de Pittsburgh, aux États-Unis. À Londres, en décembre 1952, le *smog* provoque en 4 jours la mort de 4 000 personnes. Dix ans plus tard, en 1962, 340 personnes meurent à nouveau en quelques jours dans les mêmes conditions. Les victimes souffrent surtout de maladies respiratoires et cardio-vasculaires.

L'accident de Seveso en 1976, celui de Bhopal en Inde en 1984, Tchernobyl, et enfin Toulouse en 2001 ont été de rudes signaux d'alarme.

Jacques Fontan, dans *Les Pollutions de l'air* [30], ajoute que la situation à Los Angeles a aidé aussi à cette prise de conscience des dangers de la pollution. Il est vrai que comme le brouillard de Londres en son temps, le brouillard jaune de Los Angeles était devenu une attraction locale. Je me souviens de mon premier voyage dans la cité des anges, leurs ailes encrassées recouvraient la ville. Quelques années plus tard, la vue de Paris prise depuis la caméra du toit à TF1 laissait voir en été, par temps clair, juste entre les toits des maisons et le bleu du ciel, à la hauteur du premier étage de la Tour Eiffel, un brouillard certes moins dense, mais dont la couleur jaune rappelait celle qui flottait à Los Angeles 20 ans plus tôt !

On a quand même fait d'énormes progrès quant aux rejets industriels : nos usines polluent moins (d'autant qu'elles sont aujourd'hui peu nombreuses dans les pays riches. Mais c'est un autre problème…). Désormais, la fumée que l'on voit s'échapper des immenses cheminées d'usine est surtout composée de vapeur d'eau. La concen-

30. Paris, Vuibert, nouvelle édition, novembre 2004.

tration moyenne sur l'année à Paris du dioxyde de soufre a été divisée par 100 depuis 1970. Celle des particules par 5. Même constatation pour le plomb.

Pourtant la pollution augmente dans les villes, parce que, comme on l'a vu, les voitures et les poids lourds (et les 4×4 !) sont de plus en plus nombreux. De nouveaux pays commencent à s'équiper en voitures privées, tels la Chine, l'Inde ou le Brésil. Et pourquoi leurs habitants n'auraient-ils pas droit au même confort que les Américains ou les Européens ?

L'amélioration technique n'est donc pas suffisante. Alors que faire ?

La tentation de se protéger mieux que son voisin de la pollution finit par devenir la tentation de se protéger *de* son voisin. D'où certaines situations absurdes : sous mes pieds, et pendant que j'écris, vibre le lancinant ronron du climatiseur de l'agence bancaire du rez-de-chaussée à l'abri de la chaleur de l'avenue, de sa pollution et d'éventuels voleurs... Et tant pis pour la pollution sonore et gazeuse que cela entraîne pour le voisinage ! Tant pis pour les gaz à effet de serre, rejetés dans l'air ! Tant pis aussi pour les employés de l'agence totalement isolés de l'extérieur !

Je reviens à cette nécessité vitale de ressentir par soi-même les mouvements de l'atmosphère et d'apprendre à goûter ce qui est bon pour mieux se prémunir contre ce qui est nocif... Mieux vaut un bon système d'aération plutôt qu'une climatisation inutile dans un immeuble frais, dangereuse pour la planète.

Je crois, comme le climatologue Michel Petit, que seule l'addition des consciences individuelles, ce qu'on appelle l'opinion publique, peut changer quelque chose et obliger les gouvernements à prendre des mesures contraignantes pour tous, qui limitent la pollution.

Certes, des mesures existent déjà sur le plan national : La loi sur l'air garantit à chacun « le droit à l'information sur la qualité de l'air et ses effets sur la santé et l'environnement ». Dans chaque région, chaque grande ville, il existe des plans de protection pour la qualité de l'air... Un « indice atmo » a été ainsi défini ; les concentrations des polluants sont calculées sur une échelle allant de 1 à 10. Le niveau 8 correspond au seuil de mise en alerte et de recommandation. Ces directives sont excellentes, certes, mais pourraient être plus efficaces, plus contraignantes avec l'aide (j'y reviens) de l'opinion publique.

À l'échelle continentale, la Communauté européenne arrive à imposer des normes à ses pays membres, qui sont tenus d'agir dans le strict respect des décisions communautaires. La directive Seveso impose des normes européennes aux activités industrielles. Les valeurs limites, les seuils d'alerte sont fixés pour tous selon les effets sur la santé.

À l'échelle mondiale, les recommandations restent des vœux pieux. L'OMS (Organisation mondiale de la santé) définit des normes utiles et applicables dans tous les pays, qui donnent l'état des connaissances scientifiques sur tel ou tel produit, mais sans aucune obligation. L'OMS propose, les États disposent.

Il faut savoir se protéger pourtant car la pollution tue. Le redoutable été 2003 a tué à cause de la chaleur, mais aussi de la pollution... Chaque année, 19 000 à 44 000 décès sont imputables à la pollution, dont 10 000 à 24 000 seraient liés aux polluants émis par les voitures : autant que les décès dus aux accidents de la route ! C'est ce qu'affirme William Dab, directeur général de la Santé, jusqu'en février 2005, dans *Atmosphériques*, le magazine de Météo France [31]. (En

31. Voir la bibliographie en fin d'ouvrage.

France, une étude de l'Agence française de sécurité sanitaire environnementale parle de plus de 9 000 morts pour la seule année 2002.)

La pollution, contrairement aux gaz à effet de serre additionnels, se voit, se goûte, se sent, s'entend ; elle provoque directement des affections de la peau, de la vue, de la respiration : on perçoit immédiatement et physiquement une partie de sa réalité et de sa nocivité… Cette partie ne suffit pas toujours pour faire bouger les dirigeants, mais elle suffit pour que celui qui est attentif à sa santé et à l'harmonie avec l'atmosphère apprenne à se protéger.

Quand les pressions sont élevées, évitez de promener les tout-petits en poussette à la hauteur des pots d'échappement, surtout pendant les matinées d'hiver quand les moteurs encore froids sont les plus polluants. Pour les plus âgés, ne les forcez pas à leur sortie quotidienne, ils pourraient rentrer fatigués et nauséeux. Et si vous aimez aller courir, résistez l'été au beau soleil…

Mais où la pollution va-t-elle se nicher ? Les pluies peuvent aussi être un facteur de pollution : on les appelle pluies acides, à cause de l'acide sulfurique qu'elles contiennent et qu'elles transportent ainsi d'une région polluée jusqu'à des forêts pourtant bien éloignées des zones industrielles, comme dans les Vosges.

À la campagne, la pollution est moins visible mais elle est bien là : l'azote utilisé dans les engrais provoque lui aussi l'émission d'oxydes d'azote. Sans parler des pesticides…

À cette pollution provoquée par l'homme, s'ajoute aussi la pollution par les spores et les pollens émis par les cyprès, les bouleaux, les chênes, les frênes, les platanes, les oliviers, les graminées, les ambroisies… Ils se disséminent dans l'air et provoquent des relations inflammatoires et immunologiques chez celui qui les aspire. Mais nous ne sommes pas tous sensibles aux mêmes pollens et ces allergies ne concernent que 25 % de la population en France. Comme le vent est le moyen de transport de ces pollens, les conditions météo les rendent plus ou moins nocifs. Le brassage de l'air est cependant favorable à leur dissémination, comme la pluie.

Les odeurs sont aussi une forme de pollution de l'atmosphère. Elles sont gênantes, mais en général peu toxiques. Enfin, les bruits sont eux aussi, surtout en ville, une forme de pollution...

Non, décidément ce chapitre n'est pas gai, malgré Monet, Turner et Whistler... La pollution aujourd'hui est moins visible et n'est plus un sujet de peinture. Elle a pourtant envahi toutes les régions de la terre, même les plus éloignées des centres industriels. Dans les pays riches, il semble que les hommes l'acceptent comme prix de leur confort et que le bien-être matériel leur soit plus indispensable que la qualité de l'air... Jusqu'à quand ? Dans les pays pauvres, la pollution est moins discrète et le confort plus rare, mais le fatalisme est le même.

J'ai mal à la tête. Le bruit de la ville ? L'odeur de la rue ? La pollution des voitures en bas ? Le quintette pour clarinette de Mozart me berce doucement. Le poisson Comète fait des bulles dans son aquarium. J'ai ouvert les fenêtres, le soir tombe, le macadam brille sous le lampadaire. Il pleut enfin.

Dans l'échange entre l'atmosphère et les êtres vivants, l'homme – même s'il l'oublie parfois – n'est pas seul. Tous les êtres vivants y participent, et donc aussi les plantes et les animaux.

Pour connaître les climats du passé, on étudie la flore et la faune qui, selon qu'elles sont adaptées au froid, au chaud, au sec ou à l'humide, témoignent des périodes de réchauffement ou de glaciation de la planète.

Chaque fois, plantes et animaux tentent de s'adapter aux changements climatiques en changeant de territoire et d'aspect. Parfois, ils disparaissent. Aujourd'hui, ils sont confrontés à un réchauffement provoqué par l'homme. Beaucoup plus brutal que tous ceux du passé, il exige des espèces une adaptation si rapide que la survie d'un bon nombre d'entre elles est menacée. Déjà, 260 espèces ont disparu au XXe siècle.

Les animaux sont plus sensibles que l'homme aux accidents de la nature. Plus vulnérables, mais mieux avertis : le 26 décembre 2004, les éléphants du Sri Lanka ont barri deux heures avant l'arrivée du raz de marée, ils ont forcé les clôtures, désobéi à leurs cornacs et se sont arrêtés précisément là où le tsunami n'est pas arrivé. On raconte qu'ils ont ainsi sauvé des hommes malgré eux. Les récits d'anticipation animale sont nombreux et anciens. Le philosophe Emmanuel Kant raconte que huit jours avant le tremblement de terre de Lisbonne, en 1755 : « le sol près de Cadix s'est recouvert d'une multitude de vers s'extirpant de la terre [32] ». En 1975, les autorités chinoises ont évacué un million d'habitants de la ville de Haicheng,

32. Sources : www.catnat.net/news_monde. htlm.

quelques jours avant un tremblement de terre sur la base, notamment, de l'observation de serpents interrompant leur hibernation et sortant de terre pour venir mourir gelés sur le sol, ou du bétail refusant de rentrer dans les fermes. 150 000 personnes ont ainsi été sauvées.

Le docteur Shimamura affirme, lui, que les chiens ressentent l'imminence d'un danger : les morsures augmentent nettement avant un séisme. Lors du tremblement de terre de Kobé, au Japon, en 1995, les aboiements excessifs et les morsures ont augmenté de 18 % pendant les deux mois précédant la catastrophe.

En attendant d'être les augures les plus fiables des catastrophes provoquées par le réchauffement climatique, les animaux en sont les premières victimes : la population d'ours polaires de l'Arctique diminue d'année en année. Les ours polaires ont besoin de la banquise pour chasser le phoque. Or la banquise se forme de plus en plus tard et fond de plus en plus tôt. Autour de la baie d'Hudson au Canada, les ours pèsent 80 à 85 kilos de moins qu'il y a 20 ans. Ils se rendent prématurément sur terre, sans assez de réserve de graisse, ce qui les laisse affaiblis à la fin de l'été et pose des problèmes pour leur reproduction.

Il faut dire que les effets du réchauffement climatique se manifestent d'abord près des pôles : l'Arctique se réchauffe deux fois plus vite que le reste de la planète, c'est donc la faune et la flore de ces régions qui sont les plus touchées. L'ours polaire a besoin de froid pour se maintenir dans son équilibre naturel.

Le réchauffement pousse les espèces acclimatées au froid à remonter vers les pôles. C'est ainsi que le renard roux, commun aux États-Unis, menace désormais le renard arctique, plus petit, moins agressif que lui et qui risque de disparaître.

Même mouvement pour la flore et en particulier les forêts qui empiètent sur la toundra, territoire naturel de millions d'oiseaux (bécasseaux, pluviers, canards), de caribous et de rennes dont la survie est aussi menacée. C'est un paradoxe : la fonte des glaces augmente la biodiversité mais les espèces arctiques sont en danger.

Le Conseil de l'Arctique a prévenu en novembre 2004 : « L'Arctique est le signal précurseur du reste du monde. Ce qui arrive à la planète se produit d'abord dans l'Arctique. Protégez l'Arctique et vous sauverez la planète [33]. »

Dans les pays tempérés, la biodiversité est elle aussi bouleversée par le réchauffement climatique. La floraison des arbres fruitiers est de plus en plus précoce : 15 jours d'avance en moyenne depuis la fin des années 80. Du coup, le retour des dernières gelées fait beaucoup plus de ravages.

Le principal baromètre de la santé des écosystèmes, ce sont les oiseaux migrateurs. Les observateurs du Muséum d'histoire naturelle ont constaté que les hirondelles étaient de retour à Paris dès la mi-février, 15 jours plus tôt qu'autrefois. Certaines ont même renoncé à toute migration saisonnière et ne quittent plus les régions du sud de la France. Constat analogue pour les canards et les échassiers qui se contentent de la baie de Somme au lieu de descendre jusqu'en Afrique… Mais il suffirait d'un hiver particulièrement froid en Europe pour faucher des populations entières.

Les mouettes et les goélands, eux, passent désormais toute l'année sur les bords de Seine, à Paris, pour profiter comme les corneilles des déchets ménagers. La population animale est d'ailleurs très nombreuse dans la

33. *Le Monde* du 19 novembre 2004.

capitale : l'hirondelle rustique, qui avait disparu en même temps que les chevaux, fait sa réapparition. Les faucons crécerelles, terreurs des moineaux, comptent 50 couples. On trouve aussi des crapauds, des chouettes hulottes, des ramiers, des pigeons, des étourneaux, des geais, des merles, des souris, des rats, des renards, des fouines, des chauve-souris, des punaises, des papillons... En tout, on compte à Paris 1 300 espèces animales sauvages, dont 800 d'insectes, 44 de mollusques, 2 de reptiles, 9 d'amphibiens, 29 de mammifères et 35 de poissons. La flore est aussi riche : 1 200 espèces ont été dénombrées.

La flore et la faune semblent donc s'acclimater à ce nouveau climat urbain. Il n'en reste pas moins que, tous territoires confondus, les oiseaux de nos régions ont perdu 27 % de leurs effectifs en 14 ans [34].

D'ici à 2050, la très sérieuse revue britannique *Nature* prévoit la disparition de 15 % à 37 % des espèces de plantes, papillons et vertébrés terrestres. Un mammifère sur 4 et un oiseau sur 8 sont aujourd'hui menacés d'extinction à court terme. Le réchauffement climatique, les activités humaines rendent leur habitat inhospitalier et la plupart de ces espèces s'éteindront sans pouvoir coloniser un autre habitat et remonter vers le Nord.

Les réserves d'animaux ne sont pas une solution pour lutter contre ces disparitions : les scientifiques affirment que si ces réserves s'étendent sur 10 % des terres émergées, elles ne pourront héberger que 10 % de la biodiversité actuelle. Pour eux, c'est tout l'équilibre entre les activités humaines et la flore et la faune qui doit être repensé.

Parmi les espèces animales qui remontent vers le Nord, on trouve toute une série d'insectes, vecteurs de maladies

34. Sources : Romain Julliard, in *Le Monde* du 10 avril 2004.

éradiquées ou inconnues dans les pays tempérés, comme le paludisme ou la dengue. Le paludisme a été une maladie répandue en France, mais plus qu'une politique sanitaire, c'est l'assèchement des marais qui a provoqué la disparition des moustiques vecteurs. Il ne semble pas qu'ils arrivent à se réintroduire en France malgré l'élévation des températures, les marais étant toujours asséchés ! En revanche, ils envahissent l'Amérique centrale et la cordillère des Andes au-delà de 1 000 mètres, où ils ne pouvaient vivre il y a quelques années.

Les insecticides utilisés contre ces nouveaux insectes, dont certains s'attaquent aux arbres ou au maïs, ont tué davantage d'insectes autochtones que de nouveaux arrivants : les abeilles ont été détruites à 90 % dans le Sud.

Les poissons remontent aussi vers le Nord : ils suivent le plancton qui migre vers les eaux froides.

Ces déplacements de différentes espèces (poissons, insectes, mammifères, oiseaux, flore) vers le Nord (à peu près 6 km tous les 10 ans), se font souvent au détriment de l'équilibre des écosystèmes : les conditions de vie ne sont plus les mêmes pour les espèces migrantes, leurs proies et leurs prédateurs ne migrent pas toujours en même temps, les sols sont différents, le nombre d'humains rencontrés aussi. Les espèces qui montent en altitude doivent faire face à l'appauvrissement de l'oxygène. Une population peut se développer très vite au détriment d'une autre et la faire disparaître.

L'agriculture subit elle aussi les effets du réchauffement. Certes, dans un premier temps, 1 °C ou 2 °C supplémentaires peuvent être bénéfiques si l'eau ne manque pas (ce qui risque d'être le cas dans le sud de l'Europe, certaines régions d'Afrique, d'Amérique, d'Asie). L'augmentation du gaz carbonique accélère la croissance des végétaux si elle n'est pas trop forte. Mais les accidents climatiques risquent d'être de plus en plus nombreux et fragiliseront les économies agricoles. Comme toujours, les pays riches s'en tireront mieux que les pays pauvres.

Voilà. Dans l'immense chaîne de la vie, l'homme n'est qu'un maillon. Plus que jamais, notre équilibre est lié à celui de tous les êtres vivants. Face au défi du réchauffement, nous ne nous en tirerons pas tout seuls, et sûrement pas en faisant porter tout le poids des changements brutaux qui s'annoncent aux seuls plantes et animaux. Il n'est pas dit, d'ailleurs, même si certaines espèces de la faune et de la flore ont d'ores et déjà disparu, que l'espèce humaine soit la plus résistante.

Aimer le temps qu'il fait, les variations du ciel, les bienfaits des différentes situations météo, c'est aimer aussi la diversité des paysages, des espèces, et comprendre comment les uns s'adaptent aux autres dans un entrelacs serré où toutes les manifestations du vivant sont possibles et le resteront.

Ils ne mettent pas en danger la santé mais la vie, et peu importe qu'on soit vulnérable ou résistant : les tempêtes, les inondations, les orages, les cyclones ne choisissent pas leurs victimes. On sait qu'ils seront de plus en plus nombreux et qu'ils se produiront aussi là où on ne les attend pas. Si on ne peut pas les éviter, on peut au moins s'y préparer et parfois les prévoir.

Sur les derniers transatlantiques de la Cunard *ou de la* French Line *où j'ai voyagé dans les années 60 quand mes parents m'emmenaient en Amérique, à peine avait-on quitté Le Havre ou Cherbourg, que commençait l'exercice de sauvetage : les sirènes se mettaient à hurler, chacun descendait dans sa cabine, enfilait son gilet de sauvetage et remontait selon un chemin tracé par une couleur dans un dédale de coursives et d'escaliers jusqu'au pont supérieur où l'on s'alignait tant bien que mal comme une armée en désordre. Engoncés dans nos gilets, nous attendions les ordres pour monter à bord d'immenses barques qu'on descendrait dans l'eau si le bateau sombrait… La catastrophe du* Titanic *ne devait pas se reproduire. Je ne suis jamais montée dans ces terribles barques, mais l'idée qu'on puisse se balancer à cinquante ou cent personnes dans ces énormes canots, plusieurs dizaines de mètres au-dessus des gigantesques vagues qui s'écrasaient contre le flanc du navire, me terrorisait…* Titanic *n'était pas encore un grand film d'amour et mon romantisme de petite fille ne trouvait dans cet exercice quasi militaire aucune exaltation. J'avais peur.*

L'exercice de répétition d'une catastrophe est sans doute le seul moyen d'y échapper. Certes, on ne peut jamais imaginer exactement les conditions qu'on risque d'affronter, mais on peut apprendre les gestes qui sauvent et éviter ceux qui perdent… La brutalité, la nouveauté d'une situation inattendue ne provoque pas d'emblée les meilleurs réflexes. D'où l'utilité de ces exercices qui font « comme si ». La différence avec la réalité, c'est que comme au cinéma, les morts se relèvent à la fin du film.

Des films, des images, on en a justement beaucoup vu après le raz de marée en Asie, prises précisément par ceux qui allaient en être les victimes. Toutes ces images racontent la même chose : l'incrédulité d'abord, on regarde cette grosse vague arriver, comme on admire un feu d'artifice ; puis la stupeur devant la force de cette eau qui ne s'arrête pas sur la plage et qui s'enfonce dans les terres. Une stupeur qui paralyse et qui fait que l'on continue machinalement ce que l'on est en train de faire. Je me rappelle une jeune fille dans une piscine du bord de mer envahie par une première vague, qui a encore pied et qui continue distraitement à brasser l'eau avec les mains sans bouger, sans fuir, alors qu'une autre vague plus puissante, plus haute arrive à son tour. Je pense aussi à cette camionnette bleue qui traverse une rue où la vague s'engouffre et qui continue à rouler lentement pour atteindre l'autre côté où elle n'arrivera jamais. Après la stupeur, c'est la panique qui s'empare de tous et les images le montrent bien parce qu'elles tremblent trop et que la caméra s'affole comme celui qui la tient. La panique apporte souvent des mauvais réflexes, aux antipodes des gestes qui sauvent.

Paul Tapponier, spécialiste des raz de marée, l'a redit avec force dans *Le Monde* du 5 janvier 2005 : il faut regarder, malgré leur brutalité, ces nombreuses vidéos sauvées du naufrage pour que le plus grand nombre d'êtres humains puisse en tirer connaissance, leçon et réflexe futur.

Il y a bien sûr l'expérience que l'on tire de ce qu'on a déjà vécu soi-même. Si vous avez vécu de près des tempêtes, des inondations, un terrible orage, un cyclone à l'étranger ou dans les DOM-TOM, vous vous souvenez peut-être de ce que vous avez fait et qui vous a sauvé la vie ou qui au contraire aurait pu vous la coûter... Mais à défaut (et heureusement) d'expériences personnelles, il vaut mieux s'exercer avant. Toutes les catastrophes n'ont pas l'ampleur du séisme asiatique, mais toutes exigent de connaître à l'avance quelle est la bonne conduite à tenir : à Fos-sur-Mer, par exemple, des simulations d'accidents écologiques auxquelles toute la population participe ont lieu dans les écoles, les maisons, les lieux de travail...

Cette culture du risque, qui consiste à anticiper les dangers que l'on peut courir lors d'un événement brutal et inattendu et à s'exercer pour savoir s'en protéger, appartient au mode de vie des États-Unis. Elle fait sans doute partie des fondements de la société américaine où les pionniers ont dû apprendre, dans un monde inconnu et parfois hostile, à se débrouiller et à compter sur leurs seules forces pour s'en sortir.

En France, je me souviens encore de ceux qui pensaient il n'y a pas si longtemps qu'il ne fallait pas parler de catastrophes qui n'avaient pas encore eu lieu pour ne pas alarmer inutilement la population... On a pris conscience depuis que c'est tout le contraire.

– En cas d'inondation, il faut essayer de sauver les biens, couper le gaz, l'électricité et le téléphone et se mettre à l'abri dans un endroit prévu par la mairie ou les pompiers (d'où l'intérêt d'effectuer des exercices de répétition). Emporter ses papiers, de l'eau potable, quelques vêtements, une radio. Prendre soin des personnes fragiles, se préoccuper de ses voisins et attendre les consignes. On a parfois très peu de temps pour accomplir tous ces gestes, d'où l'importance de les anticiper.

Le mauvais réflexe qui fait souvent des victimes, c'est de prendre sa voiture pour aller chercher les enfants à l'école ! Conduire en cas de montée des eaux est extrêmement imprudent, les cours d'eau qui débordent peuvent envahir les routes et entraînent tout sur leur passage. Restez donc où vous êtes et pensez que vos enfants sont de leur côté à l'abri à l'école, ou mis en sûreté ailleurs.

– À l'annonce d'une tempête, il faut chercher un abri loin des arbres et de tout ce qui peut être arraché par la force des vents. Il ne faut surtout pas tenter de sortir pour protéger les biens à l'extérieur : les tuiles, les branches, tout vole et devient projectile dangereux.

– Quand l'orage éclate, surtout ne pas courir à terrain découvert, et ne pas chercher abri sous un arbre : on le sait, la foudre est attirée par des points mobiles et verticaux. Pour échapper à tout danger et si vous êtes surpris par l'orage, le mieux est de vous accroupir et d'attendre que ça passe. Ce n'est pas forcément agréable, mais c'est sensé : chaque année, en France, des gens meurent foudroyés sur une plage désertée, ou sur un chemin de montagne, ou même place de la Concorde à Paris !

Tout se passe pendant ces catastrophes comme s'il fallait un temps (parfois mortel) pendant lequel l'homme prend conscience que la nature est dangereuse. La nature n'est ni bonne, ni mauvaise, elle est. Et ses forces ne sont pas toujours maîtrisables. Je n'aurai garde d'entrer dans la polémique qui veut que c'est parce qu'il s'est coupé de la nature que l'homme occidental est devenu si vulnérable quand elle se déchaîne. Je crois que les hommes ont toujours oublié, tout le temps, leur fragilité, leur vulnérabilité. Nous nous croyons immortels, nous vivons comme si nous ne devions pas mourir, comme si la mort était réservée aux autres. Et quand elle nous frôle, l'effroi est tel que nous nous détournons aussitôt… Il ne faut pas se détourner : il faut apprendre. Apprendre comment rester vivant, comment sauver des vies, comment réduire la fréquence de ces catastrophes, comment les prévoir, comment prévenir de ses dangers.

Si la météorologie a été mise au point et développée, c'est justement pour qu'elle puisse d'abord protéger les vies en prévenant des dangers liés au temps, et le premier souci des météorologues n'est pas tant de dire le temps qu'il va faire que de mettre en garde contre ses risques éventuels.

C'est dans cette perspective qu'a été mise au point la carte de vigilance de Météo France, élaborée sur l'exemple de la prévention des cyclones dans les DOM-TOM. Selon les couleurs verte, jaune, orange ou rouge des départements, elle avertit des dangers qui pourraient venir du ciel :

– Vert : tout va bien.

– Jaune : attention, prudence.

– Orange : mettez-vous à l'abri.

– Rouge : ne sortez plus.

Cette vigilance précise toujours quel danger météorologique est à redouter :

– Orages violents.

– Fortes pluies.

– Vent tempétueux.

– Avalanches.

– « Phénomènes glissants » (c'est-à-dire verglas ou neige, surtout dans les départements où c'est inhabituel).

– Grands froids.

– Canicule.

Les cartes de vigilance sont diffusées par les médias dès que le niveau orange est atteint, c'est-à-dire plusieurs heures avant le début de ces phénomènes dangereux.

Chaque fois que l'alerte orange est donnée dans un département, il faut se mettre soi-même en alerte et se demander si les projets de la journée ne doivent pas être modifiés en fonction du temps annoncé. Il est difficile de dire à l'avance comment se traduiront exactement dans la réalité ces calculs prévisionnels, mais depuis sa mise en place, cette « vigilance » a prouvé son efficacité, non seulement par la justesse des prévisions, mais aussi parce que, mieux averti, chacun réagit plus vite, et plus activement, au danger.

Depuis le tsunami de 2004 qui a frappé le sud de l'Asie, on réfléchit à la mise au point de systèmes d'alerte comme celui qui existe dans le Pacifique, centralisé à Hawaii. On peut espérer que toutes les mers du globe en seront bientôt équipées.

En Europe, les risques d'une telle catastrophe existent, le passé en témoigne : Alexandrie dévastée en 365 et 1303, Lisbonne détruite en 1755, des dizaines de milliers de morts à Messine en 1908... La liste n'est pas close, et ces catastrophes peuvent à nouveau se produire... Il faut renforcer les systèmes d'alerte, améliorer la recherche fondamentale. D'autant que les raz de marée qui suivent ces séismes seront de plus en plus meurtriers, parce que nous sommes de plus en plus nombreux à vivre près des côtes.

Il semble d'ailleurs que, comme un fait exprès, l'homme a de plus en plus tendance à vivre dans des régions où la nature est dangereuse : les côtes, mais aussi la montagne, le bord des rivières, parfois même le pied des volcans. Ces installations sont des phénomènes à la fois récents et très anciens. Elles s'expliquent par des nécessités géographiques et économiques : les fleuves et les côtes ont toujours permis le commerce et les échanges. La terre au pied des volcans est particulièrement fertile.

Quand même, le goût pour la montagne est récent et les migrations provisoires qu'elle entraîne sont provoquées par le seul attrait touristique qui ignore ses dangers naturels. De même pour les côtes : on l'a vu, jusqu'au XIXe siècle, en Europe, on ne construisait pas les villes de bord de mer ouvertes sur le large, mais au contraire, à quelque distance du rivage, ou en tout cas tournées vers la terre : était-ce parce que nos ancêtres avaient plus conscience que nous des dangers naturels de la mer ou pour se mettre à l'abri des envahisseurs ? Du vent ? Je n'ai pas la réponse.

Raison de plus en tout cas pour choisir en toute connaissance de cause son habitation quand on s'installe dans des régions où des catastrophes météorologiques ou telluriques peuvent se produire.

Il faut se renseigner sur les zones à risques auprès de la mairie, mais aussi du département et des vieux habitants… Normalement, toutes sont répertoriées. Il ne faut pas oublier qu'une inondation centennale peut se produire précisément l'année de votre installation et une autre toute aussi centennale l'année d'après… Cela n'enlève rien à son caractère centennal, cela veut dire qu'elle peut ne pas se reproduire pendant 200 ans… À moins que le réchauffement climatique ne change la donne.

Inondations, tempêtes, cyclones, raz de marée… Ces catastrophes marquent profondément les esprits des survivants et altèrent leur santé physique et mentale. Après le passage du cyclone Hugo en Guadeloupe, on a noté une recrudescence d'accidents cardiaques, de troubles psychologiques et de dépressions. Le nombre de suicides et de tentatives de suicides a augmenté. On se souvient des visages bouleversés et tendus des survivants du tsunami de décembre 2004. Le goût des rires et de la joie ne reviendra que très lentement. On se remet mal sans doute d'avoir été le témoin impuissant de la violence sans limite de la mer et d'avoir survécu quand d'autres y ont laissé la vie…

Face à la violence de phénomènes météorologiques ou telluriques, avoir les bons réflexes dans un temps très court demande de la lucidité et du sang-froid. Nous en sommes tous capables. Encore faut-il s'y préparer et ne pas oublier que les activités humaines sont sans doute les premières causes de leurs multiplications.

Le changement climatique est une rumeur. Parfois sourde. Parfois assourdissante. Tout dépend des accidents météorologiques. Une canicule ? Des tempêtes ? Quelques inondations ? Et hop ! La rumeur enfle, envahit les consciences et les inconscients... Le monde change, c'est sûr, on va vers l'Apocalypse, les tsunamis l'annoncent, nous sommes les prochaines victimes d'un temps que nous avons déréglé, c'est une punition méritée, les hommes ont joué avec le feu... Nous serons donc tués par le trop chaud ou le trop froid, la montée des eaux, les cyclones, la sécheresse, la planète va devenir un énorme glaçon ou une boule de feu, et on ne le saura pas parce qu'on sera tous morts ! Le succès d'un film comme *Le Jour d'après* repose sur cette logique de peur qui n'envisage le futur que de manière catastrophique et dramatique. À la fin du film, les héros s'embrassent et repartent vers un monde meilleur... La réalité sera peut-être différente.

Le changement climatique n'est pas une rumeur : c'est une constatation de l'ensemble de la communauté scientifique internationale. Même les États-Unis, dont le gouvernement n'a pas ratifié le protocole de Kyoto, comptent parmi eux les scientifiques les plus convaincus de l'urgence de réagir à ce réchauffement inexorable provoqué par les activités humaines.

En France, après l'été 2003, et les 15 000 morts de la canicule, les colonnes des journaux se sont remplies des interviews des scientifiques et des déclarations des politiques. Les scientifiques trouvaient enfin l'occasion d'être entendus, et répétaient ce qu'ils disaient déjà depuis de longs mois, voire de longues années, à savoir le réchauffement de la planète. Les politiques eux tenaient un discours nouveau tout entier préoccupés de l'avenir (menacé) de l'humanité.

Pendant l'hiver 2003-2004, le changement climatique et ses conséquences dramatiques pour l'avenir de l'humanité furent évoqués dans toutes les assemblées et les réunions de chefs d'État. En France, on créa des missions parlementaires, des commissions gouvernementales, on prépara une Charte pour l'environnement et un Plan climat.

Au printemps 2004, tout était prêt pour affronter une nouvelle canicule ; les programmes d'assistance, les recommandations, les conseils étaient validés, imprimés, médiatisés (seuls se plaignaient les directeurs de maisons de retraite qui manquaient de subventions pour installer la climatisation dans au moins une pièce de leur établissement). Météo France avait intégré la canicule dans ses cartes de vigilance et les seuils d'alerte avaient été établis région par région. Les ministres avaient annulé leurs vacances et les effectifs du département des situations d'urgence sanitaire avaient doublé !

Il ne se passa rien.

L'été 2004 fut un été pluvieux comme on en connaît régulièrement en France. Les prédictions apocalyptiques du changement climatique s'éloignèrent en même temps que les nuages s'amoncelaient dans le ciel. Pour la fête de la musique, le 21 juin, il plut, contrairement à l'année passée, mais comme toutes les années précédentes.

Dès la semaine suivante, un article du *Monde* fustigeait ceux qui étaient prêts à renoncer à la croissance au nom du danger du réchauffement. Au cours de l'été, des spécialistes (économiques surtout) de plus en plus nombreux prirent la plume pour dénoncer la mainmise idéologique des écologistes et des altermondialistes sur un changement climatique dont la seule alternative était, à les en croire, le renoncement au progrès, pour éviter la fin de la civilisation humaine.

La Charte sur l'environnement provoqua quelques échanges peu amènes entre les groupes de l'Assemblée nationale et quelques dissensions à l'intérieur des partis, et le Plan climat fut remis à plus tard. « Du vent ! » titra *Libération* à propos de ce fameux plan après un mois de juillet particulièrement froid et humide. Le projet de loi était pavé de bonnes intentions mais les décisions renvoyées à plus tard… Les 4 x 4 pollueurs pouvaient continuer à rouler en ville.

Les vacanciers rentrèrent chez eux, dépités par leurs vacances gâchées par la pluie, mais à cause du désastre caniculaire de l'année précédente, on n'osa pas trop se plaindre.

La canicule de 2003 avait fait naître les pires frayeurs pour l'avenir de l'humanité, la pluie de l'été 2004 ridiculisa les porteurs de mauvaises nouvelles.

Versatile, l'opinion publique ? Sans doute. Mais qu'attendre d'une prise de conscience dictée par la peur ? Une fois ce sentiment de peur disparu, ce qui l'avait fait naître disparaît aussi…

Les scientifiques ne sont, eux, pas mus par la peur, mais par la curiosité et le désir de comprendre, de connaître, de maîtriser. Leur recherche n'est pas dictée non plus par l'occurrence des « événements exceptionnels ». À chaque catastrophe, ils expliquent calmement que le climat de la terre est en train de changer à cause des activités humaines, mais que pour autant, on ne peut pas être sûr que ces catastrophes météo sont imputables au changement climatique. Leur souci n'est pas de savoir si la canicule de 2003 ou les tempêtes de 1999 s'inscrivent dans la variabilité normale de la météo ou si elles sont déjà l'émanation du réchauffement climatique, leur souci, c'est le futur, c'est ce qui va se passer dans dix, vingt, cent ans…

Mais qu'est-ce qui va se passer ? Qu'est-ce qu'ils savent ? Les réponses ne sont jamais aussi simples qu'on le souhaiterait naïvement. Ils n'ont pas écrit le scénario du *Jour d'après*, où l'on voit New York envahi par les eaux, puis les glaces, en quelques heures. Ça, c'est du cinéma ! Leurs scénarios à eux sont beaucoup plus longs, beaucoup plus complexes, beaucoup plus probables et ne comportent pas forcément de *happy end*…

Est-ce à cause de la complexité des futurs envisagés ? Est-ce parce que les pays riches ne veulent renoncer ni à leur confort, ni à la croissance, moteur de l'économie et du plein emploi ? Les doutes continuent de se répandre sur le réchauffement climatique et les théories, qui brocardent ce qui est pourtant une certitude pour tous les scientifiques, continuent de fleurir. En voici quelques exemples :

De tout temps, l'homme a craint la fin du monde, depuis toujours les religions en ont menacé l'homme pour châtiment de ses péchés. Les scientifiques d'aujourd'hui annoncent comme les druides aux Gaulois que le ciel va nous tomber sur la tête. Les druides se trompaient, les millénaristes aussi, qui prédisaient la fin du monde à l'an mil, puis au deuxième millénaire… Tous se sont trompés. Alors, pourquoi les scientifiques ne se tromperaient-ils pas à leur tour ? La destruction du monde, l'extinction de l'espèce humaine a été prédite bien des fois, et nous sommes toujours là. Pourquoi ce qui est resté une terreur imaginaire jusqu'à présent prendrait-il plus de réalité aujourd'hui ?

Après l'effondrement des idéologies qui tentaient de donner un sens au monde, renaît la vieille peur de l'Apocalypse. Est-ce que ce ne serait pas un épouvantail agité par les climatologues pour se faire entendre, alors qu'ils n'ont aucune certitude sur ce qui va se passer ? N'est-ce pas seulement un moyen pour être pris au sérieux et obtenir, à l'occasion d'événements exceptionnels qui font la une des journaux, davantage de crédits pour leurs recherches ? Depuis toujours, les hommes ont tenté d'imaginer l'avenir, et depuis toujours, ils se sont fourvoyés. Le futur n'est jamais ce qu'on croit qu'il va être. Il manquera toujours un paramètre qu'on n'avait pas prévu et la planète en a vu d'autres…

Ces arguments, on les lit, on les entend partout, surtout quand s'éloignent les catastrophes météorologiques…

Les climatologues, les prévisionnistes les connaissent. Mais comme ils ont compris que seule l'opinion publique pourra faire bouger les choses, ils continuent d'expliquer, de mettre en garde, d'avertir.

Ils ne prétendent pas savoir quel sera exactement le futur, ils envisagent plutôt une série de scénarios possibles. Avec humour et sagesse, ils évoquent « le battement d'ailes de papillon » ; c'est l'élément infinitésimal, invisible dans le présent, et qui va devenir déterminant dans le temps d'un futur plus ou moins proche sans qu'on ait pensé à l'intégrer dans les calculs, sans qu'on ait même envisagé son existence…

Ils aimeraient bien procéder simplement grâce aux moyens que le progrès a mis à leur disposition : on prendrait toutes les données possibles, les équations et les lois physiques, on mélangerait tout ça dans les ordinateurs les plus puissants du monde, et voilà, on saurait ce que va être le futur, climatique j'entends.

Malheureusement (heureusement ?), ça ne marche pas comme ça.

Les effets du réchauffement sont à plusieurs vitesses et l'on ne peut tous les imaginer. Par exemple, la fonte de la banquise : les rayons du soleil sur la surface blanche et plane de la glace sont réfléchis et repartent aussitôt vers l'espace. La fonte de la banquise fait disparaître cette surface réfléchissante, et laisse place à des grandes surfaces d'eau plus sombres où pénètrent les rayons solaires et qui absorbent ainsi la chaleur du soleil : donc plus la glace fond, plus la planète se réchauffe, puisque l'énergie solaire est captée par l'eau alors qu'elle ne l'était pas par la glace. La glace fond à cause du réchauffement climatique, et plus elle fond, plus elle accélère le réchauffement…

Beaucoup de connaissances manquent encore, surtout celles qui se rapportent à l'étude des océans, dont on sait désormais que leur influence est déterminante dans l'évolution des climats de la terre, mais qu'on étudie seulement depuis les années 70. Et puis les éléments scientifiques ne suffisent pas aux climatologues pour prévoir le futur. Il y a aussi le facteur humain : que vont faire les sociétés humaines ? Comment vont-elles réagir aux modifications du climat ? Comment vont battre les ailes du papillon ?

On sait que les gaz à effet de serre, le gaz carbonique (CO^2) en particulier, augmentent dangereusement. La terre a déjà connu une présence considérable de CO^2 dans l'atmosphère au temps des dinosaures, et certes l'air était respirable, et sûrement de bonne qualité puisque d'aussi grosses bêtes y vivaient ! Oui, mais pas l'homme… Les dinosaures ont disparu et nous sommes 6 milliards d'humains aujourd'hui… Le CO^2 supplémentaire que les activités humaines rejettent dans l'atmosphère augmente à une vitesse qui n'a rien à voir avec celle qu'a connue la planète au temps des dinosaures. L'augmentation se produit sur quelques dizaines d'années quand elle s'est produite alors sur des milliers d'années. Voilà pourquoi c'est une situation sans précédent.

On sait aussi que la température va augmenter de 1,4 °C à 6 °C. Qu'est-ce que 1 °C ou même 6 °C ? C'est moins que la différence entre le matin et l'après-midi dans n'importe quelle région de France ! Pourtant le changement de température entre une période glaciaire comme la planète en a connue quand les glaces descendaient jusqu'au nord de la France et une période interglaciaire comme celle d'aujourd'hui n'est que de 5 °C ! Le petit degré d'écart de la température moyenne est donc un écart très important et peut provoquer un total bouleversement de l'équilibre des climats… Que dire alors des 6 °C, prévisibles pour le nord de l'Europe au cours du XXIe siècle ?

La terre a certes déjà connu des changements climatiques, mais jamais à une telle vitesse, et jamais avec une telle proportion d'êtres humains !

Trop de transports, trop d'industries, trop d'habitations, trop de cultures, trop d'élevage… Est-ce à dire que nous sommes trop nombreux ? Et que la terre va exploser à cause de ce surnombre ? Certains le penseraient presque : La Terre mère, Gaïa, se réveillerait ainsi peu à peu de sa tranquille léthargie maternelle qui permettait jusque-là à toutes les espèces de vivre en équilibre, et réduirait à néant l'humanité qui prolifère comme une maladie planétaire et la menace. Cette théorie existe même chez ceux qui croient le moins à la nécessité d'agir contre le réchauffement climatique et qui envisagent pourtant une catastrophe future qui engloutirait tout ou partie de l'humanité… Un dieu vengeur se chargeant ainsi de rappeler à l'homme ses péchés et son impiété.

Ce retour de la religion à travers le chemin inattendu du réchauffement climatique est à mettre en parallèle avec les théories de l'Apocalypse ou de la fin du monde à l'an mil, mais à l'envers et de manière symétrique, ceux qui dénient tout danger climatique retrouvant par un curieux retour ceux qui croient proche la fin du monde…

Mais qu'est-ce qui inspire Bjorn Lomborg ? Ce Danois, ancien membre de Greenpeace, est devenu le pourfendeur de toutes les théories sur le changement climatique. Il ne joue pas avec les théories de l'Apocalypse, mais avec les chiffres. Statisticien de formation, il les manie avec une dextérité qui rend ses affirmations d'autant plus acceptables que l'économie mondiale a besoin d'un discours qui justifie son inaction face au réchauffement de la planète.

Bjorn Lomborg brosse les sociétés occidentales et les pays pauvres qui aspirent à ne plus l'être dans le sens du poil : il ne nie pas qu'il y ait réchauffement climatique, mais il conteste les conséquences que prévoit la communauté scientifique. Il souligne que la planète a déjà été aussi chaude avec une proportion aussi élevée de gaz carbonique ; les glaciers ont déjà été aussi raccourcis dans la longue vie de la planète et le Groenland, comme son nom l'indique, a déjà été une « terre verte ». Les pollutions des villes étaient plus importantes dans les années 50 qu'aujourd'hui, assène-t-il, et si certains affirment que les réserves de pétrole s'épuisent, c'est uniquement pour faire monter les cours… Et voilà poindre l'argument majeur : l'économie.

Toute la théorie de Bjorn Lomborg tend à démontrer que renoncer au progrès et à la croissance afin de réduire les émissions de gaz à effet de serre pour un résultat aléatoire, peut être plus dangereux pour la survie de l'espèce humaine que leur augmentation dans l'atmosphère. Le coût de l'arrêt de la croissance risque d'être plus difficile à supporter que le changement climatique lui-même. Coût économique, coût humain aussi. Les pays pauvres ont besoin d'investissements économiques pour s'en sortir ; c'est à ça que doit servir l'argent plutôt qu'à limiter les émanations de gaz carbonique…

Bref, il justifie de toutes les manières le principe indépassable du *business as usual* : ne changeons rien, continuons à vouloir toujours plus, la croissance en point de mire, le reste n'est qu'agitation…

Et pourtant, quoi que dise Lomborg, la pollution des villes n'a pas diminué, elle est d'une autre nature. Certes, il y a moins de particules, moins de métaux, moins de poussières de charbon… En revanche, le monoxyde de carbone s'est multiplié avec l'accroissement du trafic, et l'ozone est devenu la principale pollution des villes, ce n'était pas le cas il y a 30 ans.

Le Groenland a été en effet « terre verte » quand il a été colonisé par les Vikings d'Éric le Rouge ; qu'il soit aujourd'hui un pays très froid n'empêche pas la réalité d'un réchauffement climatique supérieur à celui du XIIIe siècle, et beaucoup plus brutal.

Lomborg est à peu près le seul à vouloir tenir débat sur le réchauffement climatique. Pour la communauté scientifique mondiale, il n'y a pas débat : la réalité du changement climatique est là, en témoignent les travaux du GIEC [35] qui rassemble les scientifiques les plus éminents de tous les pays. George Bush qui doutait de la pertinence des conclusions du GIEC a tenté de mettre en place une mission américaine chargée de les analyser, autant dire de les contester, elle les a au contraire avalisées…

Pour préparer ce livre, j'ai lu les rapports du GIEC, les travaux de Jean-Claude Duplessis, Jean Jouzel, Jean-Marc Jancovici, Michel Petit, Hervé Le Treut, Jean-Louis Fellous, Bernard Tissot, Sylvie Joussaume… D'autres

---

35. Groupe intergouvernemental sur l'évolution du climat, fondé par l'organisation météorologique mondiale et le programme des Nations unies pour l'environnement en 1988.

encore, il faudrait les citer tous, ces gens sont les héros du XXIe siècle, ce sont eux qui pourront nous sauver des catastrophes climatiques… Écoutons-les ! Lisons-les !

Je cherchais dans leurs ouvrages une direction vers un futur où, enfin réconciliés avec le temps qu'il fait, nous pourrions nous protéger de ses dangers tout en goûtant ses bienfaits.

Bref, le but de ce livre était de sortir de ce sentiment de menace et de peur du futur.

Mais même en mettant la peur de côté, il reste la menace. Alors essayons de nous représenter les dangers et les actions possibles pour les éviter.

À l'occasion d'un reportage, d'une émission de radio, d'un bulletin météo d'Évelyne Dhéliat, de Sébastien Folin, vous vous êtes déjà dit que vous utilisiez trop votre voiture, que désormais vous chaufferiez moins l'hiver et que vos enfants seraient climatologues… Je sais, j'ai eu les mêmes réflexes.

Et puis, vous avez pensé à autre chose… Moi, non, parce que je devais écrire ce livre. Alors, j'ai continué à lire, et voici quelques chiffres, pour mémoire, qu'il est important de souligner ou de redire :

– La température de la terre va augmenter au siècle prochain de 1,4 °C à 6 °C.

– La moitié de l'augmentation de CO^2 est due aux activités domestiques (transports, industrie, chauffage).

– La concentration actuelle de gaz à effet de serre dans l'atmosphère de la planète est supérieure à tout ce qu'elle a connu depuis plus de 500 000 ans.

– Le XXe siècle a été le plus chaud du millénaire.

– L'Arctique se réchauffe deux fois plus vite que le reste de la planète.

– Les réserves de pétrole pourraient être épuisées d'ici quarante ans.

– Les gaz à effet de serre continuent d'augmenter (gaz carbonique, méthane, dioxyde d'azote).

– Le niveau des océans monte (il s'est déjà élevé de 10 à 20 cm au XXe siècle).

– L'année 2003 a été la plus chaude jamais enregistrée. À la fin du siècle, elle sera considérée comme une année moyenne, voire plutôt froide !

Et puis, j'ai rencontré quelques-uns de ces scientifiques qui essaient d'alerter l'opinion publique.

Par exemple, Hervé Le Treut.

Hervé Le Treut est le directeur du laboratoire de météorologie dynamique. Je suis allée le voir à Jussieu, la faculté des sciences, à Paris, qu'on démolit et qu'on rebâtit pour enlever l'amiante utilisé à sa construction et à l'origine de nombreux cancers... Nous sommes bien au XXIe siècle.

Hervé Le Treut est un grand gaillard, à l'air doux et renfermé. Il a un peu un physique de nounours, je veux dire qu'il a cet air familier et rassurant des compagnons d'enfance, en même temps que l'apparence solitaire et silencieuse d'un pachyderme pyrénéen (s'il y en a encore...). Il écoute beaucoup, et laisse de longs silences s'établir dans la conversation. Quand il parle, c'est d'une voix douce et pas très forte, comme s'il ne voulait pas trahir le cheminement de sa propre pensée ni déranger celle de son interlocuteur. Il hésite sur les mots, il cherche à exprimer exactement ses idées, ses hypothèses, ses certitudes.

« Même si c'est du hasard, c'est du hasard qui ressemble beaucoup à ce qu'on peut craindre », dit-il en évoquant les tempêtes, les inondations et les canicules.

« Le réchauffement climatique, c'est un épisode mineur dans la vie de la terre. La perturbation climatique provoquée par les gaz à effet de serre durera, cent, deux cents, trois cents ans… Et puis après, la vie de la terre continuera. Le charbon et le pétrole auront disparu, mais il y aura encore de l'eau, peut-être plus que maintenant ; la planète sera habitable ; les ressources seront suffisantes… Le problème, c'est comment l'espèce humaine aura su résister à la brutalité du changement climatique. »

Tout ça a été dit de sa voix douce et posée. Je demande des chiffres, des exemples, il répond scénarios possibles. Et c'est là qu'est toute la difficulté de l'alarme : la prudence de Le Treut est celle du scientifique qui cherche, pas de l'ignorant qui spécule.

La communauté scientifique est sûre que le changement climatique est là et qu'il va se manifester de façon très brutale. Comment ? Sous quelle forme ? Plusieurs hypothèses sont possibles… Alors ils ne savent pas ? Non, ils ne savent pas. Ils savent seulement que ça arrive.

C'est comme un accident de voiture : on va droit dans le mur parce qu'on roule trop vite ; mais dans quel état sera la voiture après l'accident, pourra-t-elle encore rouler, combien y aura-t-il de morts, de blessés, y aura-t-il des survivants ? On ne sait pas.

On ne peut ne pas savoir à l'avance quelles seront les conséquences de l'accident, ça n'empêche pas de prévoir qu'il y en aura et qu'elles seront graves : c'est ainsi que raisonnent les climatologues.

On ne peut prévoir tous les paramètres, et d'ailleurs tous ne sont pas climatiques. On l'a vu lors des terribles et meurtrières pluies à Haïti et à Saint-Domingue au printemps 2004 : plus de trois mille morts. La même violence des éléments n'a provoqué que deux morts en Martinique ; en cause, l'importance de la population, la déforestation, l'urbanisation sauvage, c'est-à-dire la pauvreté d'un pays, privé de progrès économique et de confort (sauf pour les touristes), un des pays les moins polluants du monde (et pour cause, tissu industriel infime, pas de charbon, pas de pétrole, pas de gaz), mais première victime de ces événements exceptionnels qui, tant qu'ils n'auront pas été assez nombreux dans les pays riches, seront considérés comme fatalité inévitable de la vie sur terre pour tous les autres, c'est-à-dire les pauvres.

Les événements météorologiques sont une fatalité, pas les structures économiques ni le développement des gaz à effet de serre. On assiste depuis le début de l'ère industrielle (à peu près 1850) à leur augmentation considérable provoquée précisément par l'activité des pays qui ont le plus fort développement économique. C'est dire que ce sont les pays les plus riches qui provoquent le plus de désordre dans l'atmosphère, tout en subissant (pour le moment) le moins de conséquences grâce à la solidité de leurs structures économiques et à leurs situations géographiques. (Les pays riches sont en général situés dans des zones à climat tempéré, loin des cyclones et des orages dévastateurs.)

Il faut des gaz à effet de serre, mais pas trop.

Même si dès maintenant, on supprimait complètement leurs émissions, le changement climatique se poursuivrait à cause de ceux que nous avons émis tout au long des cent dernières années. Le fameux protocole de Kyoto ne dit pas autre chose qui, depuis 1997 (déjà !), propose de réduire de 5,2 % les émissions de gaz à effet de serre, non pas pour qu'on retrouve une atmosphère comparable à celle d'avant l'ère industrielle, mais pour qu'on puisse maîtriser les effets du réchauffement. Protocole enfin entré en vigueur le 5 février 2005 grâce à la ratification de la Russie. L'Europe l'a ratifié depuis longtemps, et a déjà diminué ses émissions de CO^2 (en France, grâce à l'énergie nucléaire, ce qui provoque d'autres débats...).

Mais enfin, l'Europe de l'Ouest n'est responsable que de 20 % des émissions globales de CO^2, et son effort est dérisoire pour rétablir l'équilibre atmosphérique.

Les États-Unis sont un des principaux pays émetteurs de gaz carbonique. Le président Bush a pourtant refusé de ratifier le protocole de Kyoto. Pas question de renoncer à la croissance, au confort, à l'exploitation du pétrole qu'il nécessite ! Le pétrole est le premier responsable de l'affluence du gaz carbonique dans l'atmosphère... Comme le souligne P. Sabatier dans *Libération* du 7 décembre 2004 : « Il faut convaincre les États-Unis que ce qui est bon pour la planète est bon pour eux, non l'inverse. »

Mais si le gouvernement fédéral a refusé de ratifier le protocole de Kyoto, 8 États et la ville de New York ont porté plainte contre les 5 plus gros producteurs d'énergie du pays. Comme pour la lutte contre le tabac, les Américains préfèrent utiliser la voie judiciaire plutôt que le pouvoir exécutif.

Comme toujours, c'est l'opinion publique qui pousse à cet engagement des pouvoirs publics, aux États-Unis encore davantage. Un exemple : ce qui s'est passé en 1988. Cette année-là, une sécheresse exceptionnelle affecte tout le Middle West et détruit les récoltes de céréales de tout le centre des États-Unis. L'explication à cette sécheresse est vite annoncée : augmentation des gaz à effet de serre. À la fin de l'année, le célèbre magazine *Time* qui élit chaque année la personnalité la plus remarquable, choisit la planète. La terre devient « *the planet of the year* », la conscience écologique a pris ses quartiers de noblesse.

On se rendra compte quelque temps plus tard que cette sécheresse exceptionnelle est à mettre sur le compte d'un phénomène météo plutôt que du changement climatique...

Dix ans plus tard, les récoltes de blé, toujours dans les mêmes régions agricoles du centre des États-Unis, sont de plus en plus abondantes, et cette fois-ci, on met la qualité de ces récoltes sur le compte de l'abondance de CO^2 dans l'atmosphère... De là à penser que le changement climatique peut être bénéfique, il n'y a qu'un pas, d'autant plus allégrement franchi qu'il conforte ceux qui ne veulent pas renoncer aux bénéfices de la croissance et qui approuvent la décision de George Bush.

Mais même sans les États-Unis, le protocole est désormais applicable et avec lui les « permis d'émission » (de gaz à effet de serre).

On peut être choqué par ce procédé : il s'agit en effet ni plus ni moins que du droit à polluer contre de l'argent. (On peut mettre ce système en parallèle avec celui des « indulgences » de l'Église catholique qui longtemps accepta de la part de ses riches fidèles de l'argent en rémission de leurs péchés... Les pollutions industrielles sont les nouveaux péchés...)

Le principe est simple : les pays ont chacun un quota de rejets de gaz, qui est leur droit d'émission, celui qui n'atteint pas son quota peut revendre une partie de son droit à un pays qui rejette plus que son quota. On pouvait craindre que le fossé se creuse entre les pays pauvres et donc peu pollueurs et les pays riches qui continueraient à polluer en payant des droits d'émission. Ce danger existe, mais il semble bien que ce système fasse quand même ses preuves, grâce surtout au « mécanisme de développement propre » qui permet l'échange d'une aide technique contre un crédit d'émission.

De quoi demain sera-t-il fait ? D'un réchauffement climatique. Sous quelle forme ? On ne sait pas. Tout dépend de l'augmentation de la population, de l'enrichissement des pays pauvres, de leurs acquisitions en biens de consommation, du choix des énergies, de son utilisation, des ressources de pétrole, de gaz et de charbon qui s'épuiseront plus ou moins vite. (C'est d'abord le pétrole qui va manquer, puis le gaz, les réserves de charbon sont encore considérables en Chine et c'est le charbon qui est le plus gros émetteur de gaz carbonique...) Tous les cas de figure sont envisagés. Aucun n'est réjouissant...

Les conséquences climatiques seront différentes selon que les gaz à effet de serre continueront à augmenter un peu ou beaucoup :

– La glace de mer va fondre peu à peu, mais selon le principe d'Archimède, elle ne fera pas augmenter le niveau des océans. C'est la fonte des glaciers ou des montagnes de glace sur terre ainsi que la dilatation de la masse d'eau sous l'effet de la chaleur qui fait monter le niveau de la mer.

– Les cyclones seront plus nombreux et le réchauffement perturbera aussi leurs trajectoires qui risqueront d'affecter des pays jusque-là à l'abri des ouragans.

– Les pays du nord de l'Europe seront plus souvent victimes d'inondations parce qu'il y pleuvra davantage.

– La sécheresse sera plus grande dans les régions du globe où l'eau est déjà rare ; par exemple, les pays méditerranéens ou les pays du Moyen-Orient. La guerre de l'eau aura remplacé la guerre du pétrole et elle sera encore plus vitale.

– Les tempêtes seront plus fréquentes dans les pays tempérés.

– Enfin, l'un des scénarios possibles envisage la disparition du Gulf Stream, qui est le courant d'eau chaude qui traverse l'Atlantique d'est en ouest, remonte jusqu'à nos côtes et nous permet de vivre des hivers doux malgré la latitude. Voici : les eaux de l'Atlantique Nord perdent en salinité à cause de l'accroissement des pluies, les eaux froides se réchauffent peu à peu, et le Gulf Stream créé par ce contraste entre eaux froides salées et eaux chaudes, disparaît, puisque le contraste s'atténue. Les eaux chaudes qui baignent nos côtes ne remonteraient donc plus jusqu'à l'Europe. On connaîtrait ainsi en France à peu près les mêmes conditions climatiques que la région de Québec, située à la même latitude, et donc des étés courts et chauds et des hivers longs et rigoureux…

Ce ne sont que des hypothèses… Mais si le processus du réchauffement s'emballe, il sera trop tard pour agir ou même réagir.

Certains, plus optimistes que d'autres, et sans doute moins prudents, ont affirmé qu'un des moyens de lutter contre le réchauffement climatique était de répandre dans l'atmosphère des particules qui empêcheraient les rayons trop ardents du soleil d'arriver jusqu'à nous : une sorte de store sur la terre. À l'origine de cette idée, digne d'un savant fou, le léger fléchissement du réchauffement climatique dans les années 70, qu'on a expliqué par des nuages de particules dans l'atmosphère, issus de la consommation du charbon en Asie et de quelques éruptions volcaniques. On l'appelle « l'effet parasol »… L'idée folle et perverse est de rajouter volontairement des particules dans l'atmosphère pour que la terre se réchauffe moins… C'est simple à penser, mais qui sait quelles seraient les conséquences pour la vie sur terre ?

La priorité des États reste toujours la croissance et la compétitivité de leur économie face au marché. « *Business as usual* », la formule rapide et cynique s'applique à toute l'économie mondiale. Jusqu'à aujourd'hui, la croissance va de pair avec la consommation d'énergie, et il n'est pas question de réduire l'une pour renoncer à l'autre… Le changement climatique attendra.

Il n'attend pas, justement, mais ses effets n'étant ni linéaires, ni perceptibles en même temps par tous, il n'est jamais le premier souci des gouvernements. Heureusement, il est le souci de quelques-uns. Leur préoccupation n'est plus le protocole de Kyoto, mais « l'après-Kyoto » qui englobera forcément les États-Unis. Les objectifs de Kyoto s'arrêtent en 2012 et son impact sur le réchauffement ne sera que de quelques centièmes de degrés. Il faut préparer dès maintenant ce qui se passera après. La communauté internationale devra aller beaucoup plus loin. C'est la vitesse avec laquelle s'amorcera la décrue des émissions mondiales de gaz à effet de serre (et en tête le gaz carbonique) qui déterminera l'ampleur du changement climatique.

Il n'y a pas une solution, mais plusieurs à mettre en route : d'abord, on l'a dit, faire des économies d'énergie dans l'habitat, le commerce, les transports, l'industrie. Au quotidien, pour tout un chacun, moins de chauffage, moins de climatisation, moins de voiture, plus de transports en commun, moins de viande rouge. Pour l'industrie : moins de poids lourds, plus de transport ferroviaire, moins d'emballages. Partout, il faut jouer sur tous les tableaux : améliorer l'efficacité de l'énergie déjà consommée, privilégier le gaz naturel qui contient moins de carbone, investir dans les énergies renouvelables et le nucléaire, et pour les activités fortement émettrices de gaz carbonique, le capturer et trouver le moyen de le stocker dans des puits ou à de grandes profondeurs géologiques…

L'énergie nucléaire ne convainc pas tout le monde. Son avantage principal est qu'elle ne contribue d'aucune façon au réchauffement climatique puisqu'elle n'émet aucun gaz à effet de serre ; et c'est une énergie immédiatement disponible. C'est grâce à elle que la France reste un des bons élèves du protocole de Kyoto. Il n'empêche que l'énergie nucléaire utilisée par quelque fou, quelque tyran, peut menacer la planète entière parce que rien n'est plus facile que de passer du nucléaire civil au nucléaire militaire… Se pose aussi le problème des déchets. Mais contrairement à ce qu'on pourrait croire, leur retraitement alarme moins la communauté scientifique que l'émission des gaz à effet de serre.

Hormis l'énergie nucléaire, on peut produire de l'électricité autrement qu'en utilisant les énergies fossiles (pétrole, gaz, charbon) : les barrages hydroélectriques, les éoliennes, sont des alternatives réelles à grande échelle. Le solaire photovoltaïque (qui produit de l'électricité) est bien adapté aux sites isolés et aux pays dont le réseau de distribution électrique est peu développé. Le solaire thermique, la géothermie, la biomasse, les pompes à chaleur peuvent chauffer les locaux en fournissant de l'eau chaude sans émission de gaz carbonique.

Mais vraiment, est-ce qu'on ne pourrait pas réduire un tout petit peu la croissance ? Juste un peu ?

Le temps de souffler.

Le temps de laisser la Chine, l'Inde, le Brésil et d'autres rejoindre les pays riches dans leur qualité de vie.

Le temps de modifier nos comportements.

Le temps de comprendre un peu mieux les mécanismes du changement climatique.

Le temps de prêter attention aux scientifiques.

Galilée, pour ne pas mourir brûlé vif, a avoué s'être trompé sur la terre et les étoiles. Son murmure obstiné est quand même arrivé jusqu'à nous : « Et pourtant, elle tourne ! »

Les Galilée d'aujourd'hui seront-ils réduits à murmurer : « Et pourtant, elle se réchauffe ! » Ce n'est pas leur science qui est en jeu, c'est la vie.

CONCLUSION

L'homme a toujours voulu maîtriser la nature. Depuis qu'il existe. Pour se nourrir, pour se chauffer, pour s'abriter. Il lui a fallu à la fois se protéger de ses dangers et tirer parti de ses richesses, exploitant les unes, réduisant les autres... La nature, l'atmosphère étaient tantôt source de bien-être, tantôt de maladies, imposés par des forces inconnues qu'il ne contrôlait pas.

La nécessité et la curiosité l'ont poussé à comprendre, à chercher, à tenter de toutes les manières de vivre mieux dans son environnement. Nécessité et curiosité sont les moteurs de la science, des découvertes et des inventions. Jusqu'au siècle dernier, elles sont restées liées au progrès et à l'amélioration de la vie. Les désastres des guerres, la monopolisation par une infime minorité des richesses mondiales, la misère du plus grand nombre, la dégradation de l'environnement, les mises en garde des scientifiques, ont remis en cause la confiance dans le progrès et dans les lendemains qui chanteraient pour tous.

Et puis la nature ne se laisse pas si facilement connaître ni contrôler. La connaissance instinctive qui permet aux animaux d'éviter certains dangers naturels, nous ne la retrouverons pas en vivant dans une symbiose avec une nature que nous aurions perdue. Il n'y a rien à retrouver. Nous avons à chercher encore, à découvrir, à inventer comme tentent de le faire les météorologues pour le ciel : essayons de prévoir. Et pour bien prévoir, de bien observer d'abord.

Pour échapper soit à ce qu'elles ne connaissent pas encore, soit à ce qu'elles ne veulent pas voir, les sociétés les plus riches ont cru trouver une parade hors du désir de comprendre et de la recherche : elles ont créé des bulles. Les bulles autos, les bulles maisons, les bulles écrans, les bulles vacances, les bulles bureaux, ont transformé le repli sur soi en mode de vie. On cherche même une bulle encore plus petite à l'intérieur de soi où nul n'aurait accès, où il n'y aurait ni souffrance, ni fatigue, ni douleur, partant, ni joie, ni désir, ni bonheur, ni sensation, ni rien : la mort. Voilà. Peut-être les sociétés les plus riches ne rêvent-elles que de mort.

L'atmosphère, le ciel, la mer, la terre ont été ramenés à un rôle décoratif pour vacanciers frileux et retraités fortunés.

Mais les bulles commencent à se fissurer. On commence à comprendre ce qu'on avait oublié : des phénomènes brutaux peuvent détruire la vie humaine à grande échelle, qu'ils soient naturels ou provoqués par l'homme.

En France, on a tenté de mettre au point un « principe de précaution » qui protégerait la nature des saccages du progrès, qui découvrirait une voie « qui ne vise plus à transformer le monde mais à l'épargner », comme le dit Mme Kosciusko-Morizet, rapporteuse du projet de loi sur la Charte de l'environnement [1]. Voilà, on va changer : on ne veut plus se rendre maître du monde qui nous entoure

1. Citée par Philippe Kourilsky, directeur général de l'Institut Pasteur, lors d'une interview accordée à Hervé Morin pour *Le Monde* du 2 juin 2004.

et donc le transformer à notre profit, mais l'épargner pour y vivre harmonieusement !

Les raz de marée, les cyclones font-ils partie de cette harmonie de la nature ?

Faut-il encore opposer toujours le progrès, le confort d'un côté et la nature de l'autre ? Ne peut-on pas sortir de cette pauvre alternative ?

Je l'ai répété plusieurs fois dans ce livre : il faut continuer à chercher comment mieux prévoir les nuages, la pluie, les cyclones, les vagues de chaleur, de froid, et aussi le réchauffement climatique et ses conséquences, et aussi les tremblements de terre. Le désir de connaissance et la nature ne s'opposent pas.

Le choix est de faire confiance.

Se faire confiance à soi d'abord, et à ses sensations. Observer ce qui se passe dans le ciel, autour de soi, observer ses propres réactions. Cela demande à la fois de la curiosité pour soi-même, de l'intérêt pour autrui et une certaine forme de détachement. Ensuite faire confiance aux scientifiques : écouter ce qu'ils ont à nous apprendre et tirer profit de leurs recherches et de leurs avertissements.

C'est le contraire du repli sur soi, le contraire de la peur. Ce n'est même plus une question de morale, c'est une nécessité vitale. Les épreuves, les tourments infligés par le déséquilibre de l'atmosphère de la planète seront surmontés par la perception intime, quotidienne, des mouvements des masses d'air en même temps que par l'ouverture, la solidarité, le désir de comprendre et de connaître.

On pourrait peut-être se passer des cataclysmes pour sortir de la torpeur et de la résignation où s'engloutissent dans la même passivité les riches dans leurs bulles et les pauvres dans leur misère.

Faudra-t-il que le réchauffement climatique provoque des catastrophes en série pour que change le mode de vie des sociétés occidentales ? On peut tenter de procéder autrement. Dès maintenant. Au quotidien, en respectant quelques règles :

– Observer le ciel.
– Aimer le temps qu'il fait.
– Polluer moins.
– Se savoir vulnérable.
– Connaître ses forces.
– Être conscient qu'on est unique et très nombreux.
– Refuser la peur.
– Se garder du pire et jouir du meilleur.

Je me rappelle qu'après la canicule de 2003, quelques doctes articles étaient parus dans la presse, réclamant de vraies prévisions, enfin solides, sûres, certaines, qui permettent une vraie politique qui affronte les canicules, les tempêtes et les cyclones autrement qu'avec des conseils et des recettes de simple bon sens…

C'est idiot : les prévisions ne sont jamais absolument sûres. Et pourquoi ce mépris pour ce simple bon sens qui nous fait défaut si souvent ? Descartes écrivait qu'« il était la chose du monde la mieux partagée » et semblait y puiser sa confiance dans l'espèce humaine. Pour apprécier le temps qu'il fait, ses dangers et ses bienfaits, pour arrêter de polluer la planète, il est indispensable. On l'oublie pourtant, comme si la science, ou la richesse, ou le politique, ou la fatalité l'avaient déconsidéré… Personne ne peut pourtant sentir, mesurer le temps qu'il fait à la place d'un autre, c'est une relation intime, personnelle. C'est par elle qu'on peut faire bouger les sociétés humaines pour qu'elles prennent la mesure du réchauffement de l'atmosphère qu'elles provoquent.

Goûter soi-même le temps qu'il fait ouvre sur toutes les libertés, toutes les joies, tous les possibles. Il y faut du bon sens, donc, et aussi de la patience et la confiance dans ses propres sensations.

Ce livre se termine avec des bouts de poèmes, comme des coins de ciel bleu, jamais finis, jamais figés, où glissent de merveilleux nuages et de sombres tempêtes. Le temps qu'il fait se confond là avec le temps qui passe. La plupart de ces textes, je les connais par cœur ; j'y ai exercé ma mémoire, ils ont aiguisé mes sensations ; ils m'ont conduit tout doucement et sans détour vers ce livre où, parfois, ils racontent dans des raccourcis magnifiques ce que les hommes découvrent longtemps plus tard dans leur histoire : l'océan de Lautréamont apporte la mort et la peur, l'hiver glacial d'Akhmatova est celui des massacres des dictatures et le printemps d'Hadewijch dit la gloire périlleuse de l'amour. Baudelaire, Colette, Rimbaud, mais aussi Rilke, Proust, Verlaine, Ponge, Apollinaire, je les convoque tous pour qu'ils vous entraînent vers la joie du temps qu'il fait…

Stéphane Mallarmé :
Une ligne d'azur mince et pâle serait
un lac, parmi le ciel de porcelaine nue.
(Épilogue du *Carnet* de 1864.)

Colette :
Ces cris sifflets n'appartiennent qu'à elles, qu'à eux, martinets et hirondelles. Comme elles sont venues tard ! Mais les voici. Percé, repercé par tant de pointes d'ailes, tant de sifflements acérés, l'air est déjà plus léger. J'ai souvent parlé des hirondelles ? Bien sûr. De l'amour aussi. Et tous les ans je reparle du printemps ? Certes. Avec joie,

avec mélancolie. À le voir revenir si souvent, vous lassez-vous du printemps ? Moi non plus. On ne se lasse du printemps qu'à l'école, le jour où la composition française doit s'inspirer, fatalement, du renouveau.

Pendant que j'écris elles me sifflent presque contre l'oreille, parce que la fenêtre est ouverte et qu'il fait beau.

(*En pays connu*, « Hirondelles ».)

Paul Verlaine :

Le ciel est, par-dessus le toit,
Si bleu, si calme !
Un arbre, par-dessus le toit,
Berce sa palme.

(*Sagesse.*)

Paul-Jean Toulet :

Dans Arles, où sont les Aliscams
Quand l'ombre est rouge, sous les roses,
Et clair le temps,
Prends garde à la douceur des choses.

(*Chansons,* « Romances sans musique ».)

Guillaume Apollinaire :

Oh ! l'automne l'automne a fait mourir l'été
Dans le brouillard s'en vont deux silhouettes grises.

(*Alcools*, « Automne ».)

Oscar Vladislav de Lubicz Milosz :

Le printemps est revenu de ses lointains voyages
Il nous apporte la paix du cœur.
Lève-toi, chère tête, regarde beau visage :
La montagne est une île au milieu des vapeurs
Elle a repris sa riante couleur
Ô jeunesse ! Ô viorne de la maison penchée !

Ô saison de la guêpe prodigue !
La vierge folle de l'été chante dans la chaleur
Tout est confiance, charme, repos...
Que le monde est beau, bien-aimée, que le monde est beau.
(« Le Cantique du printemps ».)

Arthur Rimbaud :
Par les soirs bleus d'été, j'irai dans les sentiers,
Picoté par les blés, fouler l'herbe menue :
Rêveur, j'en sentirai la fraîcheur à mes pieds,
Je laisserai le vent baigner ma tête nue
(*Poésies*, « Sensation ».)

Jean de La Ville de Mirmont :
Il a plu tout un jour de grisaille et de brume,
Pareil à mon esprit tranquille et résigné
Qui se trouve chez lui sous le ciel déblayé.
Il a plu tout le jour et les vitres s'allument ;
Il a plu tout le jour et ce n'est pas fini...
Avant l'heure, l'après-midi lente s'achève ;
À tant de souvenirs mon cœur s'est rajeuni.
Ô pluie, avec tes fils, que j'ai tissé de rêves !
Ô pluie, avec tes mille et mille gouttes d'eau,
Quels magiques dessins j'ai vu sur tes carreaux !
(*Poèmes marins,* IV.)

« Ô la pluie ! Ô le vent ! Ô les vieilles années !
Dernier baiser furtif d'une saison qui meurt
Et premiers feux de bois au fond des cheminées !
L'hiver est installé, sans sursis, dans mon cœur.
(*L'Horizon chimérique*, IX.)

Paul Verlaine :
Les sanglots longs
Des violons
De l'automne
Blessent mon cœur
D'une langueur
Monotone.

Tout suffocant
Et blême, quand
Sonne l'heure,
Je me souviens
Des jours anciens
Et je pleure.
(*Paysages tristes*, « Chanson d'automne ».)

Rimbaud encore :
Je sais les cieux crevant en éclair, et les trombes
Et les ressacs et les courants : je sais le soir,
L'aube exaltée ainsi qu'un peuple de colombes,
Et j'ai vu quelquefois ce que l'homme a cru voir !
(*Poésies*, « Le Bateau ivre ».)

Anna Akhmatova :
Demain le matin
Sera joyeux et clair.
Cette vie est belle
Sois sage, mon cœur.

Tu es trop las,
Tu bats sourdement.
Tu sais, j'ai lu :
Les âmes ne meurent pas.
(À Pouchkine, poème de 1911.)

Lautréamont :
Déroule tes vagues épouvantables, Océan hideux, compris par moi seul, et devant lequel je tombe, prosterné à tes genoux. La majesté de l'homme est empruntée ; il ne m'imposera point : toi, oui. Oh ! quand tu t'avances la crête haute et terrible, entouré de tes replis tortueux comme d'une cour, magnétiseur et farouche, roulant tes ondes les unes sur les autres, avec la conscience de ce que tu es, pendant que tu pousses des profondeurs de ta poitrine, comme accablé d'un remords intense que je ne puis pas découvrir, ce sourd mugissement perpétuel que les hommes redoutent tant, même quand ils te contemplent en sûreté, tremblants sur le rivage, alors je vois qu'il ne m'appartient pas, le droit insigne de me dire ton égal. [...] Je te salue, vieil Océan !
(*Les Chants de Maldoror*, Chant premier.)

Hadewijch d'Anvers :
La saison nouvelle
Partout se révèle,
Les oiselets sont dans les délices,
Tandis que fleurit la montagne et le val.
Toute vie
Se délivre
Du tourment de l'hiver cruel.
Et moi seule
Je me meurs
Si l'amour bientôt n'a pitié de mon mal.
(*Poèmes spirituels*, VII.)

Charles Baudelaire :
Ô fins d'automnes, hivers, printemps trempés de boue
Endormeuses saisons ! Je vous aime et vous loue
D'envelopper ainsi mon cœur et mon cerveau
D'un linceul vaporeux et d'un vague tombeau.

Il est amer et doux, pendant les nuits d'hiver,
D'écouter, près du feu qui palpite et qui fume,
Les souvenirs lointains lentement s'élever
Au bruit des carillons qui chantent dans la brume.
(*Les Fleurs du mal*, « Brumes et Pluies ».)

Henri Michaux :
Dans la tempête, il entend le monde comme il sonne vraiment. Oh ! qu'il résonne étrangement !
(*L'Insoumis.*)

Rainer Maria Rilke :
Le temps devient venteux, il se transforme, il a des moments d'heureux gaspillage, quelquefois.
(*Lettres sur Cézanne.*)

Rimbaud, à nouveau :
Vite ! est-il d'autres vies ? – Le sommeil dans la richesse est impossible. La richesse a toujours été bien public. L'amour divin seul octroie les clefs de la science. Je vois que la nature n'est qu'un spectacle de bonté. Adieu chimères, idéals, erreurs.
(*Une saison en enfer.*)

Pierre Garnier :
Nous eûmes une belle jeunesse. Un enfer
C'est l'eau. L'eau morale. Notre génie fit eau.
Les anges boivent l'alcool et travaillent le fer.
(*Seconde géographie.*)

Baudelaire encore :
Bientôt nous plongerons dans les froides ténèbres.
Adieu vive clarté de nos étés trop courts.

Tout l'hiver va rentrer dans mon être : colère
Haine, frissons, horreur, labeur dur et forcé.
Et comme le soleil dans son enfer polaire
Mon cœur ne sera plus qu'un bloc rouge et glacé.
(*Les Fleurs du mal*, « Chant d'automne ».)

Jacques Prével :
Quand on a vu toutes les choses se perdre et mourir
Et quand on est mort comme elles de les avoir aimées
Le vent les feuilles la pluie le froid et l'amour qui leur donnait une mémoire
Je ne pourrai plus jamais sans doute me souvenir
Car je suis passé par toute la misère
Mon espoir fut criblé par toute la misère.
(*En dérive vers l'absolu.*)

Henri Michaux encore :
Icebergs, Icebergs, Solitaires sans besoin, des pays bouchés, distants, et libres de vermine. Parents des îles, parents des sources, comme je vous vois, comme vous m'êtes familiers...
(*La nuit remue*, « Icebergs ».)

Francis Ponge :
La journée a été merveilleuse.
Grand soleil, nuages blancs se dissolvant en l'air.
Promenade avec Odette le matin jusqu'à une ferme dans les collines.
Après déjeuner nous avons pu rester sur les terrasses jusque vers 15 heures. Papillons. Moucherons. Roses.
(*Méthodes*, « Pochades en prose ».)

Baudelaire :
Quand le ciel bas et lourd pèse comme un couvercle
Sur l'esprit gémissant en proie aux longs ennuis

Et que de l'horizon embrassant tout le cercle
Il nous verse un jour noir plus triste que les nuits.
(*Les Fleurs du mal*, « LXXVIII-Spleen ».)

Francis Jammes :
C'était à la fin d'une journée bleue, tiède et claire.
Un piano chantait dans ces quartiers blancs et neufs
Où les lauriers, les grilles, les sycomores trembleurs
Font penser à des amours de pensionnaires.
(*De l'angélus de l'aube à l'angélus du soir.*)

Colette :
Je me replie haineusement devant la bise d'est, l'ennemi, le beau-froid-sec et son cousin du nord. Ainsi faisait ma mère, coiffant de cornets en papier toutes les petites créatures végétales assaillies par la lune rousse : « Il va geler, la chatte danse », disait-elle.
(*Sido.*)

Rimbaud :
J'ai embrassé l'aube d'été.
Rien ne bougeait encore au front des palais. L'eau était morte. Les camps d'ombre ne quittaient pas la route du bois. J'ai marché, réveillant les haleines vives et tièdes, et les pierreries regardèrent et les ailes se levèrent sans bruit.
(*Illuminations*, « Aube ».)

ANNEXE

Bréviaire pour prévoir le temps

La prévision est la mission dont s'acquitte Météo France, mais les nuances du temps qu'il fait en France sont si nombreuses d'un endroit à l'autre qu'il est impossible dans des bulletins nationaux ou même régionaux d'en tenir compte.

Là où s'arrête le pouvoir de Météo France commence celui de chaque individu, attentif au temps et soucieux de bonne santé. Quelques conditions suffisent :

– Observer le ciel.

– Posséder un peu de matériel météo (thermomètre, baromètre, girouette) pour mesurer les différents paramètres : pressions, vent, température.

Le climat de la France est un climat tempéré, à mi-chemin entre le pôle Nord et l'équateur. Cette tempérance se manifeste d'abord par les températures. Cela ne veut pas dire qu'il ne peut pas y avoir de températures très chaudes ou très froides. Cela veut dire que ces conditions extrêmes ne durent pas. Quand il fait chaud ou froid trop longtemps, la nature et les hommes sont en danger. La tempérance d'un climat se mesure aussi à l'alternance de passages secs et humides, nuageux et ensoleillés, selon le rythme des saisons : nous vivons sous des cieux cléments parce que nous vivons sous des cieux changeants.

Les météorologistes retiennent cinq critères principaux pour définir le temps qu'il fait : les pressions, le vent, les nuages, les températures et ce qu'ils appellent joliment « le temps sensible », c'est-à-dire le ciel tel qu'on le voit.

Les pressions

C'est le baromètre qui indique la hauteur des pressions. Le chiffre-clé, c'est 1 015 hectopascals (plus exactement 1 013,25 mais on arrondit). Au-dessus de 1 015 hectopascals, on est dans des masses d'air anticycloniques. En dessous, on est dans des masses d'air dépressionnaires.

Si vous possédez un baromètre, il indique sans doute « beau temps » pour définir l'anticyclone et « pluie » pour les dépressions. Pas si simple !

C'est quoi un anticyclone ?

C'est une masse d'air lourd, c'est pourquoi les pressions y sont élevées. L'air au centre de l'anticyclone descend vers la surface. C'est une masse d'air stable, qui empêche la circulation des nuages et du vent. Souvent, l'anticyclone s'installe pour plusieurs jours avant de s'affaiblir, chassé par une dépression. On l'associe au soleil, surtout l'été, grâce à l'anticyclone des Açores qui remonte en Europe entre juin et septembre.

Pourtant, soleil et anticyclone ne vont pas nécessairement de pair. Certes, l'atmosphère est stable quand l'anticyclone s'installe au-dessus de la France, et on ne verra pas de nuages courir dans le ciel. Mais en automne, et surtout en hiver, s'il fait gris le matin, il risque de faire gris toute la journée : la stabilité de la masse d'air anticyclonique va agir comme un couvercle et les nuages bas resteront collés au sol jusqu'au soir.

Entre deux dépressions, il y a quelquefois une petite poussée anticyclonique. Les prévisionnistes appellent ça une « dorsale » (on peut imaginer un chat qui fait le gros dos.) Ou une « bulle ». Et en effet, cette poussée anticyclonique, telle une bulle de savon, ne dure guère, chassée par la dépression qui arrive.

C'est quoi une dépression ?

C'est le contraire d'un anticyclone, quand les pressions sont au-dessous de 1015 hectopascals. Nettement au-dessous, sinon, on parle de « marais barométrique », situation peu nette où les prévisions sont bien délicates.

À l'opposé des masses d'air anticycloniques, qui tournent dans le sens des aiguilles d'une montre, les masses d'air dépressionnaires tournent dans le sens inverse des aiguilles d'une montre, un peu comme on voit l'eau tournoyer dans un lavabo qui se vide. (Dans l'hémisphère Sud, les masses d'air tournent dans l'autre sens.) Ce mouvement, quand le centre de la dépression se rapproche de la France, provoque du vent plus ou moins fort selon que la dépression est plus ou moins creuse : plus les pressions sont basses au centre de la dépression, plus elle est creuse. Sur un baromètre, une nette baisse des pressions, avant d'annoncer la pluie, annonce du vent.

L'air est moins lourd dans une dépression que dans un anticyclone, et la nature ayant horreur du vide, la dépression va tenter de le combler. À cette dépression vont donc s'associer des nuages, long ruban qui s'enroule autour de son centre comme une écharpe et qui l'accompagne. Celle-ci en général arrive de l'Atlantique et se dirige vers l'est. Voilà pourquoi on dit toujours qu'il pleut en Bretagne.

Comme la dépression arrive par l'ouest, il pleut d'abord en Bretagne. La Bretagne est donc la première à voir arriver la pluie, mais la première aussi à retrouver le soleil.

La circulation d'ouest en est est la plus fréquente, mais les dépressions peuvent aussi arriver du nord, du sud, et de l'est. Primordial, donc, le vent, et « l'orientation du flux », comme disent les météorologistes.

Le vent

C'est l'acteur principal qui relie la santé au temps. Selon sa direction, il apporte ce qui favorise la santé ou au contraire l'entrave : sécheresse et humidité, soleil et nuages, froid et chaleur. Et quand il ne souffle pas pendant plusieurs jours, la pollution s'accumule.

Observer sa présence est relativement facile. Il suffit de regarder si les cimes des arbres s'agitent. Reconnaître d'où il souffle est plus délicat. D'abord parce que tous les obstacles naturels ou construits changent sa direction et parfois sa force, et puis parce que les girouettes deviennent rares ou difficiles à apercevoir, cachées derrière des immeubles de plus en plus haut

Et pourtant, la girouette est indispensable à la compréhension du ciel, et tous ceux qui ont le souci de leur santé et de celle de leurs proches devraient en posséder une, ou à tout le moins profiter de celle que le voisin aura plantée sur son toit ! Toutes les églises en possèdent une en haut du clocher. Sur le toit des mairies, entre le porte-drapeau et la sirène, on trouve aussi une girouette.

La girouette doit être placée au-dessus des obstacles (les immeubles ou les arbres) pour que la direction du vent qu'elle indique ne soit pas faussée.

Le nombre des vents en France est considérable, et chacun porte un nom différent. Ils appartiennent à quatre grandes familles :

Le vent d'est

Sec et froid. Il souffle du centre de l'Europe. Parfois, il vient de plus loin encore, de Russie ou de Sibérie. Il ne traverse pas de mer ou d'océan pour arriver jusqu'en France, et donc ne se charge pas d'humidité. Voilà pourquoi, quand il souffle pendant plusieurs jours, il assèche peu à peu la masse d'air. Mais attention, dès qu'il s'oriente légèrement au nord, il peut apporter des nuages. L'hiver, il fait baisser les températures, surtout le matin après une nuit claire. Il renforce la sensation de froid quand il souffle fort, même si les températures ne baissent plus.

Le vent du nord

Froid et souvent humide. Lui aussi apporte le froid, mais contrairement au vent d'est, il apporte aussi l'humidité venue de la mer du Nord. Souvent sous forme d'averses de pluie ou de neige.

En Méditerranée, les vents du nord se nomment mistral ou tramontane : froids et secs, ces vents locaux apportent rarement les nuages, qui restent bloqués sur les montagnes : les Alpes ou le Massif central, et le vent arrive seul sur le littoral. On appelle cela « l'effet orographique », qui met en évidence le rôle du relief dans la couleur du ciel.

Ce qui se passe en Méditerranée est un phénomène à grande échelle. Mais cet effet orographique peut se manifester aussi à des échelles très réduites. Pour bien comprendre et prévoir le temps au-dessus de votre tête, il est indispensable de connaître les obstacles naturels (ou construits !) qui peuvent changer l'orientation et la force des vents ou l'importance de la couche nuageuse.

Le vent du sud

Doux et sec. Il apporte en hiver la chaleur ensoleillée de l'Afrique et permet de mieux supporter les différentes vagues de froid. Quelquefois, le matin, voitures et trottoirs sont recouverts d'une fine pellicule brune ou orangée : c'est un peu de sable du désert que le vent du sud a apporté dans la nuit, comme un rêve d'ailleurs. Quand il arrive par brises légères porté par un anticyclone qui dissipe les nuages, il réchauffe les corps engourdis par le froid et la grisaille.

Tempétueux et pluvieux. Le vent du sud a une autre face, celle-là redoutable : il est à l'origine de ce qu'on appelle les « épisodes cévenols », nombreux surtout au début de l'automne. Ce sont ces paquets de nuages orageux qui remontent de Méditerranée, portés par le vent, renforcé par une dépression qui s'est creusée plus au sud. Ces nuages sont bloqués par les Cévennes qui se dressent comme une barrière qu'ils ne peuvent pas franchir. Ils sont instables, énormes, violents, gorgés d'humidité et d'air chaud, et ils déversent en quelques heures d'énormes quantités d'eau : autant qu'en une année parfois, sur des sols secs que la sécheresse de l'été a rendus imperméables. L'eau ne pénètre pas, s'écoule en torrents et entraîne sur son passage ponts, voitures, maisons, provoquant des désastres et ruinant des vies entières.

Voilà ce vent du sud au double visage.

Le vent d'ouest

Doux et humide. C'est le vent le plus commun, celui qui vient de l'Atlantique. Vent tempéré, qui apporte douceur l'hiver et fraîcheur l'été. On ne l'aime pas forcément parce qu'il véhicule les nuages et la pluie de l'Atlantique... Et pourtant ! Non seulement il nettoie l'atmosphère, mais il apporte aussi dans les terres la richesse iodée de l'océan bien au-delà du littoral. Il évite les extrêmes de température : ni trop froid l'hiver, ni trop chaud l'été. Comme le vent du sud, et parce qu'il arrive lui aussi directement sur nos côtes sans traverser de terre, il peut être exceptionnellement très violent (les tempêtes de décembre 1999). Mais en général, même quand il est tempétueux, il se contente de souffler fort sur les côtes du Nord-Ouest, là où Bretons et Normands ont appris depuis des siècles à résister à ses rafales.

C'est d'où souffle le vent qu'il faut donc regarder, et telle sœur Anne, guetter le retour du soleil, ou l'arrivée des nuages.

Les nuages

Les nuages, selon leurs formes et leur hauteur dans l'atmosphère, annoncent des temps différents.

On les classe selon leur altitude et selon leur forme, en couche (type stratus) ou en éléments séparés (type cumulus). Les plus élevés, à 5 000 mètres, sont les cirrus, les cirrocumulus et les cirrostratus. Ceux de l'étage moyen, à 2 000 mètres, sont les altostratus, les altocumulus et les nimbostratus. À l'étage inférieur, on trouve les stratocumulus, les stratus et les brouillards.

Les cumulus sont des nuages instables qui peuvent donner une averse. Les cumulonimbus ont une extension verticale énorme : ce sont les nuages d'orage [1].

1. Voir aussi le chapitre « Nous sommes tous des météorologues ».

La température

Pour l'observer, il faut bien sûr un thermomètre. Dans nos intérieurs (trop) chauffés, on oublie le froid du dehors : allez convaincre un enfant qu'un pull et un manteau sont nécessaires alors que le soleil brille. Si le froid vif qu'il sent quand vous ouvrez la fenêtre n'arrive pas à le convaincre, faites-le souffler par la bouche : il verra de la buée s'en échapper. Peut-être alors pourra-t-il comprendre la différence de température entre son corps et l'air, que seuls des vêtements chauds peuvent atténuer.

Attention à l'endroit où vous placerez votre thermomètre : si vous l'accrochez sur le mur extérieur de votre maison, sachez qu'il indiquera une température surévaluée, le mur gardant la chaleur plus que l'air.

La température n'évolue pas tous les jours de la même façon, en général, il fait plus frais le matin que l'après-midi, mais la différence de température varie selon les saisons, les climats ou les nuages !

Dans la journée, la chaleur du soleil est maintenue dans l'atmosphère grâce à certains gaz (les gaz « à effet de serre » qui maintiennent la chaleur du soleil prisonnière comme dans une serre). Ils sont indispensables à la vie sur terre, sans eux, la température du globe ne dépasserait pas – 18 °C ; mais aujourd'hui, ils sont trop nombreux et sont responsables du réchauffement climatique. Pendant la nuit, la chaleur du soleil repart en partie dans le ciel. Les températures les plus basses sont relevées le plus souvent en fin de nuit, juste avant l'aube. L'action du soleil dans la journée fait à nouveau remonter le thermomètre.

La présence des nuages réduit l'écart des températures entre matin et après-midi : pendant la nuit, les nuages empêchent la chaleur de la veille, accumulée près du sol, de repartir dans l'atmosphère, et le matin reste doux ;

mais ces mêmes nuages, pour peu qu'ils persistent dans la journée, empêchent le soleil d'apporter de la chaleur, et la différence entre matin et après-midi restera mince. Il peut même arriver qu'il fasse plus froid l'après-midi que le matin ! Cela se produit surtout en hiver : il suffit pour cela que le vent tourne et qu'à la couche des nuages s'ajoute une nouvelle orientation du vent au nord ou à l'est.

Voilà pour les principaux critères (pressions, nébulosité, vent, température) qui permettent une observation rationnelle du ciel. Il faut ajouter cependant deux autres paramètres qui ont, par leur présence dans l'atmosphère, une conséquence directe sur la santé, et qui sont déterminants pour vivre en harmonie avec le temps qu'il fait : l'humidité et la qualité de l'air.

L'humidité

Autrement dit, la teneur en eau de l'atmosphère. Elle est liée à la pluie bien sûr, mais pas nécessairement : la plupart du temps, l'humidité ne se voit pas mais se perçoit seulement. C'est une sensation souvent désagréable : un froid humide est plus pénible qu'un froid sec, et une canicule humide est difficilement supportable.

Plus l'air est chaud, plus il peut absorber de la vapeur d'eau. L'air saturé d'humidité paraît toujours beaucoup plus chaud. L'air froid est vite saturé en humidité. Au-delà de cette saturation, l'humidité se transforme en vapeur d'eau : c'est ce qui arrive l'hiver quand on expire de l'air chaud (et donc beaucoup plus humide). C'est aussi la première explication à la formation des nuages : l'air chaud remonte dans l'atmosphère, et au fur et à mesure de son ascension, il se refroidit et tolère de moins en moins de vapeur d'eau, qui se transforme alors en gouttelettes d'eau ou de glace, c'est-à-dire en nuage.

L'appareil qui sert à mesurer l'humidité s'appelle un hygromètre. C'est une mèche de cheveu qui sert de mesure : plus un cheveu raccourcit, plus l'air est humide. Le cheveu qui donne la mesure la plus exacte est celui d'une femme rousse !

La qualité de l'air

On sait que pour une meilleure qualité de l'air, il vaut mieux avoir affaire à une dépression plutôt qu'à un anticyclone : l'air y circule davantage et les polluants ne stagnent pas dans l'atmosphère. L'anticyclone, lui, en même temps qu'il empêche la formation ou l'arrivée de nuages, enraye la circulation de l'air. La pollution stagne dans l'atmosphère et ne s'évacue pas, un peu comme une pièce enfumée qu'on n'aérerait pas. De plus, l'été, la chaleur du soleil amplifie l'action des polluants, et l'hiver, l'anticyclone provoque une inversion des températures qui retient les fumées près du sol, comme un couvercle.

Vive la dépression, donc, pour bien respirer, et la pluie qui l'accompagne ! Même avant qu'elle n'arrive, elle a déjà une action purificatrice : le vent se lève avant l'arrivée des premiers nuages, balaye les polluants et l'air devient très lumineux. Après son passage, la lumière est encore plus belle parce que les gouttes d'eau ont plaqué les polluants au sol.

La qualité de l'air dépend du temps, au jour le jour, elle dépend aussi des saisons : les pollens se répandent dans l'atmosphère surtout au printemps, mais on en trouve aussi en automne et en été, et leur effet est redoutable sur certains organismes.

Jusqu'à aujourd'hui, la qualité de l'air est restée une conséquence de la météo et du climat. Elle est en train de devenir une cause. Tout est en effet en train de changer : les polluants dus à l'activité humaine sont si denses dans l'atmosphère que leur influence devient déterminante dans l'évolution du climat.

La modification des composants de l'atmosphère est en train de bouleverser l'équilibre de la planète.

Il existe des organismes chargés d'évaluer quotidiennement la qualité de l'air des principales villes. Ces observations commencent à être communiquées à large échelle. On apprend peu à peu à tenir compte de la qualité de l'air comme du soleil et de la pluie : on ne va pas courir quand il pleut ou qu'il fait trop froid, on n'ira pas courir non plus malgré un beau soleil quand la pollution est trop forte !

Tels sont les différents paramètres qui permettent une bonne observation du ciel. Quelques instruments simples sont indispensables pour les mesurer. On les trouve dans le commerce, ils sont fiables et perfectionnés ; encore faut-il les installer au bon endroit.

– LE BAROMÈTRE : Il peut être placé à l'intérieur de la maison. Les pressions sont toujours plus fortes au bord de la mer qu'à la montagne : plus on s'élève en altitude, plus les pressions baissent. Même si votre appareil n'est pas complètement exact, ce qui importe, ce sont les variations des pressions qui indiquent le mouvement des masses d'air anticycloniques (pressions élevées) et dépressionnaires (basses pressions) et leur équilibre toujours précaire. Si la baisse est brutale, elle annonce une tempête. Si la hausse est régulière et continue, elle annonce le retour de l'anticyclone.

– LE THERMOMÈTRE : Un pour l'intérieur, un autre pour l'extérieur. Même celui-là ne devrait pas être accroché au mur qui, comme on l'a dit, garde la chaleur du jour ou du chauffage, mais enfin, vous pourrez corriger de vous-même. Il est impératif qu'il soit à l'ombre.

– LA GIROUETTE : Indispensable en biométéorologie, et c'est si joli une girouette... Mais ainsi qu'on l'a vu, dans les villes, elle est difficile à installer, puisqu'elle doit être placée dans un terrain découvert, loin ou au-dessus des obstacles naturels et construits ! À défaut de girouette, il est bon que vous possédiez une BOUSSOLE : connaître l'orientation exacte de votre logement vous permettra de prévoir, en écoutant les bulletins météo, à quelle fenêtre la pluie ou le vent viendront frapper en premier...

– LE PLUVIOMÈTRE : Lui aussi doit être placé dans un terrain découvert. C'est un tube gradué. À chaque millimètre correspond un litre d'eau par m^2. Vous pouvez tenter une fabrication personnelle !

– L'HYGROMÈTRE : Il mesure l'humidité et donc, à ce titre, le biométéorologiste ne peut s'en passer. S'il vous manque un cheveu de femme rousse, une mèche de cheveux plutôt blonds vous servira de mesure.

Les familles de temps

On retrouve sous nos latitudes tempérées, dans le mouvement des masses d'air, quelques grandes familles de temps, selon qu'une dépression ou un anticyclone influence le ciel, selon aussi que le flux s'oriente au sud, à l'ouest, au nord ou à l'est. Commençons par la plus traditionnelle :

La circulation perturbée d'ouest

C'est-à-dire la pluie. Fine, régulière, elle tombe pendant plusieurs heures d'affilée. Les paysans l'espèrent (parfois) pour arroser leurs cultures, les citadins la redoutent pour leurs week-ends ; elle est dangereuse pour tous quand elle fait déborder les cours d'eau ou les nappes phréatiques, ce qui n'arrive qu'après plusieurs semaines, quand les perturbations défilent les unes derrière les autres.

Ce sont les nuages qui l'annoncent. Ne vous étonnez pas que le vent ne soit pas nettement orienté à l'ouest dès l'arrivée des premiers cirrus. Le vent n'a pas toujours la même orientation près du sol et en altitude. Souvent c'est le vent de sud qui souffle à l'avant d'une perturbation. Il faudra attendre le cortège épais des nuages pluvieux, altostratus et nimbostratus, pour que le vent souffle de l'ouest sous la pluie. Parfois, le vent s'oriente plutôt au sud-ouest, et la pluie est plus irrégulière, parfois ponctuée d'orages. Ou bien, il vient du nord-ouest, et il fait froid sous la pluie. Quelquefois les perturbations « ondulent », et il faut imaginer le ruban des nuages ondulant comme un fleuve qui s'écoule en boucles paresseuses vers la mer parce que la pente est douce. Il lui faut plusieurs jours pour traverser tout le pays.

Les perturbations se définissent par un front chaud, un front froid, et quelquefois un front occlus… Bref, c'est un gros système. Le front chaud arrive le premier, les pluies sont régulières et plutôt faibles. Dans le secteur chaud, à l'avant du front froid, il y a souvent une légère accalmie : le ciel reste gris, mais l'atmosphère est plus lumineuse et il ne pleut plus. À l'arrivée du front froid, la pluie revient, souvent plus forte et moins régulière. Le tonnerre se fait entendre de temps à autre, mais il n'est pas dangereux.

Une perturbation se crée là où les masses d'air chaud venues de l'équateur et d'air froid venues du pôle entrent en conflit. Elles sont plus fréquentes à l'automne et au printemps, quand ni l'air froid ni l'air chaud n'arrivent à l'emporter l'un sur l'autre.

Les retours pluvieux

C'est la surprise d'une perturbation atlantique. Surprise pas toujours heureuse. La perturbation arrivée par la Bretagne quitte la France par l'Alsace et la Franche-Comté et revient à nouveau soit par la Belgique, soit par la Lorraine, soit par la Manche. Voilà pour le nord de la France.

Dans le Sud, on observe aussi ces retours pluvieux dans le golfe de Gênes où se bloquent les dépressions venues de l'Ouest ou du Nord-Ouest. Elles renvoient alors les nuages des Alpes à la Provence.

Ces retours sont aussi pluvieux que lors du premier passage des perturbations. En Méditerranée, si un fort vent accompagne les nuages, il peut provoquer une énorme houle qui va se bloquer au fond du golfe du Lion, dans le Roussillon. Tel fut le cas en 1998 où le département de l'Aude fut ravagé.

Les remontées de sud

Elles sont aussi liées à la pluie. Pourtant, ce sont rarement des perturbations organisées : difficile de démêler un front chaud d'un front froid… Le satellite montre de gros nuages instables, à développement vertical, qui remontent du golfe de Gascogne ou de la Méditerranée. Ils sont dans un flux de sud ou de sud-ouest, c'est-à-dire dans de l'air chaud qui fait grimper les températures et se charge de beaucoup d'humidité au-dessus de l'eau. Ces remontées de sud, fréquentes à la fin du printemps ou de l'été, apportent des orages d'autant plus violents que la journée a été chaude avant leur arrivée. Les orages démarrent en général dans les Pyrénées et remontent vers le Nord-Est en éclatant au passage dans le Massif central, à moins qu'ils ne se bloquent au pied des Cévennes.

Les descentes froides

À l'opposé des remontées de sud, elles apportent de l'air froid en même temps que l'humidité de la mer du Nord. Elles sont fréquentes en hiver, mais aussi au printemps et en automne, quand les perturbations contournent l'anticyclone pour revenir par le nord de l'Europe. Comme pour les remontées de sud, les nuages arrivent rarement en perturbations organisées, mais plutôt en paquets qui donnent des averses de pluie ou de neige !

Le ciel de traîne

C'est le plus beau des ciels, celui qui a fasciné des générations de peintres. Surtout les peintres hollandais du XVIIIe siècle. C'est le ciel d'après la pluie. Le ciel qui retrouve son soleil, en même temps qu'il est parcouru de nuages aux formes inattendues, colorés de toutes les nuances de rose, de gris, de blanc et de noir. L'air est transparent, lumineux, souvent plus frais. Toutes les fantaisies sont permises à ce ciel qui finit toujours par attirer le regard par sa beauté et les surprises qu'il réserve : averses, soleil ou même arc-en-ciel… Il suffit que les rayons du soleil traversent les gouttes d'eau. Quand il y a beaucoup de nuages, on dit que la traîne est chargée, comme une robe du temps chargée de pierreries…

On fait la différence entre pluie, averse et ondée. Ne vous y trompez pas. Ces trois mots sont des mots scientifiques qu'on n'emploie pas indifféremment l'un à la place de l'autre :

La pluie est régulière, parfois forte, jamais violente, et peut durer plusieurs heures.

L'averse est brutale, parfois inattendue et peut être violente.

L'ondée est une petite averse qui ne dure pas.

Il y a aussi la bruine, ses gouttes sont minuscules.

La grisaille

Autrement dit les nuages bas. À ne pas confondre avec les nuages d'une perturbation. Ceux-là ne donnent pas de pluie, à peine quelques bruines. Les plus hauts sont les stratus ; les plus proches du sol, les brouillards. Ils sont le cauchemar des prévisionnistes. Pourquoi ? Parce qu'on n'est jamais sûr de leur cheminement et de leur dispersion. Ils sont là, que les pressions soient hautes ou basses, ils arrivent de la mer comme du continent, ils sont présents l'hiver et l'été. Certes, l'hiver, ils sont plus résistants et se dissipent peu. Cette humidité froide peut propager des maladies saisonnières telle que la bronchite. Ils ne favorisent pas non plus la bonne humeur, surtout quand on a espéré toute la journée une percée même timide du soleil. En montagne, ils stagnent au fond des vallées. Au bord de la mer, on les appelle « brouillards d'advection ». Ceux-là se dissipent en général assez vite.

L'été, les brouillards sont plus légers, ce sont souvent des brumes qui disparaissent dès que le soleil commence à chauffer.

Le beau temps

Ou plutôt le soleil, car ce temps ne restera beau que pour autant qu'il ne s'éternise pas. À l'écoute du bulletin de Météo France, vous apprendrez quelles sont les prévisions « à moyen terme », c'est-à-dire pour les trois jours à venir. Et à la question : « Est-ce que ce beau temps va durer ? » il faut souhaiter que les prévisionnistes répondent « non », même si vous n'aimez que la chaleur et le soleil. Un beau temps qui dure devient un mauvais temps, dangereux pour la nature et pour les hommes : l'air ne circule pas, les polluants ne sont pas chassés, la chaleur s'accumule et augmente de jour en jour, la sécheresse s'installe, on peut se retrouver vite dans la situation catastrophique de l'été 2003. Le beau temps n'est pas toujours le bon temps.

Si le soleil brille dès l'aube, vérifiez sur votre baromètre si sa présence s'explique par un anticyclone. Si le baromètre indique une baisse des pressions, il vous faut scruter le ciel avec d'autant plus d'attention : au fil des heures, les premiers cirrus vont peut-être arriver à l'avant d'une perturbation, ou les altocumulus annonciateurs d'orage.

L'orage

Il éclate en général l'été, c'est à ce moment de l'année que le contraste entre des masses d'air très chaud près du sol et d'air froid d'altitude est le plus grand, on dit même que c'est après le 15 août que les orages sont les plus nombreux et les plus violents... En fait cela dépend des années. Il faut d'abord rappeler que l'orage est un phénomène dangereux qui en France tue tous les ans. Sous l'orage, il ne faut pas courir, il ne faut pas marcher à terrain découvert, il ne faut pas se mettre à l'abri sous un arbre. Il faut débrancher les prises électriques, ne pas utiliser le téléphone, fixe ou portable. Et si vraiment vous êtes pris au milieu d'un orage, il ne vous reste plus qu'à vous accroupir loin d'un arbre : vous serez trempé jusqu'aux os, vous attraperez peut-être un rhume, mais vous aurez échappé au vrai danger de l'orage : être foudroyé.

Le cumulonimbus est un nuage extrêmement dangereux, sa hauteur peut atteindre 10 km et la puissance électrique dégagée par la foudre est parfois meurtrière.

Il est facile de prévoir l'arrivée de l'orage : le ciel se couvre de nuages noirs, l'atmosphère devient lourde, des rafales de vent précèdent les premiers coups de tonnerre. Mais attention, cela peut aller très vite, et dès que le ciel commence à s'obscurcir, il faut penser à se mettre à l'abri.

Vous pouvez évidemment vous fier aux prévisionnistes de Météo France. Mais n'attendez pas tout de leur travail. Utilisez-le plutôt pour observer les nuages d'un regard neuf : par exemple, si Météo France annonce l'arrivée de la pluie ou au contraire le retour du soleil, vous pourrez constater le lent changement qui s'accomplit de minute en minute, reconnaître les nuages, la direction du vent, la qualité de l'air. Vous exercerez votre œil aux prévisions à court terme, et c'est ainsi que vous apprendrez à lire le ciel et à comprendre le temps.

Selon le lieu, la région où l'on vit, le temps a des caractéristiques récurrentes qui définissent les climats.

La France est un pays où les climats sont nombreux, différents les uns des autres et parfois opposés. Selon leurs propriétés, certains seront plus favorables que d'autres à la santé, il faut donc aller y regarder de plus près.

Les climats

Les climats qui concernent l'Hexagone sont les climats tempérés :

Le climat océanique

C'est celui de toutes les régions côtières, sauf celles de la Méditerranée. C'est le climat tempéré par excellence. L'influence de l'océan y est prépondérante : il tempère l'amplitude des températures entre matin et après-midi, comme entre été et hiver. Il n'y fait jamais très chaud, jamais très froid non plus. En Bretagne, on trouve dans les jardins des plantes tropicales, non pas parce qu'il fait très chaud l'été, mais parce qu'en général les hivers sont doux (5 °C de moyenne en janvier) et les gelées peu fréquentes. Le ciel y est changeant mais les pluies sont régulières tout au long de l'année. En témoignent les pelouses et autres prairies bien vertes, du Pays basque à la Normandie !

Les vents peuvent y souffler fort. Que ce soit sur la côte atlantique ou sur les côtes de la Manche, les vents tempétueux, orientés à l'ouest ou au nord-ouest, se manifestent souvent de l'automne au printemps.

Le climat semi-océanique

C'est le climat de la région parisienne, du Centre et du midi toulousain, c'est-à-dire des régions éloignées de la Manche ou de l'Atlantique, mais qui subissent quand même l'influence océanique. L'amplitude des températures est plus forte que sur le littoral et les gelées, plus fréquentes : en région parisienne, environ 50 jours par an. Il pleut souvent mais peu, et surtout en automne.

Le climat continental

C'est le climat du Nord-Est, de la Lorraine et de l'Alsace jusqu'à la vallée de la Saône, qui sont les régions les plus éloignées de l'océan. Les hivers sont rigoureux et longs, les étés courts et très chauds. La différence entre la température la plus chaude et la plus froide peut atteindre 50 °C ! Le nombre de jours de gelées peut aller jusqu'à 100 ! Il neige entre 20 et 30 jours par an. La ville la plus froide de France est située dans ces régions continentales, en Franche-Comté : c'est la ville de Mouthe où le thermomètre peut descendre l'hiver à – 40 °C !

Le climat méditerranéen

C'est le climat du Roussillon à la Corse qui englobe toutes les côtes méditerranéennes. Il fait très chaud l'été et doux l'hiver, la moyenne des températures des jours d'hiver est de 6 °C, mais les gelées restent fréquentes à l'intérieur des terres. C'est en Provence qu'on trouve la ville la plus chaude de France, Le Luc, où le thermomètre dépasse souvent 40 °C l'été. Il ne pleut pas souvent mais les pluies peuvent être torrentielles et parfois catastrophiques. Le ciel est bleu, les nuages sont chassés par les vents du nord, le mistral et la tramontane qui soufflent fort et fréquemment, sauf sur la Côte d'Azur et à Nice, sous l'influence d'un vent d'est en général beaucoup plus doux.

Le climat de montagne

Il se caractérise par la température qui diminue avec l'altitude, les pluies plus fortes et plus nombreuses qu'en plaine qui se transforment en neige au-dessous de 0 °C, et le soleil plus généreux parce que les brouillards et les nuages bas restent bloqués au fond des vallées. Les phénomènes locaux (orientation des vallées, hauteur des massifs) provoquent des différences de climat à peu de kilomètres près. Les changements de temps sont beaucoup plus brutaux qu'en plaine.

Voilà pour les climats tempérés de la France métropolitaine. Mais parmi les grands climats de la planète, on trouve aussi les climats chauds.

Le climat tropical

C'est le climat proche des tropiques du Cancer et du Capricorne. Il y fait très chaud toute l'année, il y a deux saisons : la saison sèche et la saison humide. Plus on s'éloigne de l'équateur, plus la saison humide est brève, et longue la saison sèche. Le climat devient peu à peu aride ; c'est à ces latitudes que les déserts sont les plus nombreux dans le monde.

Mais cette tendance peut être neutralisée par la mousson qui apporte des pluies abondantes jusqu'aux régions où les déserts auraient pu s'installer.

Ces climats peuvent aussi être victimes de violents cyclones à différentes périodes de l'année suivant les océans : il faut en effet que la température de l'eau soit supérieure à 26 °C pour que le cyclone se renforce au contact de l'océan. La saison des cyclones correspond donc au moment où les eaux sont les plus chaudes ; pour l'océan Atlantique, du mois d'août au mois d'octobre, pour l'océan Indien, entre décembre et mars, par exemple.

À cause du réchauffement climatique, les cyclones seront sans doute plus nombreux, et leur route, bien délimitée jusqu'à aujourd'hui, sera différente.

Le climat désertique

Il est situé à la hauteur des tropiques, à la fois loin des moussons et des perturbations, tempérées et tropicales. Le thermomètre bat des records de chaleur : en Libye, on a relevé, en septembre 1992, 58 °C sous abri ! La différence de température entre le jour et la nuit est considérable. Pas de pluie et très peu de nuages.

Le climat équatorial

C'est le climat qui règne près de l'équateur : il n'y a pas de saisons, il fait chaud toute l'année ; la chaleur est étouffante parce qu'elle est humide. Il pleut tous les jours. Ces pluies sont violentes, souvent accompagnées d'orages : à Bigor, en Indonésie, on a relevé 322 jours d'orage ! La végétation est luxuriante.

Ensuite, on trouve les climats froids

Outre le climat continental qui se manifeste dans l'est de la France, mais sans atteindre les records sibériens, il y a :

Le climat polaire

C'est le climat près des pôles. Même les étés sont froids ! Le blizzard souffle fort. La seule végétation est la toundra, mélange de mousses, de lichens et de quelques bruyères. En hiver, le thermomètre peut descendre souvent jusqu'à – 50 °C !

Enfin, il y a *les climats modifiés par l'homme*. Et d'abord le climat des villes. Peut-on y ajouter l'atmosphère des maisons, des appartements, des voitures ? Nouveaux climats, inconnus jusqu'au XXe siècle, qui bouleversent la vie, la santé des hommes et celles de la planète…

BIBLIOGRAPHIE

Pour la météo :

CHABOUD, René, *La Météo, questions de temps,* Paris, Nathan, 1993.

KESSLER, Jacques, *Météo, comprendre les secrets du temps,* Paris, Radio France, Balland/Jacob Duvernet, 1999.

SADOURNY, Robert, *Peut-on croire la météo ?*, Paris, Le Pommier, 2003.

Pour la biométéorologie :

Ouvrages :

ATTALI, Fernand, *Le temps qui tue, le temps qui guérit*, Paris, Le Seuil, 1981.

BESANCENOT, Jean-Pierre, *Risques pathologiques, rythmes et paroxysmes climatiques*, Paris, John Libbey Eurotext, 1992.

BESANCENOT, Jean-Pierre, *Climat et Santé*, Paris, PUF, 2001.

RICA, Étienne, VAISMAN, Sylvia, *Sécurité solaire. Le soleil ami ou ennemi*, Tournai, Belgique, Casterman, 1998.

Dr TRAN KY, DIDOU-MANENT, Michèle, Dr ROBERT, Hervé, *Biorythmes, Climat et Santé*, Paris, Ellébore, 2002.

Revues et autres :

BESANCENOT, Jean-Pierre, *Bioclimatologie. Les grands paroxysmes climatiques et leurs répercussions sur la santé*, Dijon, Presse thermale et climatique 134, n° 4, faculté de médecine, 1997.

BESANCENOT, Jean-Pierre, *La Climatologie biologique et médicale en France : 1853-2003*, Dijon, Presse thermale et climatique, 140, faculté de médecine, 2003.

COHEN, Jean-Claude, KLIS, Isabelle, *Biométéorologie : du berceau antique au conseil météo-santé*, Paris, ville de Nancy, Météo France.

LAAIDI, K., LAAIDI, M., *Météorologie et sécurité routière,* Dijon, Presse thermale et climatique, 134, n° 4, faculté de médecine, 1997.

MARX, Jean-Sébastien, *Thèse pour le doctorat en médecine*, Paris, université Pierre-et-Marie-Curie, 1994.

Atmosphériques, le magazine de Météo France, n° 14, avril 2002 ; n° 18, avril 2003 ; n° 19, juillet 2003.

La Revue du praticien, n° 11, Paris, juin 1992.

60 millions de consommateurs, n° 92, août-septembre 1999.

Actes du colloque du Conseil supérieur de la météorologie du 21 mars 2002.

Pour le climat :

Ouvrages :

DUPLESSIS, Jean-Claude, MOREL, Pierre, *Gros temps sur la planète,* Paris, Odile Jacob, 2000.

ESCOURROU, Gisèle, *Le Climat et la Ville*, Paris, Nathan, 1991.

FELLOUS, Jean-Louis, *Avis de tempête*, Paris, Odile Jacob, 2003.

FONTAN, Jacques, *Les Pollutions de l'air*, Paris, Vuibert, 2004.

HIPPOCRATE, *Airs, eaux, lieux*, Paris, Rivages, 1996.

HULOT, Nicolas, *Le Syndrome du Titanic*, Paris, Calmann-Lévy, 2004.

JOUSSAUME, Sylvie, *Climat d'hier à demain,* Paris, CNRS, 1993.

JOUZEL, Jean, DEBROISE, Anne, *Le Climat : jeu dangereux*, Paris, Dunod, 2004.

LE TREUT, Hervé, JANCOVICI, Jean-Marc, *L'Effet de serre*, Paris, Flammarion, 2004.

PETIT, Michel, *Qu'est-ce que l'effet de serre ?,* Paris, Vuibert, 2004.

TISSOT, Bernard, *Halte au changement climatique*, Paris, Odile Jacob, 2003.

Revues et autres :

DENEUX, Marcel, *L'Évaluation de l'ampleur des changements climatiques, de leurs causes et de leur impact prévisible sur la géographie de la France à l'horizon 2025, 2050 et 2100*, enregistré à la présidence de l'Assemblée nationale et au Sénat le 13 février 2002, Assemblée nationale, n° 3603, Sénat, n° 224.

O.N.E.R.C. (Observatoire national sur les effets du réchauffement climatique en France métropolitaine et dans les DOM-TOM), *Conséquences du réchauffement climatique,* Actes du colloque, Paris, juin 2003.

Pour l'histoire et la sociologie :

Ouvrages :

BOIA, Lucian, *L'Homme face au climat*, Paris, Les Belles Lettres, 2004.

BRELET-RUEFF, Claudine, *Les Médecines sacrées,* Paris, Albin Michel, 1991.

BILLETER, Jean-François, *Leçons sur Tchouang-Tseu*, Paris, Allia, 2002.

CHAMFRAULT, UNG KANG SAM, *Traité de médecine chinoise*, Angoulême, Chamfrault, 1981.

FIERRO, Alfred, *Histoire de la météorologie*, Paris, Denoël, 1991.

FUENTES, P., LA COTADIÈRE, Philippe de, *Camille Flammarion*, Paris, Flammarion, 1994.

FOUCAULT, Michel, *Naissance de la clinique*, Paris, PUF, 1re édition 1963, présente édition 1997.

HAMBLYN, Richard, *L'Invention des nuages*, Paris, J.-C. Lattès, 2003.

JOUANNA, Jacques, *Hippocrate*, Paris, Fayard, 1992.

KATZ, Esther, LAMMEL, Annamaria, GOLOUBINOFF, Marina, *Entre ciel et terre, climat et sociétés,* Paris, IRD, 2002.

KELEN, Jacqueline, *Les Nuages et leur symbolique,* Paris, Albin Michel, 1995.

LEFRÈRE, Jean-Jacques, *Arthur Rimbaud,* Paris, Fayard, 2001.

LE ROY LADURIE, Emmanuel, *Histoire humaine et comparée du climat*, Paris, Fayard, 2004.

Revue :

Mensuel *L'Histoire*, n° 257, septembre 2001.

Essayistes, écrivains, poètes :

AKHMATOVA, Anna, *Poètes d'aujourd'hui*, Paris, Seghers, 1968.

AMIEL, Henri-Frédéric, *Journal intime*, Paris, Mazenod, 1966.

APOLLINAIRE, Guillaume, *Alcools*, Paris, éditions Gallimard, 1920.

BARTHES, Roland, *La Préparation du roman I et II*, Paris, Le Seuil, 2003.

BAUDELAIRE, *Œuvres complètes*, Paris, Gallimard, 1976.

BRUCKNER, Pascal, *L'Euphorie perpétuelle,* Paris, Grasset, 2000.

COLETTE, *Romans, récits, souvenirs*, Paris, Éditions Robert Laffont, 1989.

CYPRIEN, Michel, *Demain il faisait beau.* Paris, Zulma, 2002.

FLAUBERT, Gustave, *Bouvard et Pécuchet, Dictionnaire des idées reçues,* Paris, GF Flammarion, 1966.

GARNIER, Pierre, *in* Pierre SEGHERS, *Le Livre d'or de la poésie française contemporaine de 1940 à 1960,* Paris, Marabout université, 1969, tome I, p. 323.

HADEWIJCH d'Anvers, *Écrits mystiques des béguines*, Paris, Éditions du Seuil, 1954.

HÖLDERLIN, *Odes, élégies, hymnes,* Paris, Gallimard, 1993.

JAMMES, Francis, *De l'angélus de l'aube à l'angélus du soir*, Paris, Gallimard, 1971.

JOUBERT, Joseph, *Pensées, jugements et notations*, Paris, José Corti, 1998.

LA SOUDIÈRE, Martin de, *Au bonheur des saisons*, Paris, Grasset, 1999.

LAUTRÉAMONT, *Les Chants de Maldoror*, Paris, Librairie Générale Française, 2001.

LA VILLE DE MIRMONT, Jean de, *Poètes d'aujourd'hui*, Paris, Seghers, 1968.

LUCRÈCE, *De natura rerum*, Paris, Arléa, 1995.

MALLARMÉ, Stéphane, *Œuvres complètes, poésies*, Paris, Flammarion, 1983.

MICHAUX, Henri, *Œuvres complètes*, Paris, Gallimard, 1998.

MONTESQUIEU, *De l'esprit des lois*, Paris, GF, 1979.

NIZAN, Paul, *Aden Arabie*, Paris, La Découverte, 2002.

PONGE, Francis, *Méthodes*, Paris, éditions Gallimard, 1961.

PRÉVEL, Jacques, *in* Pierre SEGHERS, *Le Livre d'or de la poésie française contemporaine de 1940 à 1960*, Paris, Marabout université, 1969, tome II, p. 205.

RILKE, Rainer Maria, *Journal florentin*, Paris, Le Seuil, 1998.

RIMBAUD, Arthur, *Œuvres complètes*, Paris, Éditions de Cluny, 1937.

ROUSSEAU, *Les Rêveries du promeneur solitaire*, Paris, éditions Gallimard, 1972.

SAINT-SIMON, *Mémoires sur le règne de Louis XIV*, Paris, Flammarion, 2000.

SOLLERS, Philippe, *Carnet de nuit*, Paris, Plon, 1989.

STENDHAL, *Histoire de la peinture en Italie*, Paris, Le Seuil, 1994

VERLAINE, Paul, *Poèmes saturniens*, Paris, Livre de Poche, 1961.

Et aussi :

Catalogue Turner, Whistler, Monet, Paris, Réunion des musées nationaux, 2004.

REMERCIEMENTS

Merci à Jean-Claude Cohen qui, par sa connaissance de la biométéorologie, m'a le premier donné envie de faire ce livre. Merci aussi à tous les ingénieurs de Météo France qui jamais ne se lassent d'expliquer, de répondre, d'étudier, et qui ont pris la peine de relire ce livre avec la même attention : Emmanuel Bocrie, Dominique Escale, Frédéric Nathan, Michel Daloz, Patrick Galois, Jérôme Lecou, Grégory Roux.

Ma gratitude envers Jean-Pierre Besancenot, pionnier de la biométéorologie et qui m'a donné accès à toutes ses publications.

Merci au docteur Jean-Sébastien Marx qui lui aussi a relu ce livre avec toute l'attention du médecin.

Mes remerciements également à Gérard Jorland, Hervé Le Treut, Marc Jammet, Marc Gillet, au docteur Caroline Télion, à Pierre Césarini, Michel Segas, Michel Petit, Jacques Fontan, Michel Becq, André Dartigues, et à la patiente attention de Tiphaine Hamerel.

Merci enfin à Thomas. Je lui dois ce livre.

TABLE DES MATIÈRES

Cet ouvrage a été imprimé par la
SOCIÉTÉ NOUVELLE FIRMIN-DIDOT
Mesnil-sur-l'Estrée
pour le compte des Éditions du Rocher
en mai 2005

Éditions du Rocher
28, rue Comte-Félix-Gastaldi
Monaco

Dépôt légal : avril 2005
CNE Section commerce et industrie Monaco : 19023
N° d'impression : 73725

Imprimé en France